中国区域主流媒体
助推基层治理的

尤溪探索

王文科 张　敏◎主编

·MEDIA·

ZHEJIANG UNIVERSITY PRESS
浙江大学出版社

媒体融合如何紧扣基层治理的探索

党的十八大以来，以习近平同志为核心的党中央举旗定向、运筹帷幄，多次对媒体融合发展作出重要部署，谋划战略思路，制定方针政策，出台重大举措，为我们推进媒体深度融合指明了前进方向，提供了根本遵循，带来了巨大推动力。

随着县级融媒体中心建设在全国迅速展开，县域媒体融合逐渐成为媒体改革的热点。面对以互联网、物联网、大数据、云计算、人工智能为代表的新一轮科技革命和产业变革，面对新时代人民群众精神文化生活新期待，广播电视主流媒体如何推进媒体融合发展，不断提升传播力、引导力、影响力、公信力，尤溪县融媒体中心在县级媒体融合方面作出有益探索，闯出了一条县级广播电视台改革发展的新路子，为福建县级融媒体中心建设提供了"尤溪模式"。

一种新模式，意味着从无到有。尤溪县融媒体中心及其前身尤溪县广播电视台深入学习贯彻习近平总书记重要讲话、重要指示批示精神，在福建省委宣传部、省广播电视局指导和当地党委政府领导下，以县广播电视台为核心组建融媒体中心，先行先试，改革创新，积极探索广播电视媒体融合发展的有效路径，从改革选人用人机制到转变经营发展理念，从成立传媒公司到构建全媒体的服务平台，一以贯之深耕本土，淬炼精品，尤溪县融媒体中心与全国各地同期成立的县级融媒体中心一道，勇当媒体改革的"报春花"。

尤溪广电媒体人不忘初心，甘当"攻玉之石"，把探索过程中的点点滴滴、感受体会汇聚成这本《中国区域主流媒体助推基层治理的尤溪探索》论文集。该文集收录论文41篇，内容涉及县级融媒体中心建设的方方面面，可供各地参阅借鉴。

2016 年 2 月 19 日,习近平总书记在党的新闻舆论工作座谈会上的重要讲话中强调:"融合发展关键在融为一体、合而为一。"希望全省广播电视系统认真贯彻中办、国办印发的《关于加快推进媒体深度融合发展的意见》,以尤溪融媒体中心为示范,坚持内容建设为根本、先进技术为支撑、创新管理为保障,推动传统媒体与新兴媒体在内容、渠道、平台、经营、管理等方面深度融合,着力打造形态多样、手段先进、富有特色、具有强大影响力和竞争力的新型主流媒体,构建全媒体传播体系,努力创造无愧于新时代的新业绩。

福建省广播电视局

2020 年 10 月 8 日

目 录

三、精神文明、争创活动、核心价值观报道

四、平安尤溪、法治尤溪、绿色尤溪和数字尤溪、智慧尤溪的宣传报道

五、尤溪县融媒体中心建设（管理、内容、人才队伍、技术平台和体制机制）

六、特色频道、重点栏目打造

七、书香社会、文化活动、各类大赛、普法教育

八、职业情怀　创新追求

一、紧扣基层治理：舆论导向、舆论动员

县级融媒体中心如何做精做强新闻宣传主业，真正成为基层主流舆论阵地

——浅谈尤溪县融媒体中心做法

陈增伟

推动媒体融合发展，是以习近平同志为核心的党中央着眼巩固宣传思想文化阵地、壮大主流思想舆论作出的重要部署，也是党的主流媒体顺应传媒格局、舆论生态、受众需求深刻变化，有效发挥引导舆论的主力军主渠道主阵地作用的必然选择。随着数字化通信技术不断发展，传媒格局已从报纸、广播、电视三分天下，到网络媒体、移动媒体、社交媒体异军突起。互联网已成为舆论引导的主阵地、意识形态的主战场。主流媒体只有进军主阵地、占领主战场，才能更好地发挥立主导、强主流的作用。

近年来，尤溪县全力落实党中央关于推动媒体融合发展、建设新型主流媒体的战略部署，打造新型主流媒体阵地，在探索融媒体发展的道路上积累了宝贵的经验。2018年9月21日，尤溪县融媒体中心正式揭牌成立。中心不仅融合了机构、人员、业务、平台，而且将媒体资源有效"融合"到具体工作环节中。通过"线上＋线下、政务＋服务、互动＋联动"的运营模式，形成"一体策划、线索汇聚、一次采集、多元生成、多端发布"的运行格局。

一、转换"语态"提升四力

整合后的尤溪县融媒体中心，全力培养全媒体记者，每一个记者的采访，都需要根据新闻表达的不同要求为多个分发平台提供内容生产，对在不同工作站完成编辑后的音视频、图文产品，经过审核后，按照平台需要进行分发。同时，中心培训全县100多名乡镇和县机关部门通讯员，并基于智慧尤溪APP的移动快编系统，实现新闻信息在手机端的快速上传、审核、发布。提升了新闻工作者的脚力、眼力、脑力、笔力，变生硬说教为平等交流，变文件语言为群众白话，着力增强文字报道的可读性、图片报道的可看性、电视报道的可视性、"两微一端"报道的互动性。

二、丰富"形态"一键多发

适应分众化、差异化、对象化新特点,丰富报道样式、报道形态,拓展传播渠道、传播载体,从单一媒体向多媒体形态拓展,综合运用短视频、二次元、VLOG、H5、VR 等手段,实现个性化制作、可视化呈现、互动化传播。为了在全社会营造共同应对新型冠状病毒感染的肺炎疫情联防联控、群防群控的氛围,尤溪县融媒体中心充分利用融媒优势,多点推送,多平台宣传,全力做好舆论引导、解疑释惑和宣传鼓动工作,截至 2020 年 6 月 15 日,尤溪县融媒体中心在各平台上发布新冠肺炎相关信息总条数 4923 条,总浏览量 8052.6 万。其中:自制宣传短视频 43 个,10 万+的 87 条(含 100 万+的 30 条,1000 万+的 1 条)。传达了党委政府的决策部署,增强了群众的自我防患意识,加强了社会力量的组织动员,有力推动了疫情防控工作。

三、创新"业态"渠道整合

尤溪县融媒体中心建设,还统筹谋划将县域内延伸的发布渠道进行整合,包括:数字电视、农村广播、户外 LED 屏等资源的综合利用。同时,还以全媒体中央厨房为基础,将发布渠道延伸到县级部门、各乡镇、村(社区),把融合发展理念贯穿于组织指挥、采集编发、终端覆盖全过程,通过对新闻报道流程、发稿运行机制、采编组织架构重塑、重整、重构,推进智能化编辑部和现代化分社建设,实现各种媒介资源、生产要素有效整合,信息内容、技术应用、渠道终端共享融通,从"物理聚合"到"化学反应",从"简单相加"到"深度融合"。

经过一年多的探索和实践,尤溪县融媒体中心通过"机制创活、技术创新、内容创优、产业创活"全面系统地推进媒体融合改革,创出县级媒体融合发展的"尤溪模式"——"四创四融",被国家广电总局评为融媒体典型案例。

(一)把握体制机制上"统"和"分"的关系

所谓"统",就是在顶层上要统起来,通过建立全媒报道运行机制,统一整合全社各类报道资源,深度融合各类媒介形态,变部门分割为资源共享,变单打独斗为同频共振,变各自为战为一体化协同。所谓"分",就是要明确各部门、各分社、各媒介在融合中的定位、职责、任务。"统",不是包打天下。尤溪县融媒体中心打破原先各个平台各自为战的模式,实现平台、部门、人员、素材、资源的充分融合。一方面,要"打通",按照工作实际需要,全盘打通所有部门和岗位,进行重新定位,将传统媒体和新兴媒体"合二为一"。另一方面,要

"分开"，通过顶层设计，推动"事企分开"、采编经营"两分开"，逐步实现人员、岗位、业务资产、经费来源、日常管理等"五分开"，严格执行采编和经营分离制度。

（二）把握流程上"一"和"多"的关系

所谓"一"，就是要做到同一主题报道统一策划、统一组织、统一采集、统一加工、统一播发，解决文字、图片、音视频和新媒体报道多头指挥、各自为战的问题。面对新型冠状病毒感染的肺炎疫情联防联控、群防群控，尤溪县融媒体中心快速反应，有效地占据了基层主流舆论阵地。各个平台全部发力，不仅及时准确地发布权威信息，而且采用短视频、H5、动漫等形式，全方位报道我县疫情防控情况、宣传疫情科普知识。制作的抗疫系列动漫，当天的阅读量都在50万＋。所谓"多"，就是要适应不同媒体、用户、受众需求，对同一内容多次加工、多元生成、多形态呈现、多渠道分发，形成新闻资源综合运用、各种报道形式紧密互动、采编发全流程有机融合的全方位、多维度、立体式的全媒体报道新格局。尤溪县融媒体中心既是调度指令发布平台，也是内容生产发布平台，通过融媒体中心指挥平台的统一调度，以县广播电视台为基础，整合县政府网、各乡镇县直机关网站、客户端、微信、微博等所有尤溪县域公共媒体资源，建立集采、编、播（发）于一体，多媒体统筹协调、多元化服务民生的中央厨房式矩阵发布平台。

总之，县级媒体融合建设做精做强新闻宣传主业，做好"内容生产"的融合，才能实现"更好地引导群众"，才能成为基层主流舆论阵地，才能承担起"举旗帜、聚民心、育新人、兴文化、展形象"的使命。

发挥新闻媒体宣传核心价值观作用

肖　丹

摘要:信息互联是一把双刃剑,民众习惯通过媒体获取海量信息,但同时也因为信息渠道的多样,而无法判断事件的真实性。尤其是一些网络媒体盲目追求新闻发布的速度,导致信息在真实性、严谨性上有所缺失。当错误的信息一次次被辟谣时,记者在百姓心目中的整体形象也随之大打折扣。加上自媒体的发展,采编人员数量不断增多,也导致采编队伍良莠不齐。然而,并非人人都是新闻记者。新闻记者不同于简单的信息发布者,其职责在于通过报道事实真相来提供预警,起到良好的宣传核心价值观作用,从而引起社会舆论并促使社会管理者行动,这项职责发挥了新闻界的社会功能,是崇高的。

关键词:新闻媒体;核心价值观;传播;培育

在信息舆论场中,信息传播呈现出碎片化和杂音化的特点,新闻媒体唯有做到严把信息出口关,将准确性放在第一位,才能做好社会舆论的压舱石。今年年初,新冠肺炎疫情爆发,在这困难时期,如何消除民众恐慌、鼓舞士气,同时满足民众对疫情信息的需求?尤溪县融媒体中心面对考验,提交了一份满意答卷。

一、负责任地做好每一次报道

由辩证唯物主义的认识论可知,认识对实践具有反作用,正确的认识对实践有指导作用,错误的认识则起阻碍作用。与之相应,品德与行为所呈现出的是部分与整体的关系,即道德善将引领道德行为至正确的方向。因此,当品德结构延升至职业道德结构时,在新闻界中,唯有正确的职业道德方能促使记者服从新闻专业主义的指引,负责任地写好每一篇报道,践行社会责任。

尤其是在疫情期间,新闻媒体的报道、宣传和引导对于疫情话题的走向起着极其重要的作用。媒体信息的发布不仅向民众有效传递疫情的实时动态,也对民众配合政府抗疫工作起到了积极作用。

当全国各地的医护人员、党员干部不怕艰难险阻,坚守疫情防控最前线时,广大新闻工作者同样不畏艰险、忠实履职,深入医院、探访社区,记录最真实的抗疫故事。尤溪县融媒体中心统筹网上网下、前方后方,突出宣传尤溪统筹推进疫情防控和经济社会发展的重大部署、重点安排和进展成效,采写了大量强信心、暖人心、聚民心的新闻作品。

去到最前线,才能记录最真实的瞬间。2020年1月26日,大年初二,尤溪县融媒体中心记者便驱车前往各乡镇,了解疫情防控知识宣传工作进展情况:沿途用方言宣讲的车载大喇叭、干群协作挨家挨户散发宣传单劝导群众居家隔离、一线防疫工作人员不放过每一个角落地喷洒消毒水……正是通过亲眼所见、亲身经历,一篇篇记录着尤溪疫情防控工作的报道得以发布:《尤溪:"十八般武艺"做好疫情防控宣传》《尤溪:让疫情防控"声"入民心》《尤溪:党员接龙,筑牢疫情防控墙》《尤溪:外呼机器人提升防控效率》……尤溪县在宣传普及防控知识上使出"十八般武艺",以通俗易懂的形式,将防控宣传遍布全县,不留死角。同时,及时澄清不实传言,回应社会关切,有效消除民众的恐慌心理,增强了疫情防控自信心。

一条条新闻报道引发社会普遍关注,进而改变一个群体的认知,诸如此类的事件不胜枚举。当支援武汉的声音通过媒体报道响彻全国时,全国医务人员纷纷请战奔赴武汉,上下一心。尤溪县总医院重症医学科护士程贤芳、急诊科护士吴孟获相继获批前往武汉支援,《疫情路上的逆行者》《在武汉,他们留下战"疫"身影》《援助湖北医疗队队员尤溪县总医院急诊科护士长吴孟获凯旋归来》……尤溪县融媒体中心记者记录下了抗疫英雄们出征的每一个动人瞬间。而留在后方的新冠肺炎医疗救治后备医疗队成员、县感染科的医务人员、守卫在疫情隔离观察点的警务人员等皆展现出了可歌可泣的平凡英雄气概……相继催生出了《时刻备召!尤溪医护人员为爱集结》《疫情中,尤溪有支"暖心"服务队》《尤溪:万只口罩赠乡亲》《爱心人士情暖防控一线》等系列新闻报道,这一个个生动的事迹成为"凝聚器",让民众团结一心、众志成城与疫情较量、斗争。

但是,在新冠肺炎疫情防控期间,公众的心态和网络舆论也发生了显著的变化。代际对待疫情的不同态度、医生等意见领袖的言行、政府防控能力差异化等占据热门话题榜,备受关注,引发热议。网络舆论多样化,恐慌引起了谣言泛滥,在这种情况下,尤溪县融媒体中心充分发挥主流媒体在全媒体时代的影响力,积极利用多平台传播疫情防控信息,及时有效回应社会关切。

自疫情发生以来,尤溪县融媒体中心相继推出3场《全力以赴 共同战"疫"——尤溪在行动》大型直播特别节目,深入医院感染科、集中医学观察点、乡村、社区等防控一线,关注全国省市及尤溪县疫情的最新情况、防控工作的深入以及热点话题等,邀请相关专家解答民众关心的热点问题,吸引 100 多万人在线观看。注重价值判断,理性报道,尤溪县融媒体中心的权威发声,让疫情报道更为全面、客观,既满足了民众的好奇心,也将谣言等负面资讯扼杀在萌芽中。

新闻记者代表着一种"公权",既是"公权",就不能滥用。作为一名新闻工作者,不仅要有高度的新闻敏感性和洞察力,多做广泛深入地调查,客观反映社会现象,负责任地写好每一篇报道,更要时刻牢记自己是代表公平正义、代表党和人民的声音,要全力做好社会主义核心价值观的传播者,要有神圣的责任感和使命感。

二、用群众的语言,讲群众的故事

"文艺工作者要讲好中国故事、传播好中国声音、阐发中国精神、展现中国风貌。"这是习近平总书记在 2014 年文艺工作座谈会上对文艺工作者提出的要求。当网络上正面报道与负面报道同时段传播时,负面报道往往更吸引受众眼球,达到快速传播的目的,这对宣传主流价值的新闻宣传工作者来说是一个很大的挑战。尽管如此,新闻工作者依然要结合当下受众的需求,采取多元的传播策略、叙事方法、语言风格,善于用讲道理、谈历史、举常识的方式,用群众的语言,讲群众的故事,践行社会主义核心价值观。

时势造英雄,凡人出壮举。宣传劝导、募款捐资、请战冲锋、严防死守……面对新型冠状病毒感染的肺炎疫情防控的严峻考验,全国涌现出党员先锋队、青年团志愿者等一支支奔走前线的志愿队伍,他们积极参与疫情防控,筑牢疫情"防火墙"。通过全景式地展现中国抗疫的众志成城和英勇奋战,极大地鼓舞士气、振奋精神、凝心聚力、团结向前。对此,尤溪县融媒体中心深挖公安、交警、医护、社区等典型人物与事迹,把这些可歌可泣的凡人壮举说出来、讲出去,相继作了系列基层人物报道,比如,《尤溪:高速口的"守门员"凌晨值班身上挂一层冰霜》呈现了坚守在高速口工作人员的工作状态;《驻村第一书记陈敏:疫情不退我不撤》勾画出了基层干部舍小家为大家,坚守岗位为人民服务的故事;《老村医有新作为》讲述了 75 岁老村医为抗疫情捐出了一个月的工资……通过讲好一线人员奋力抗疫的暖心故事,从而构筑起精神堡垒,向受众传递社会正能量。

感人心者,莫先乎情。讲故事不是作报告,得用通俗易懂的话语和喜闻乐见的方式方法去讲,用群众的语言讲大白话。抗疫故事之所以感人,真实性是它的生命。坚守在抗疫前线的平凡英雄带着真情实感说出的心里话,只有打动了记者本身才有可能打动他人,只有自己动情才有可能以情动人,才能让人想听。"父亲就是表率,他作为一名乡村医生,目前也正忙于武汉返乡村民的健康监测工作,我们都想出一份力。""随着企业有序复工,车辆明显增多。有时一天要测400多辆车,忙得连口水都喝不上。""我多跑跑腿、动动嘴,有助于村干部更好地开展疫情防控工作。"……这些出自平凡民众之口的朴素语言为抗疫故事增添了一抹真情实感,展现出新时代的中国力量,更带给了我们最多的感动。因此,新闻工作者越是将笔墨用在这些平凡的英雄上面,让故事来说话,越能触及民众的心,为疫情防控营造良好舆论氛围,就越能鼓舞大家以"人心齐,泰山移"的精神伟力战胜困难。

随着互联网技术的快速发展和智能手机的普及应用,短视频以其及时、动态、直观的优势,越来越受到行业重视和受众欢迎,更是成为新闻传播的新方式。因此,除了做好图文报道外,尤溪县融媒体中心顺应时世积极做出调整和改变,主动提升记者们的自身素质和能力,组建短视频制作团队,运用手绘板绘制各类图片,通过动画形式来展示疫情期间的现场性报道、防疫宣传等。报道广大医务工作者义无反顾日夜奋战、救死扶伤的感人事迹;广大一线工作人员坚守岗位、忘我的牺牲精神;普通人民群众顾全大局、坚韧不拔的顽强斗志……不少原创短视频还受到了新华社等主流媒体的关注与称赞,比如,《一名尤溪援鄂护士的武汉日记》《距离一米 因为爱你》《防疫有我 爱卫同行》等系列"透着温度"的抗疫故事,通过微信朋友圈、短视频等社交平台在网络上广泛传播,传递着国人奋战一线、众志成城抗击疫情的可贵精神,更展示出中国作为负责任大国的使命与担当。

停工停产停课、农产品滞销……突如其来的疫情给民众的生产生活带来不同程度的影响。作为新闻媒体,尤溪县融媒体中心充分发挥全媒体优势,精准发声,融合传播,探索推出多元化、特色化的服务,成为引导群众、服务群众的好帮手。《镇长推荐 主播带货》《"鸡"善成德 为爱助力 贫困户3000只山地鸡急寻销路》……5月1日起,尤溪县融媒体中心在抖音、快手、微信看点等多个平台,通过"尤品汇"用户号常态化开播,拓宽农特产品销售渠道。《尤溪:主播成网红 直播带货忙》及时报道了尤溪县融媒体中心搭建农产品信息交流平台,助力解决农产品滞销等问题。与此同时,《爱心汇聚 共战疫情》《尤溪:"点对点"接员工返岗》《尤溪:群策群力推销金柑》《尤溪多措并举实现"两不停"》……一篇篇为夺取疫情防控和经济社会发展的"双胜利"和提振信心的报道,助力复工复产,推动复商复市,在形成强有力的舆论支持的同时,更增添了全国人民众志成城战胜疫情的决心和信心。

　　在网络时代,越是人人都有发言机会、人人都能手握麦克风的时候,越是需要职业的新闻工作者在海量信息中寻找事实和规律告知读者。因此,每一位新闻工作者,都应该始终牢记党全心全意为人民服务的宗旨,牢牢树立用新闻作品来宣传和践行传播核心价值观的理念,一如既往去到最前线,植根于基层,植根于群众,报道最真实的新闻,通过手中的笔和镜头将党的声音传递到千家万户,把党的政策变为群众行动,汇聚党心民意的强大合力。

融媒体时代下县级台新闻报道的创新

林　敏

摘要： 随着互联网技术的快速发展，新闻媒体行业的发展进程加快，传统的县级台新闻报道方式与现代社会快节奏、高频率的发展模式不相匹配。融媒体的出现给其增加了新鲜血液，也为县级台新闻报道工作提供了新的发展可能。本文首先阐述了融媒体时代的主要特点，然后分析了在融媒体时代县级台新闻报道工作存在的主要问题，最后提出了有利于推动县级台新闻报道工作发展的创新策略。

关键词： 融媒体；县级台；新闻报道；主要问题；创新策略

一、融媒体时代的特点

融媒体是指随着互联网技术发展而衍生的新型媒体传播方式，它是融合了传统媒体中的广播节目、电视节目以及报纸报道的共通点，并将新时代下的互联网媒体中的特有之处与其优势互补，形成具有新时代特色的媒体传播方式。融媒体时代的特点以开放性和时效性为主。开放性是指融媒体时代下的各级传媒平台的可兼容性，无论是传统媒介形式还是依托于互联网技术的媒介都可以共通互联，信息公用。时效性则体现在融媒体时代的信息传播速度快、更新频率快上。无论是国家大事还是民生百态都可以保证在较短的时间内传递给社会大众。

二、融媒体时代县级台新闻报道的主要问题

（一）县级台新闻报道模式单一

目前来看，由于地方区域性限制，县级台新闻报道工作的进展现状还存在一定的问题。首先，在新媒体时代下，热点以及时效性成为最主要的内容，新闻传播的速度以及新闻传播的时效性都对传播价值有着非常重要的影响，特别是新媒体时代网络技术更为完善，移动设备的普及也非常广泛，这使得新闻

在传播的过程中更加快速。但是电视新闻是一种传统的媒体形式,新闻的制作以及播出需要的时间较长,有些电视新闻的传播速度慢,传播起来至少需要一天的时间,这些弊病直接影响了其在新媒体时代下的竞争。

其次,受传统工作模式的影响,县级台新闻报道工作的管理层级制度比较明显。地方台的长期垄断式管理导致工作人员积极性不高,工作成效不够明显,很多新闻报道存在过时甚至重复的现象。长此以往,县级台新闻报道模式会与时代发展轨道背离。

(二)县级台新闻报道内容僵化

县级台的服务对象是地方群众,群众对新闻报道的兴趣会直接决定节目的播出效果。融媒体时代下,信息传播渠道四通八达,群众接收信息的方式已经不再仅仅局限于传统的地方新闻台。因此,县级台新闻报道的内容安排方式会直接影响群众的接受信息热情。现今一些不发达地区的县级台,在新闻报道中叙述的内容主要以地方政府工作报告、机关部门活动展示以及国家大事为主。报道内容脱离社会民生,群众并不感兴趣,导致节目收视率以及报纸发行量越加低迷。

(三)县级台电视新闻报道传播方式落后

电视新闻是一种传统的媒体形式,对于新闻的制作以及播出需要的时间更长,主要是通过电视节目的首播、重播以及轮播等。群众只能按照固定时间观看新闻报道,一旦错过就要再次等待。而这些弊病直接影响了其在新媒体时代下的竞争。特别是目前大数据兴起的时代,网络中的信息得到了更加快速的增长,新闻的传播内容以及数量都在不断增加,通过网络进行传播能够为新闻带来更大的传播力以及影响力,而这些因素都将对电视新闻的采编工作造成影响。群众不能随时观看到心仪的新闻报道,自然会逐渐丧失对县级台的观看热情,而转向互联网媒介。因此,只有通过工作方式的转变,才能真正适应新媒体时代的新闻传播特征。

三、融媒体时代县级台新闻报道的创新策略

(一)改变思想认识,创新工作模式

在新的媒介生态下,谋求媒体融合发展正成为传统县级媒体转型发展的共识。首先,台领导要转变思想认识,将融媒体理念作为新闻报道的工作目标。其次,改变传统的层级制度,鼓励工作人员创新思维,创新工作模式。以尤溪台为例,在融媒体改革中,尤溪以县广播电视台为核心,整合县政府网、各

县直机关网站、县委报道组、手机客户端、微博、微信等所有尤溪县域公共媒体资源,以此建成融媒体中心;同时在用人机制上打破身份的限制,加大新媒体编辑策划人才、专业运营人才、技术研发人才、经营管理人才等的引进力度,优待高级特优人才,给予最大的实惠政策;并通过量化绩效分配,进一步提升了媒体生产者的积极性,体现全员生产链的融媒体考评目标。

(二)增强互动交流,提高内容质量

新闻报道内容过于僵化会导致县级台的发展进程降速,与融媒体时代脱节。对此,一方面,县级台应该加强对新闻报道内容的审核管理,鼓励工作人员挖掘身边更多的社会小事,让新闻报道内容更加贴近群众真实生活。另一方面,县级台要加强与人民大众的互动交流,既可以通过走访调查的形式了解群众对新闻报道的意见和看法,也可以通过融媒体时代下的互联网技术与群众建立虚拟关系,实时掌握群众生活中发生的真人真事。这样不但可以大大增加社会大众对县级台新闻报道节目的喜爱度和满意度,还可以推动县级台的现代化发展。

作为党政的喉舌,县级电视台在主题报道中也发挥着重要作用。新闻要突出主体,让人容易记住,而要吸引受众的眼球,就必须从受众日常生活中感受的或者能亲眼看到的方面入手,这样的报道才会令受众感同身受,有继续看下去的欲望。如央视《新闻联播》播出的《四川苍溪:适应市场需求换来大市场》,讲述了四川苍溪的一个小山村如何让自己的猕猴桃抢占国际大市场的故事,阐明的却是农业供给侧结构性改革这个大主题。此外还有《厉害了我的国》《爱国情 奋斗者》等系列报道,通过一个个人物故事,展现出了崇高的爱国情怀。

而在内容创新方面,自 2005 年开始,尤溪台便开始致力内容生产改革创新,把更多版面留给与群众生活密切相关的民生类新闻,开办了《记者体验》《今日话题》《记者观察》等多档民生类新闻专栏,其中《今日话题》专栏以近期的热点话题为中心,通过采访市民、专家、相关部门人员进行全面的解读,有效加强了与受众的互动交流。

(三)创新表现形式,做活电视新闻

电视新闻生产过程中选择合适的表现方式是一个关键环节,创新电视新闻表现方式是电视新闻工作者面临的时代课题。在传统媒体和新媒体融合发展的当今,运用灵活新颖的表现方式叙述新闻,往往会增加电视新闻的生命力,并且对于培养和扩大收视群体有着现实意义。电视新闻表现的创新不仅可以加强新闻内容的表现力,使内容融化在声画艺术之中,拨动观众的心弦,留给观众更深刻、更强烈的视觉效果,还可以增强新闻内容表达,特别是在现在这个互联网时代,更是为我们创新电视新闻的外在形式带来了无限可能。

在电视新闻的表现形式上,目前不少电视台已给出了很好的例子。当前短视频拍摄方式受到大众的追捧,而以记者为视角,参与到新闻事件中的VLOG形式也越来越多地被运用到新闻当中。例如,在疫情发生之初,央视记者通过手机自拍探访隔离点的VLOG,画面真实而富有感染力。同时还有海采。在新闻中,记者通过海量的采访,然后选取其中最真实的场景和回复汇编而成。由于这些报道采用聊天式的采访,被采访者都是真情流露,所以很有亲和力和贴近性,吸引了大量的关注。而这其中最有代表性的就是央视《新闻联播》在2012年国庆期间推出的《你幸福吗?》其中有一段对话:"你幸福吗?""我姓曾。"也就是这一问一答,彻底颠覆了《新闻联播》在老百姓心目中那"一板一眼,死气沉沉"的形象,让人眼前一亮。之后,海采报道被央视经常采用,比如《谁不说俺家乡好》《什么是家风家训》等,央视《新闻联播》的一系列变化,使得内容更亲民、监督更给力、形式更多样、姿态更开放。这样的真实与改变,也让新闻联播赢得了关注与口碑。

(四)引进优秀技术,增加基础设备

融媒体时代下的特点以时效性为主,传统的新闻报道往往忽略了这一点,很多关键性的新闻都是事发一天之后才发出的。对此,县级台要积极搭建自身的融媒体中心,保证将新闻报道内容及时地更新到互联网,满足群众所需。县级台要主动学习先进的融媒体技术,引进技术人员,保证融媒体平台顺利地搭建完成。其次,国家要加大对县级台的资金支持,以帮助其增加基础设备,保证新闻报道的稳定开展,比如网络服务器客户端,以及拍摄用的大型机器等。通过高品质的基础设施和先进的融媒体技术,县级台新闻报道工作一定可以顺利地开展下去。近年来,尤溪县财政先后投入近亿元资金对尤溪县融媒体中心各项设施进行了升级改造,在人、财、物方面先后出台了一系列政策给予大力扶持。在此基础上,尤溪县融媒体中心通过打通采编播、短视频、H5、图表、直播、VR等各种传播介质,让直播化、移动化和产品化成为尤溪融媒体报道新趋势。

四、结束语

综上所述,融媒体时代的到来让新闻报道无论是从传播速度还是更新频率上都大大加快。融媒体时代下居民群众对新闻报道的实时性和真实性有了更加严格的要求。对于当前县级台新闻报道工作中存在的工作模式、报道内容和制作技术上的问题,相关领导和工作人员要积极改变。创新思维模式,让新闻报道工作与融媒体结合,与时代特色相衬。只有这样,才能推动县级台新闻报道工作的健康稳定发展。

大数据时代新闻媒体的创新与发展

陈年海

摘要：近年来，随着网络的飞速发展，大数据渐渐被人们所熟知。大数据技术的发展推动了许多产业的创新与变革，在大数据时代背景下，新闻媒体也面临着巨大的产业创新与发展机会。作为新闻媒体行业的从业者，我们面对大数据时代的机遇与挑战，要勇于抓住机会进行创新，促进新闻媒体在大数据时代的发展。本文主要围绕大数据的时代背景，对新闻媒体的创新与发展进行了探讨。

关键词：大数据时代；新闻媒体；新闻传播

一、引　言

在大数据时代，包括新闻媒体在内的许多行业都受到了冲击，大多数国家都已经将大数据技术发展上升到了国家战略的高度。传统新闻媒体的报道已很少人观看，我们应该利用大数据技术进行创新和发展。

二、大数据对新闻传播的影响

在大数据的时代背景下我们可以通过各种技术手段对海量的信息和数据进行分析，迅速找到有价值的新闻素材进行编辑与传播，提高新闻的含金量。大数据对新闻传播的影响主要有以下几点。

（一）大数据改变了新闻传播的方式

传统的新闻传播方式是以报纸、电视和广播为主，而大数据的出现使得传统的新闻传播方式开始没落，新兴的微博、微信公众号、小程序、APP 和短视频等传播方式开始兴起，覆盖面广，传播快，大家可以随时随地看新闻。

（二）大数据改变了新闻传播的交互形式

传统的新闻传播是单向的，主要是从新闻发出者到新闻接受者的传播过程。在大数据的背景之下，这种传统的交互方式发生了改变。现在的新闻传播的交互形式是双向或者说多向可交互的，例如在视频网站上新闻接受者可以发送弹幕或者在新闻下进行评论等来完成信息接受者对信息发出者的信息交互。与此同时,信息接受者发出的信息也可以被其他信息接受者所接受,今年受疫情影响,各地主打直播带货也是广受欢迎,粉丝和主播的互动就形成了信息接受者之间的信息交互,改变了传统的信息传播的交互方式,使得信息的交流更加顺畅。

三、大数据时代新闻媒体的创新与发展

（一）利用大数据,进行内容的深加工与精加工

想要做好新闻媒体,最重要的是保证新闻内容的质量,没有内容的新闻,即使靠着大数据发展的红利得到了一定的发展,也注定是不可持续、不能长远发展的。并且在大数据的发展下,用户获取信息的渠道拓宽,用户对新闻媒体内容质量的要求也越来越高。例如在某发布不实信息的媒体被约谈后,微博上一片叫好声,这就说明虽然靠劣质的内容可以一时地吸引用户的眼球,但是长此以往,用户不仅不会继续被吸引,反而会对此产生反感,进而影响新闻媒体的发展。简单来说,劣质的新闻内容有损媒体的公信力,是不可持续的。所以新闻媒体要对生产的内容进行精加工与深加工,比如《尤溪新闻》栏目,以内容为王,吸引越来越多的市民观看。

除了注重新闻内容的质量,新闻媒体在对新闻进行深加工和精加工的过程中还要保证信息的时效性,新闻的时效性是判断新闻价值的首要条件。新闻价值的评价条件还包括树立正确的舆论导向,以及新闻能否产生一定的影响力,是否具备一定的趣味性等等。满足了这些条件,新闻就是有价值的,新闻的内容质量就是满足用户要求的。

（二）利用大数据,进行新闻媒体传播的形式创新

新闻媒体要抓住用户的需求和用户喜爱的内容形式进行新闻传播的形式创新,这不仅可以降低新闻媒体生产新闻内容的时间和成本,而且符合用户的需求。例如很多报纸推出的电子版的报纸形式,不仅节省了印刷的时间和成本,而且方便了用户阅读,传统的纸质报纸不仅购买比较麻烦,而且版面大,在这个生活节奏越来越快的情境下无法满足用户碎片化的阅读需求。再比如许多官方账号入驻抖音,抖音是一个短视频平台。截至 2020 年 1 月 5 日,抖音的日活跃用户已经超过 4 亿,如此庞大的活跃用户数量为新闻媒体的发展提供了非常好的环境。

利用这些新的新闻媒体传播形式可以提高信息传播的效率和速度,也可

以满足用户的碎片化获取信息的需求和多样化的需求，是大数据时代新闻媒体创新和发展的重要方向。

（三）培养人才，创建优质人才队伍

大数据时代，人才的重要性不言而喻，拥有高素质的人才队伍可以为新闻媒体的创新与发展添砖加瓦。在大数据的背景下，可以制定合理的人才引进策略，优化人才选拔和考核机制，通过多种途径对人才进行培养、引进高层次人才等方式创建优质人才队伍。或者通过鼓励人才创业，给予一定的激励，例如奖金等，为人才的发展提供助力。为优秀人才提供施展自己才华的平台，满足他们合理的需求，对他们的才华和价值进行深度挖掘，促进优质人才队伍的创建和新闻媒体创新发展的共同实现。

（四）利用大数据，进行新闻报道形态的创新

在大数据的背景下，利用对海量数据的提取和分析进行新闻报道形态的创新也是新闻媒体进行创新的一种重要方式，数据可视化就是其中的一种。数据可视化就是把传统的文字形式的数据以图片或表格的形式表现出来，因为图表的表现形式更为直观，更方便人们获取信息。

Nathan Yau 博士通过对美国人经常使用的运动类 APP 中上传的运动数据进行统计，在 FlowingData 网站进行了关于美国人喜爱的跑步路线的可视化展示。如图 1 所示，为纽约市民跑步路径的可视化展示，图中线条越深越粗的路线越受到运动者的青睐。这种可视化将零碎的数据通过大数据技术进行整合，可以对整体的状况进行直观的展示。这样的可视化展示图不仅可以方便人们规划运动路线，还可以为政府在未来规划时提供合理的建议。

交互式信息图表也是大数据在信息媒体发展中出现的非常重要的一种表达形式。例如《华尔街日报》所做的关于美国医保透明度的调查《数字背后的医保真相》就是以大数据为基础驱动逻辑的，该调查报道荣获 2015 年的普利策调查性报道奖。《华尔街日报》的调查团队为了获取有效的数据做出了非常多的

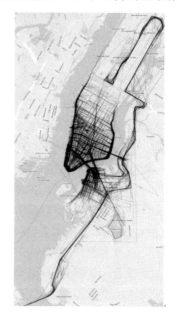

图 1　纽约市民跑步路径可视化

努力,他们花费了大量的人力物力对海量的数据进行科学细致的分析,记者们为了寻找数据中的线索使用了写代码等方式。这一轰动的里程碑式的作品体现了大数据时代新闻媒体的理念,那就是通过大数据的挖掘将更多的信息呈现出来。

(五)注重对个人隐私信息的保护

大数据时代新闻媒体暴露出的最大问题,除了新闻质量和内容的差异化以外,还有对个人隐私保护的不到位。随着社会的发展,个人隐私的保护成为人们越来越重视的内容,包括新闻报道涉及个人信息之后容易引发网络上的人肉搜索等行为。虽然近年来国家在隐私保护方面陆续推出了一些法律法规,但是依然存在很多保护不到位、针对性不强、较为模糊的现象。

新闻媒体在进行新闻报道时对隐私信息保护意识不强的现象现已经遭到越来越多的诟病,例如在进行违法犯罪等案件报道时只对犯罪嫌疑人打码,而对受害者不施加任何保护措施,这就给人们造成一种媒体保护犯罪嫌疑人的错觉。针对这种现象,一是要对受害者的个人隐私信息进行全面的保护,包括对样貌和声音进行处理,使用化名等措施;二是要对广大群众解释对违法犯罪分子打码的用意是什么等。

四、结束语

综上所述,大数据时代对新闻媒体提出了更高的要求,也为新闻媒体带来了机遇与挑战。新闻媒体要抓住机遇面对挑战,通过各种途径和手段迎难而上,推动新闻媒体的创新与可持续发展。

融媒体时代下电视新闻的舆论导向

卢建慧

摘要:随着网络时代的到来,媒介形式多种多样,传统媒体行业也受到了一定的影响。在目前这一环境下,电视媒体的影响力也受到了一定的影响,本文将重点分析融媒体时代下,电视新闻媒体如何将自身的舆论导向作用充分发挥出来。首先讨论融媒体时代下,电视新闻舆论导向的价值,其次研究电视新闻舆论导向的影响因素;最后确定融媒体环境下把握电视新闻舆论导向的措施,以促进社会的稳定发展。

关键词:融媒体环境;电视新闻;舆论导向

在融媒体环境下,把握电视新闻舆论导向是电视台发展的主要方向,尤其是在党的政策宣传等方面,电视新闻起到上情下达、下情上达的作用,在第一时间将最新的党的政策方针传递给人民群众,并得到人民群众的认可和支持,帮助人民群众理解党的政策,贯彻党的方针,共同落实中国梦。

一、融媒体环境下电视新闻舆论导向意义

在融媒体环境下,电视新闻舆论正确导向的意义主要包括以下几点。

第一,促进社会的和谐稳定发展。我国社会目前处于快速发展阶段,并且各个行业也处于良好发展的状态,电视新闻行业也受到了一定的影响,媒体从最初的报纸等传统形式,逐渐转变为电视以及网络等形式,虽然形式发生了变化,但是作用并没有发生根本的改换,依旧是起到社会宣传以及舆论引导、社会发展监督的作用,因此电视新闻在稳定社会发展中至关重要。电视新闻属于我国的主流媒体,对我国党的政策进行实时传播,实现社会舆论的正确引导,可以引导群众更加热爱以及拥护自己的国家,进而实现社会和谐稳定发展的目的。

第二,增进党和群众的密切联系、良好沟通。电视新闻在实际传播中具有社会宣传、舆论引导以及社会监督三种作用,引导人民群众紧跟国家的发展步伐,将党的思想作为行动方针。因此电视新闻舆论引导的效果直接影响党与

人民群众的沟通效果,由此可以看出电视新闻的重要作用。所以相关工作人员在实际工作中需要认识到自身工作的重要性,在电视新闻编辑中始终坚持党制定的方针,向人民群众传递正确的思想,实现正确的舆论导向,进而保证党和人民群众可以顺利交流,进而促进国家可以稳定繁荣地发展。

第三,促进人民群众进行正确思考。当今社会网络得到了普及,人民群众在生活中接收到的信息量也逐渐增多,这也能够看出网络新闻在当今时代的重要性,一旦人民群众无法鉴别虚假信息以及虚假新闻,则会对最终的信息判断结果产生不良影响。在融媒体时代下,电视新闻可以在信息收集阶段就完成信息筛选,对有效的新闻信息进行收集整理,排除错误、消极信息,保证电视新闻中内容的真实性和有效性。通过这种具有明确价值观的方式,帮助人们判断和接收正确的信息,在此基础上才能够采取积极有效的处理方式,解决问题,正确判断事物未来的发展规律。

二、融媒体时代下电视新闻舆论导向影响因素

在融媒体时代下,电视新闻舆论导向的影响因素主要包括以下几点。

第一,全球化对电视新闻舆论导向的影响。随着经济社会全球化发展,改革开放进入了新的发展阶段。在该种时代环境下,许多外国媒体逐渐关注到我国的发展,尤其是在政治方面,各种思想观点进入到人们的生活中,其中不乏对我国发展不利的思想和观点。无论是媒体还是人民群众,都需要对各种信息进行正确判断。目前我国正处于改革开放的关键时期,在该种时代环境下,如果缺乏正确的舆论引导,则会导致人民群众思想发生动荡,因此正确引导舆论,是全球化时代下需要关注的重点问题之一。

第二,人民需求。在当今社会,人民群众对信息的实际需求发生了一定的变化,我国正处于由传统社会向现代社会的全面转变中,这既是一个变革的时代,也是一个暴露的时代,许多时代矛盾暴露出来,如腐败问题、行政权力不正当使用的问题以及行业不正之风的盛行等,这些问题的出现,都是一种充分的暴露,需要去进一步地解决。舆论的引导,正是需要在实现中华民族伟大复兴的进程中掌握主动权,正确的舆论引导是监督社会与推动发展的重要形式,舆论宣传与社会发展形成了促进与互补的作用。另外,大众媒体在实际发展中,还需要认识到舆论引导并不是单项过程,而是双向过程,不仅需要将党中央的政策方针传递给群众,同时还需要将群众的真实思想和观点传递给党中央,尊重普通群众的观点和想法,使其能够将自己的真实想法勇敢表达出来。这也是自媒体快速发展的主要原因,自媒体给予人民群众表达自身观点的平台,实

现了交流途径的拓展和创新，这也是影响舆论引导发展的主要因素之一。因此在电视新闻今后的舆论引导工作中，需要正确全面地认识以上影响因素，并在此基础上开展正确有效的舆论引导工作。

三、融媒体时代下电视新闻舆论导向策略

（一）坚定政治立场

电视新闻工作与其他工作的性质不同，该项工作具有较强的政治性以及社会性，因此对社会氛围具有较大影响，会起到维护国家政府形象的作用。因此为了将电视新闻的舆论导向作用充分发挥出来，对社会舆论进行正确引导，则最重要的一点就是坚定自身的政治立场，进而将社会责任心充分发挥出来。在当今信息社会中，舆论具有非常重要的作用，因此在处理电视新闻工作的过程中，需要充分认识到党中央的精神，认清党的基本路线以及政策方针，并加大对其的宣传，维护党在人民心中的良好形象。另外，还可以采取一定的方式将党以及国家的光辉形象展示到人民群众面前，针对国家制定的发展战略以及方针，加大宣传力度。例如，建立时事政治专题栏目，为人民群众提供专门的政策解读平台，并采用追踪报道的形式，将党以及国家的政策方针传递给人民群众，使人民群众深入领会党中央决策的正确性，从思想上认同党以及拥护党的决定。

（二）正确认识引导舆论

正确的舆论需要建立在正确的认识之上，因此要想实现电视新闻舆论的正确引导，并将其作用充分发挥出来，就需要正确认识舆论的形成。我们党自始至终高度重视舆论引导工作，并确定了国家在实际发展过程中舆论起到的关键作用，因此在电视新闻中，必须对社会舆论形成正确认识，将党的决策充分传递给人民群众。通过这种方式使人民群众全面了解党制定的发展决策，令我党在人民心中建立良好形象。例如，尤溪县融媒体中心将广播电视、政府网站、客户端等传统媒体与新兴媒体相互结合，采用线上加线下、互动加联动的经营方式，形成了多元一体的经营格局，其在实际工作中能够实现媒体资源与实际工作的高效结合。2019年，尤溪县融媒体中心在报道森林火灾新闻的过程中，通过新闻报道的方式，向人民群众传递了政府在第一时间采取有效措施，及时控制火灾，并且没有造成人员伤亡。通过以上报道，充分体现出当地政府在本次火灾控制中制定决策的正确性、及时性和有效性，进而在人民心中建立良好的政府形象，起到正确引导社会舆论的作用。这种报道方式可以突

出政府在突发事件处理中的有效性以及正确性,树立政府的积极形象,承担起正确引导社会舆论的责任。

(三)建立良好的舆论空间

电视新闻本身就具有较强的舆论导向作用,相同的新闻内容,如果采用不同的报道方式,则最终产生的报道效果也不同。导致这一现象出现的主要原因为,报道人员往往从自身的利益出发,选择不同的报道角度,并将新闻编辑的主观情感融入其中,进而产生不同的效果。正是因为这一原因,人民群众在接受新闻信息的过程中,往往会体会到编辑的情感以及观点,在潜移默化中受到影响。因此电视新闻工作人员在编辑新闻的过程中,需要注意报道观点的客观性,严谨用词,在将新闻信息完整正确地传递给群众的同时,避免电视新闻报道内容产生歧义。这种工作方式可以提高观众对电视新闻报道的信任度,避免出现观众质疑报道真实性的情况出现。另外,在实际报道中,电视新闻内容必须保证真实性,禁止出现虚假报道以及夸大报道,将事件的真相还原给观众。针对这一点,尤溪县融媒体中心在新闻报道中始终坚持真实性的原则,准确地报道出森林火灾的发生时间、发生原因、发生过程,并将政府控制火灾的全过程记录下来,通过这种真实的报道方式,建立良好的舆论空间,进而实现对社会舆论的正确引导。

(四)保证新闻报道质量

虽然目前网络得到了普及,但是电视新闻在信息传递中仍然占据非常重要的位置,对人民的影响力也较大,因此在实际电视新闻报道中,需要保证报道内容的真实性和权威性。电视新闻内容由新闻编辑决定,因此新闻编辑具有较高的专业性是保证新闻内容质量的基础条件,由此可以看出新闻编辑在电视新闻报道中的重要地位。因此在提高电视新闻内容质量的过程中,也需从新闻编辑入手,对其进行专业水平的有效提升,制订有针对性的培训计划,提高编辑的专业度以及综合水平。通过这种方式优化电视新闻节目质量,进而促进整个电视新闻的稳定发展。

在当今融媒体环境下,相关人员需要进一步认识到电视新闻舆论引导的发展,并在此基础上进行进一步的优化和完善,符合新时代对舆论引导的要求。根据时代的发展趋势以及发展方向,促进电视新闻舆论引导的全面发展,实现党中央与人民群众之间的深入沟通,筛选电视新闻信息,将人民的利益放在首要位置,在此基础上进行电视新闻舆论引导工作,这也是未来电视新闻舆论引导工作发展的主要方向。

四、结束语

综上所述,在融媒体时代下,对电视新闻舆论导向策略进行研究,能够将电视新闻舆论导向的作用充分发挥出来,并且实现正确的社会舆论引导。本文从政治立场的确定、舆论引导、舆论空间建立以及新闻报道质量等方面展开研究,以期对电视新闻舆论引导工作进行全面优化,促进电视新闻在融媒体时代下的可持续发展。

县级融媒体新闻报道如何做到"内容为王"

欧秀芬

摘要：近些年，微信、今日头条、抖音等一批新媒体横空出世，并且发展越来越迅猛，单从受众传播的数量层面上讲，它们已经是名副其实的"主流媒体"，这给以电视为代表的传统媒体带来了巨大的压力和挑战。原本市场就有限的县级融媒体如何挽回流失的受众，守住自己的一席之地，笔者认为，坚守住"内容为王"才是根本。本文分析在融媒体时代下新闻报道的特点，以及目前县级融媒体中心新闻报道存在的问题，并提出当下县级融媒体新闻报道如何做到"内容为王"的对策。

关键词：县级融媒体；新闻报道；内容为王

进入 21 世纪，媒体产业不断拓展，开放力度加大，媒体边界消融，大量新型主体加入，微信、今日头条、抖音等民营互联网媒体和其他商业媒体应运而生，并蓬勃发展。在竞争中，传统主流媒体在传播市场的竞争优势日渐消减，面临内部变革和外部竞争双重压力，踏上了同互联网新兴媒体融合并向新型主流媒体转型之路。要想与这些新媒体争夺用户，必须做到知己知彼。

一、新媒体时代新闻宣传的特点

（一）信息载体的多样化

互联网时代，大众获得新闻的手段越来越多，不再只从电视、报纸等传统媒介上获取，由微博、微信、手机 APP 等就可以掌握最新的消息报道。特别在人人都有手机的时代，手机媒体已经被公认为继报刊、广播、电视、互联网之后的"第五媒体"。可以说，掌握了手机端，就占据了制高点。

（二）传播方式从单向到双向的转变

传统媒体的传播方式是单向、线性、不可选择的。而新媒体的传播方式是双向的，传统的发布者和受众现在都成为信息的发布者，而且可以进行互动交流，受众与媒体间的距离感越来越小。

（三）传播行为更加个性化

信息技术的发展，令媒体能够从海量化的信息资源中，给受众提供个性化的服务。通过大数据分析用户浏览、收藏、转发、评论新闻资讯的行为，同时结合用户地理位置信息、阅读时间和使用习惯、所订阅的栏目和兴趣点、用户关联的社交媒体数据，可实现精准的信息推送。

（四）新闻短视频化、娱乐化

快节奏的生活状态下，时间逐渐碎片化，受众的阅读习惯也随之改变。抖音、快手等短视频 APP 抓住了机遇，短短但关键的十几秒画面，辅以带动情绪的配乐和文字说明，简单交待新闻事件的主题，鲜明亮出作者的态度，迎合了受众的需求。加上手机短视频制作的模式化、简单化，在人人都有手机的时代，比我们传统媒体还多了随时随地的时效性。

二、县级台新闻报道的现状

最基层的县级台普遍在人才、资金、设备、管理等各方面都处于弱势地位，也导致了无法与强势媒体竞争，甚至陷入了经营管理困难、人才资金受限、无法出精品、受众流失、经营更加困难的恶性循环。笔者认为，对于县级台最致命的就是无法出精品，从而被受众抛弃。特别在新闻报道中普遍存在如下问题：会议调研等时政类新闻偏多，民生稿件少；模式化新闻多，创新新闻少；时效性差，报道热点新闻事件缺乏。

三、新闻报道如何坚持"内容为王"

媒体融合时代，在强调技术引领和驱动的同时，更加需要内容支持，以内容赢得发展优势。"融媒体"是充分利用媒介载体，把广播、电视、报纸等既有共同点又存在互补性的不同媒体，在人力、内容、宣传等方面进行全面整合，实现"资源通融、内容兼融、宣传互融、利益共融"的新型媒体。县级融媒体中心按照"一次采集、多种生成、多元传播、全方位覆盖"的模式，通过整合县域内报纸、电视、广播、网站、微博、微信公众号等媒体资源，建立内容丰富、载体多样、覆盖广泛的现代媒体传播体系。融媒体中心的建设，最重要的就是有效整合资源，集中力量出精品，在竞争中脱颖而出，从而提高县级媒体的引导力和公信力，更好地引导群众、服务群众。

（一）改进时政新闻的报道方式

目前在各县级台的主流新闻中，时政报道往往是最重要的一块。如何增强时政新闻报道的可看性是当下新闻改革中最重要的一环。现在有一种观点，认为改革新闻报道，增强贴近性、可读性，就意味着淡化和弱化时政报道。但融媒体中心作为党和政府的喉舌，时政报道恰恰是电视新闻中的一大优势，因为在今天这样一个变革的时代，时政报导中的新闻资源恰恰包含了大量社会关注、读者关心的重要信息。《尤溪新闻》在近几年的改革中，突出对时政报道方式的创新，一是严格控制时政新闻的长度，主要领导工作新闻在1分半钟以内，一般领导工作新闻在1分钟以内，保证其他新闻的篇幅；二是要求采编人员从时政新闻中提炼出对百姓息息相关或者十分关注的信息加以解读；三是通过对领导关心和与群众关系密切的问题做深入调查，从中发掘新闻选题，进一步做深做透。

（二）加大重大主题融合报道力度

重大主题报道必须贴近实际、贴近受众，积极寻找重大主题报道与新媒体的有效融合点，创新发布平台，在互动、融合中实现新闻价值最大化。在2020年的抗击疫情中，尤溪县融媒体中心充分运用融合报道，一方面选派精兵强将深入采访，另一方面精心策划，统筹安排，在《尤溪新闻》中开设"坚决打赢疫情防控阻击战"专栏，每天安排记者深入一线，在采写最新鲜最感人的新闻报道的同时，调动广播、官方微博、微信、"智慧尤溪"APP、互动平台等多种手段，全方位展现全县上下团结一心抗击疫情的感人事迹。值得一提的是，尤溪县融媒体中心还特别推出了两期"全力以赴 防控疫情"现场直播特别节目，实现电视、广播、微信、网站、APP等各平台的直播互动，在线收听收看人数达到了30多万人次，取得了非常好的宣传效果。正是这种重大主题报道传播平台的创新，满足了各个层次读者的阅读需求，使传播效果达到了最大化，报道一经推出，就在社会上引起很大反响。

（三）新闻短视频化

随着抖音、快手、梨视频等短视频平台的兴起，短视频已成为媒体融合创新的一个风口。中国新闻奖还专门设置了短视频奖，推动主流媒体把短视频作为媒体融合的一个突破口、一个抓手，意义非常重大。什么是好的、优秀的短视频新闻？就是选题热门，切口很小，标题很诱，画面震撼，表达很潮，手法很新。尤溪县融媒体中心通过业务培训、机制奖励，大力培养一专多能的记者，除了传统的采、写、编、评，记者、编辑还要掌握新媒体技术、互联网思维，制作出群众喜闻乐见的产品。目前，尤溪县融媒体中心在抖音设立的官方账户里，已经刊发短视频新闻600多条，点击量超过9000万次，其中县卫健局对闽中综合市场进行新冠病毒核酸采样检测的单条新闻点击量就达到了惊人的3600多万次,点赞量20多万次。

(四)深化"走转改"活动

新闻战线开展以增强"四力"为抓手,"走基层、转作风、改文风"活动,是落实"三贴近"要求、增强新闻宣传吸引力、感染力的重要途径。自全国新闻界开展"走基层、转作风、改文风"以来,各级新闻媒体都积极行动,开辟专栏,记者、编辑、主持人纷纷进工厂、下农村,刊发来自基层、最淳朴、最鲜活的新闻。县级融媒体中心虽然身在基层,但是与乡村农户、田间地头还有一定的距离,需要采编记者全身心"沉"入基层中去,做到"人下、心也下,身入、心也入",用自己的思维和视角,去了解百姓的所思、所想、所盼。尤溪县融媒体中心专门开辟了"记者走基层"专栏,在采编人员十分紧缺的情况下,仍然每周安排两名记者深入最基层,与老百姓同吃同住同劳动,采写最真实而又最富有感染力的新闻。由于思想上的高度重视以及全面详细的策划,加之记者深入扎实的采访,不少走基层的新闻报道播出后都获得了良好反响。如2020年《小康来敲门》的专题报道中,记者与扶贫干部、贫困户用心沟通交流,在工作生活中打成一片,采写出了《卓德文:当好带头人 让村民过上好日子》《胡永浙:汇聚爱心 温暖脱贫路》《黄文云:脱贫是幸福生活的起点》等多篇扶贫新闻佳作,先后在省市台播出。类似走基层的新闻报道,其生命力、影响力以及原汁原味非常能吸引观众的眼球,在提升节目质量的同时,又提高了收视率。

(五)加大民生类新闻的比重

当下,民生新闻几乎遍地开花,"讲述老百姓身边的故事"已经成了媒体报道的重点之一。老百姓对自己身边发生的新闻特感兴趣,不在于它有多重要,而是因为它发生在身边,能够感同身受。民生新闻的出现,契合了新闻的社会需要、民众的生活需要,弥补了时政新闻的不足。《尤溪新闻》在每晚短短18分钟时间中,都固定有一组民生新闻,把关注的新闻眼瞄准普通的群众,倾听他们的呼声,了解他们的喜怒哀乐,真心为他们排忧解难。做好民生新闻,笔者认为,最重要的是要体现人文关怀,需要记者摆正自己的位置,用换位思考的方式看待问题,设身处地为老百姓着想,关注与老百姓生活息息相关的内容,关注弱势群体的生存状态,主动为百姓解决生活中的实际问题,在政府与百姓之间搭建起沟通的桥梁。还要深入社会各个层面、各个角落,在内在思想上下功夫,对新闻事件进行理性判断分析,把握真善美,在题材选择、报道立场、报道方式等方面真正做到"以人为本"。

（六）突出新闻的"时效性"

由于受人员、设备的限制以及管理存在的问题影响，很多县级融媒体中心还没有实现新闻每日播出，常使新闻积压成了"旧闻"，特别是一些时效性较强、群众关注度高的新闻稿不能及时播放出去，降低了县级媒体新闻在人们心中的期待。时效是新闻的生命，新闻贵在"新"，特别是在灾难及突发事件发生后，百姓需要了解事件真相、事件信息，而受众在第一时间获取的信息来自哪个媒体，哪个媒体就会给受众留下最深刻的印象，最快速度就是最好的时机。所以作为广播电视媒体应该秉持第一时间报道的理念。尤溪融媒体中心出台规定，凡是时效性新闻，一律采取"预约"制度，即采访的记者与当班编辑事先沟通好，留出版面。一方面，在约好的时间点，记者必须将图像与稿件送至编辑处，编辑人员再集中力量来攻坚；另一方面，对突发性的重大事件，尤溪融媒体中心制定了新闻宣传报道应急机制，在最快时间内将事件报道出来。在2020年6月份的几场强降雨的自然灾害报道中，由于降雨时间都在下午，而当天傍晚六点半便要播出，时间甚是紧迫，中心启动了应急机制，在城区的记者拍完立马回台里采写制作，而在乡镇报道的记者采用手机连线的方式，通过手机直接将视频传回编辑部，大大提升了效率。由于播出及时，报道详细，受到了县领导以及广大受众的充分认可。也因为采写上送及时，这几次的强降雨新闻报道也在央视播出。6月6日央视新闻频道播出了福建三明：多地强降雨 部分农田道路被淹；6月8日央视新闻频道播出福建尤溪：短时强降雨致多地积水严重；6月11日央视2套播出了福建尤溪：暴雨冲垮房屋 政策性农房保险为重建助力。

总之，县级融媒体中心与现实生活、基层群众具有天然的亲近关系，而且更容易凸显自身或所在地区的特色，只要充分发挥优势，扬长避短，坚守"内容为王"，制作出更多适应当今发展潮流的新闻报道作品，让受众喜闻乐见，就能在激烈的媒体竞争中拥有一席之地。

采访编辑双发力　提升电视新闻传播影响力

陈振鹏

摘要:随着社会的不断进步和发展,我国的新闻媒体行业也有了长足的进步。在多媒体融合的现今,电视新闻传播发展遇到了许多障碍和挑战,但更多的是带来了便利,对政治、经济、文化、教育等都产生了较大的影响。如何选择新闻报道主题及时发布、如何对接采访、如何运用同期声,从而提高新闻节目质量,提升电视新闻传播的舆论影响力,这都深深地考验着作为基层一线新闻从业人员的专业素质。

关键词:融媒时代;报道主题;新闻采访;同期声运用

一、与时俱进,融合新兴媒体,了解受众需求

当前,腾讯新闻、网易新闻、今日头条、抖音、快手等新兴媒体迅速发展,因其传播迅速、时效较强、内容丰富、受众较多等,传统的中午档、晚间档电视新闻已逐渐式微,尤其是县级广播电视台,竞争力越来越弱,受众普遍反映:与其等待固定时段收看电视新闻,还不如刷刷朋友圈、抖音、今日头条等手机 APP 了解身边的事更来得方便高效。

(一)了解群众喜好,深入基层,严把新闻报道选题

现今的新兴媒体以手机媒体为主,其平台的选题新颖、接地气,丰富多元的新闻信息随手可看,受众可一日、一周、一月无电视,却不可一日、一时、一分无手机。为此,电视新闻传播就有必要从节目选题上下功夫,做足市场调研,依据当下热点和观众的喜好推出一些新颖、有代表性、充满正能量的电视节目,诸如脱贫攻坚年,疫情下企业、工人如何自救,乡镇农业是否稳产增收,让观众能够从电视节目中看到有价值的东西。这就是典型报道,我们通过确定选题进行相关报道,让受众从中得到信息、了解事实,同时通过对选题中突出的、有影响力的新闻线索进行深入跟踪、全面报道,进而向受众传播符合时代的正能量,扩大电视新闻传播的影响力。

（二）发挥新闻传播的真实性、时效性，丰富传播渠道

除了典型报道之外，新闻更多的是未知的突发新闻。对此，我们应当及时跟进镜头，聚焦现场，了解始末，对事实报道要准确、整体，内容应当全面、真实，将新闻报道的客观性和倾向性结合起来，对误导大众的负面消息要及时澄清辟谣，避免造成不必要的困扰。

同时，电视新闻传播也要积极借鉴新兴媒体快速、便捷的优势，提高自身信息传播的时效性，特别是对于定点新闻播出的县级台而言，更应该改革创新，精简内部机构，加快新闻信息的获取、收集、整理。在新闻现场，记者就可以现场构思、撰稿，写出符合电视、抖音、快手、微博、微信公众号以及直播等平台的新闻稿件，部分画面通过手机自媒体进行简单的拍摄剪辑，及时传回采编平台，进行后期精编，多渠道第一时间发布，以提升信息传播的速度和质量，吸引更多受众的关注，提高电视台知名度，进而提升竞争力。

二、用好提问艺术与技巧，给观众提供有价值的新闻信息

一篇好的电视新闻，"原材料"很重要。对于一线记者来说，采访只是一项最基本的工作，但是想要给观众提供有价值的新闻信息，采访中运用一定的提问艺术与技巧就显得尤为重要，其间还应恪守一定的准则，保证新闻采访内容的真实性和可靠性，方能保证电视新闻的全面性和正确性，引导正确的舆论导向。

（一）清晰逻辑、和谐氛围、多种提问，确保采访到位

良好的逻辑思维能力在电视新闻采访中起到非常重要的作用。逻辑思维能力不强的记者可能在采访中会遇到很多状况，比如切入点与此次新闻主题不符，被采访对象回答了一堆无关紧要的内容，或者是记者自身逻辑不清导致对提问的问题被采访对象完全不明白，回答要点不明。另外，记者在采访过程中若是过分追求速度而中途打断被采访者说话，则很容易导致被采访者心理放空、大脑空白，毕竟一线记者接触的人员除了成功的企业家或机关干部之外，更多的是在基层扎根的普通干部、淳朴农民，紧张、结巴、答非所问是采访过程中非常容易碰到的情况，这将严重影响采访的正常进行。故此，记者采访中务必要有较强的逻辑思维能力，循序渐进且由浅入深地提问，一步步引导被采访者，以获得更好的新闻报道效果。

同时，若是记者与被采访者都是初次见面，在彼此不了解的情况下，记者首先要与被采访者消除隔阂，营造一个和谐的提问气氛，在平常的交谈中，找

到共同的话题,短时间内达成共识,减少被采访者的尴尬、紧张心情,让被采访者能够畅所欲言,实现更好的采访效果。

基层采访中,记者碰到更多的是日常交谈对答如流、言词清晰,在摄像机前则支支吾吾、含糊不清。这时,话筒对着被采访对象,一问一答、引导提问可能无法获得有效的采访内容。针对不同的采访对象,记者应选择不同的提问方式,做到随机应变,诸如摄像师随时捕捉现场音,记者采用边走边问的形式,或者让被采访者在熟悉的场景、事物面前叙述其了解、熟知的内容,往往能够得到意想不到的效果,如此推动采访工作的有序开展,能让新闻信息更加全面、生动。

(二)遵循原则,提高电视新闻采访的有效性和规范性

在电视新闻报道中,记者的采访在一定程度上会受到主观因素的影响,故记者务必加强自身素质和处变能力,并遵循有规划采访、尊重被采访者、做聆听者等一些基本原则,以保证电视新闻采访的有效性和规范性。

采访前,记者应该做好事前的准备工作,明确采访目的,对采访对象和事件尽可能地多了解,在现场细致入微地观察,询问相关人员现场最新消息,为顺利开展采访工作打下基础。同时,对一些相似的新闻报道,可事前准备好采访提纲,以减少新闻现场记者构思问题采访的时间,提升工作流畅性和效率性,以应对突发情况,有更多的时间制定相应的对策,保证在规定的时间内有序开展采访工作,获得所需内容。

在电视新闻采访过程中,记者与被采访者是平等的。因此,要遵循尊重性的原则,在相互尊重的基础上,记者提出的问题会更加规范、合理,被采访对象在感受到被尊重的前提下,透露出更多的新闻信息,这对于突发新闻而言,提高新闻采访的效率,让记者及时地出稿发布,显得更加重要。善于倾听也是记者必备的一项基本素养。在电视新闻采访中,记者扮演的是聆听者、记录者和引导者的角色,将被采访者放在主位,多倾听他们的叙述,让其呈现更多相关的新闻信息。每个人都有自己不一样的人生,这是众多一线记者多年来的感悟。基层的干部、农户,一生扎根基层、田间地头,双鬓白发和脸上黝黑的褶皱就是他们几十年的人生感悟,也许他们不善言语,也不会跟家人分享,但一位陌生的"记者"真挚地引导,往往会让其真情流露,被激发起倾诉欲望,有感而发。如此,作为一个合格的倾听者,也许30多分钟的采访只有1分钟的有效新闻信息,也不应突兀打断。充当聆听者,对新闻采访工作的顺利开展起到了重要作用。

三、恰当的同期声，真实还原新闻事件

同期声的应用，是对新闻内容的补充，使其更加真实，令电视新闻节目的表现力与情感渲染力得到提升。一篇好的新闻报道，采用现场声、同期声等一些"文外音"，融合视频、新闻解说，使得新闻的来龙去脉全面地展现出来。

（一）增强新闻内容真实性，更好搭配新闻元素

电视新闻报道，主要就是解读、还原、真实呈现新闻事件，合理地运用同期声到新闻报道中，当事人通过同期声解读整个新闻事件的发生过程，并将真情实感表达于镜头前，使新闻事实的真实性得到保障。同期声的应用，对于一些摄像无法拍摄还原的镜头，也起到了陈述事实、补充说明的作用，这时候记者和摄像就不需要为无法取得的"画面语言"而烦恼。尤其是在新闻直播的过程中，合理地利用同期声（部分是记者出镜或者主持人出镜），能够使新闻直播的现场画面感更加真实，更好地让观众了解该新闻事件的始末、进程和现场画面意图，引起观众情感的共鸣。而且，同期声可以说是和后期的视频、文字解说、图文解说等一些常用新闻编辑元素是并驾齐驱的，但又更胜一筹，记者再怎么解释说明，也比不了新闻当事人声情并茂的现场言语，其能够使电视新闻质量得到很大的提升。

（二）合理搭配、编辑同期声，保证与解说词的协调

实习记者不懂得用同期声为新闻采访增色，刚入门记者大篇幅照抄照搬同期声而不懂得灵活删减，也许每个记者都经历过这一过程。科学合理地运用同期声，首先要了解电视新闻的特性，也就是每条新闻的播出时限，记者在新闻事件采访中要对采访时间进行合理把控，善于运用采访技巧，引导被采访者逻辑清楚、言简意赅地把新闻事件陈述出来，从而让观众更好地理解新闻当事人想要表达的内容，全面了解新闻事件的发生过程。

采访过程中，若是碰到被采访者善于言谈，容易将采访问题发散开说，正确的处理方式是先令其将所思所想表述完毕，然后在合适的时机，合理打断不让其继续发挥，一般说"刚才您说得很好，很有用""讲得太好了"等，再把记者的要求比如说"能不能稍微精简点""咱们来个简易版"等，此时被采访者也会欣然接受。一段简练、有用的同期声，是为了在后期编辑时加强新闻报道表现力，如实还原新闻事件，体现新闻价值。所以，在后期新闻采编过程中，同期声的内容应选择能够呈现新闻主题的，将其准确纳入新闻编辑中，从而更好地体现新闻报道所要表达的观点。

在做好同期声采集和编辑的同时,还要注重与解说词的协调性。记者采写稿件时,要合理地穿插同期声与解说词,从而使新闻内容重点突出,完整性、真实性得到保障。一般来说,新闻要言简意赅、开篇点题,在这受众碎片化阅读、只看几十秒视频的当下尤显重要,几句简短的开头表明新闻时间、地点、人物等要素后,插入相对应的同期声,便能让受众知晓这个新闻事件的重点,了解来龙去脉,让观众看得下去,使新闻节目的效果得到提升。

二、重大报道、主题报道、战"疫"报道、热点报道、舆论监督报道

试析灾害及突发事件中电视媒体的
职责与运作
——以福建尤溪特大山体滑坡灾害中电视台的
抗灾宣传报道为例

张　敏

突发性灾难事件报道历来难度较大。由于灾难的突发性,以及对人民生命安全、国家财产安全带来的巨大影响,使其备受高度关注。此时,电视媒体所面临的舆论环境十分复杂,如果不能有效地加以积极引导,社会舆论就有可能转向消极方面,而舆论支持往往牵动救灾的全局,关乎社会的稳定。当灾难发生时,如何高效地发挥电视媒体的宣传引导、环境监测、疏导情绪、稳定社会、舆论监督等职责,正逐渐成为现代传媒不断探寻的新课题。

本文试图以尤溪遭受特大山体滑坡为例,试析在灾害和突发性事件中电视媒体的职责与运作。

2010 年 6 月 13 日开始,福建省尤溪县遭遇连续强降雨,造成山洪暴发、洪水肆虐、泥石流和山体滑坡。尤溪县电视台作为当地党委、政府的喉舌,在这次突发性灾难事件舆论引导中突显了它的主导作用。特别是 6 月 21 日,当尤溪县联合乡下云村出现特大地质灾害险情时,尤溪县广播电视在非常时期的独特功能得到全方位体现,主流媒体的传媒作用得到了充分发挥。

一、强调第一时间,做到信息沟通无障碍

灾难性事件发生后,在第一时间展现事实真相是传播的关键。媒体应当及时、迅速、主动地向公众阐明突发事件的现状和可能产生的后果,消除人们对灾难的各种猜疑和误解,阻断谣言传闻的传播路径,维护社会稳定。6 月 21 日,尤溪县联合乡下云村发生特大山体滑坡险情后,尤溪县广播电视台立即启动突发事件新闻采访报道应急方案,组织全台精干力量赶赴受灾地点,领导亲自率队,靠前指挥,与中央、省、市台合作,大量报道尤溪县成功转移受灾群众,无一伤亡的科学防灾救灾工作和在抗洪抢险救灾中涌现的先进组织和先进个

人,把握了新闻宣传的主动权,高度的社会责任感和政治敏感性赢得了当地党委、政府的充分肯定。

一个真正有责任的媒体不是被动的,而是主动的。突发性灾难事件发生后,百姓需要了解事件真相、事件信息,而让受众第一时间获取信息的媒体会给受众留下深刻的印象。所以媒体应该秉持第一时间报道理念,最快的速度是最好的时机。对于电视媒体来说,"我播现场"比"我在现场"更加重要。在进行突发性灾难事件报道时,媒体要表现自己的专业责任、社会责任、道德责任。专业责任就体现为播报的速度;社会责任以表达宽度为衡量标准,要多角度、全方位;道德责任以高度的人文关怀为衡量标准。

二、强调主旋律,通过正面宣传营造良好的舆论氛围

灾难性突发事件发生的时间、地点、严重程度等都缺少可预知性。灾难性突发事件发生时,媒体不仅要及时、主动发布信息,满足公众的知情权,更重要的是要把握舆论焦点,洞察公众的信息盲点,正确引导舆论走向科学,避免虚假信息在公众中造成恐慌。同时,媒体利用自身的优势,通过对公众信息的采集为政府下一步的部署提供相关依据,架设起政府与公众沟通的桥梁。

面对严重的灾情和紧迫的形势,尤溪电视台记者始终与灾情进展、抗灾救灾保持同步,始终为群众提供最新最权威的灾情消息,每隔几分钟几十分钟就刷新报道。特别值得一提的是,联合乡下云村出现特大地质灾害险情时,记者通过手机报道市委书记、市长部署指挥群众转移工作,第一时间发出了市委、市政府和县委、县政府的"转移令",使整个事态的发展和救援的进展被原生态"搬"上了荧屏。其中报道"尤溪县联合乡发生特大山体滑坡群众安全转移,无一伤亡"这条新闻,当晚就被中央电视台新闻频道和福建电视台、三明电视台采用。当天,中央电视台新闻频道记者还到实地做了现场直播,福建电视台《新闻启示录》栏目也专门做了一期报道尤溪"广泛动员、科学救灾"的节目,真实展现领导科学决策,干群万众一心,全县上下众志成城、齐战洪魔的动人场景,极大地鼓舞了尤溪干部群众抗灾救灾、夺取胜利的信心和勇气,为抗灾救灾提供了强大的舆论支持。

三、强调第一现场,媒体人争当社会责任的践行者

在 2009 年 10 月 9 日世界媒体峰会开幕式上,中国国家主席胡锦涛的一段致辞引起了全世界媒体的关注。胡锦涛表示,世界各地媒体要切实承担社

会责任,促进新闻信息真实、准确、全面、客观地传播。当今社会,媒体对国际政治、经济、社会、文化等各领域的辐射日益加强,对人们思想、工作、生活等各方面的影响日益深入。正因为如此,对各类媒体来说,树立和秉持高度的社会责任感比以往任何时候都更为重要。

在这场抗洪救灾宣传报道中,尤溪电视台的全体新闻工作者都能深入第一现场,体现了良好的精神风貌和职业素质,涌现了许许多多可歌可泣的感人事迹和先进典型。他们不畏难险、不怕牺牲,哪里有险情,哪里就有他们的身影;他们不怕疲劳、连续作战,始终奋战在采编第一线;他们饱含深情、贴近群众,采制了大量感人至深的新闻报道。

四、强调人文关怀,展示人性光辉

尤溪县电视台在抗洪救灾报道过程中,用行动诠释了以人为本的新闻传播理念,在灾难事件的报道中,彰显人文关怀。这也体现了尤溪县电视台通过对自己报道身份和视角的差异化定位,采取本土化传播策略,以接近性传播、平民化视角、个性化故事冲破了雷同传播的藩篱,在整体传播过程中形成了属于自己的报道特征,从而凭借鲜明报道特色在众多媒体中脱颖而出。

在这次灾难中涌现出的母爱、父爱、孝道、党性等人性光辉在尤溪县电视台报道中得到了重要的展现:联合乡73岁老党员蔡光忠明知危险,义无反顾,奋战近7个小时,在生命的最后一刻,把别人推向安全地方,自己却被土石直接撞飞,滚下溢洪道,摔进泥石流里,献出了宝贵的生命;水东采砂船主蔡启炼多次冒着被洪水冲走的危险,下河施救落水人员……这些及时的报道,不管是画面还是言语都透露着对人的尊重,对生命的尊重,对人间真情的感悟。此外,尤溪县电视台立足于提供给灾民真正关心的信息,如哪里提供食宿、哪里更安全等信息,同时也给非灾区的群众提供了"去何处给予帮助"的信息,如开设24小时"救助热线",公布慈善捐款热线,提供预警、报险、寻人等服务,积极为受灾群众寻求社会的帮助,在社会和灾民之间搭建了一个人性化的沟通渠道。

在灾难中,人类生命的损失相比其他要重要得多,尤溪县电视台始终把"以人为本,关注生命"放在首位,通过对抗洪救灾的宣传语和震撼心灵、生动感人的多组宣传片的滚动播出,用荧屏把全县人民连结在一起,令灾区人民感受到了党的关怀和温暖以及民众的支持,不仅激励灾区人民树立战胜灾害重建家园的信心,同时也让人们看到"一方有难,八方支援"的精神在社会主义新时期被发扬光大。在灾害及突发事件中,尤溪县广播电视台始终走在最前沿,时刻引导着公众以乐观、积极向上的精神去拼搏,在具体而细微的新闻报道中发挥真正的传播实效,展现着电视媒体的社会责任和使命感。

(原发表于《当代电视》2012 年第 3 期)

基层记者如何做好重大主题报道

徐　菁

摘要：主题报道直接影响着电视新闻栏目的发展，通过对主题报道的分析及研究，可以了解电视新闻栏目的权威性和影响力。目前，中国新闻获奖作品越来越丰富及多元，重大主题的新闻报道所占有的比重偏高。对于新闻记者来说，在主题报道的过程中需要做好充分的准备工作，将宏观分析与微观研究相结合，掌控好整体的布局，关注不同的细节表述要求，露出新闻的亮点。学者在对重大主题报道进行分析时明确强调，基层记者扮演着不可或缺的角色，基层记者需要深入老百姓的生活实际，确保主题报道贴合人们的生活，尽量避免两者之间产生距离感。本文站在不同的角度，着眼于重大主题报道的现实条件，分析基层记者的报道策略及方式。

关键词：基层记者；重大主题；报道策略

一、引　言

在对电视新闻进行分析时不难发现，主题报道的内容和形式非常丰富及多元，大部分主要以国家的重大决策、社会热点以及国家中心工作为依据。在全面报道和深层次分析的过程中促进新闻信息的有效传递。主题报道的质量直接影响着电视新闻栏目，大部分记者在开展重大主题报道活动的过程中，往往会严格按照传统的报道方式，导致主题报道出现模式化的特征，难以充分体现新闻的新鲜性和时效性。对此，基层记者需要重新调整自身的报道方向和报道策略，抓住重大主题报道工作的核心要求，深入思考这一问题，进而提出相应的解决对策。

二、充分准备，细心研究

（一）重视重大主题报道

在很多重大事件之中，基层记者很难在第一现场进行采访，但是只要记者能够充分准备、用心调查，并不断提升自身的感知能力，以极高的敏锐度来报道新闻，就可以提升个人的新闻报道质量。新闻记者需要时刻关注国家的大政方针政策，注重对老百姓日常生活的分析及研究，主动从日常生活之中挖掘出新的新闻题材，只有这样才能够体现报道的新颖性和特色性。其中重大主题的接触机会比较有限，新闻记者需要牢牢抓紧每一个机会，丰富采访形式，关注不同采访内容以及策略的有效调整，在做好充分准备的过程中积累丰富的工作经验，只有这样才能够发挥个人的重要作用及优势，报道出优质的新闻。

（二）明确特点和意义

与其他的新闻报道模式相比，主题新闻报道的内容更为复杂，对新闻记者的要求更高。基层记者需要注重微观分析与宏观研究之争的内在逻辑联系，认真研究主题，明确主题的特点及含义。其中有的题材专业性比较强，在新闻报道的过程中，新闻记者需要尽量避免门槛过高，应该结合中国的发展实情，充分展现主题新闻报道的意义和价值，结合社会现实来进行全方面的分析及研究，保障自身的重大主题报道能够更加生动及有趣，在第一时间吸引受众的目光。

（三）精心策划，全身心投入

主题新闻报道离不开新闻记者的充分准备和精心策划，与事件性报道相比，主题报道更为复杂，这一点在重大主题报道之中体现得非常明显。有的重大主题报道具有一定的新闻价值，但是与人们的生活实际联系不大，因此缺乏一定的吸引力。针对这一现实问题，基层记者需要积极策划，全身心投入到每一次重大主题报道之中，主动挖掘新闻之中的亮点，通过整理新闻信息来更好地提升主题报道的吸引力。前期的策划工作中所涉及的细节要素比较复杂，基层记者需要充分准备，细致分析，采取新颖的报道观点，积极拓展整个内容的主题，不断丰富报道的内容及形式，将主体设计与后期的宣传推广工作融为一体，促进重大主题报道工作的一一落实。

三、分析细节，凸显特质

（一）加强细节描写

故事感是衡量新闻报道的重要标尺，对于重大主题报道来说，基层记者需要注重细节描写，凸显画面感，更好地体现细节报道的重要性和价值。其中人物场景的描述最为关键，新闻记者需要采取形象生动的描述方式，将事实直观呈现在观众面前,体现主题报道的温度和高度,让观众心中能够留下深刻的印象。比如贫困百姓喜迁新居的主题比较常见,在过年期间经常会看到比较相似的报道,在报道这一类型的重大新闻时,新闻记者会关注对环境的简单介绍和对居民的采访。这种比较常见的报道形式只能够机械地完成重大主题报道工作,无法让观众留下深刻的印象。比如在报道疫情中的英雄故事《吴孟获:赤子情怀 驰援家乡战疫情》时,有这样一个细节:

> (正文)[现场音]
>
> 县总医院急诊科护士长吴孟获:剃须刀呢? 你有带吧?
>
> 吴孟获妻子陈宝琳:剃须刀在这里面,这边一个袋子。
>
> 吴孟获:我知道了,我知道了。
>
> 陈宝琳:还有充电器都在这里面。
>
> 吴孟获:好,好……

这是一个生活中比较常见的情景,而这一对话情景细节却能迅速引起共鸣,人物形象也便更加饱满和生动鲜活。

记者可以重新调整报道方略,以细节描写为重点,通过对搬迁前后故事的挖掘及研究,选择一个重要的时间节点来进行针对性的报道,全程跟踪整个故事,通过这种形式来更好地体现重大主题报道的特色。记者需要避免直接用数字来描述贫困百姓迁新居的数量,而应该自己配音,提升整个主题报道的亲和力,要注重系列主题的持续跟进及研究,在细节观察和不断跟进的过程中挖掘出新的问题。另外,新闻报道工作比较复杂,基层记者需要尽量避免过度阐明自己的主观观点,因为那会使得新闻报道比较空泛,缺乏一定的真实性和可靠性。为了避免这一不足,基层记者需要注重不同事例的有效呈现,以提升新闻报道的代入感。

(二)多呈现事例

现场音响和采访对象的谈话非常重要,同时也是典型音响中的重要组成部分,电视新闻中的音响最为关键,这一点能够有效地体现新闻报道的生动性和形象性,展现不同的报道细节。基层记者需要关注音响的使用要求,营造一种身临其境的感觉,提升观众的现场感,让观众能够在主动感知的过程中获得更多的收获。比如在报道动车组的研制成功时,基层记者需要以工作人员的办公室展示为基础,尽管报道的时间比较短,但是能够让观众有一个比较直观深刻的感受,仿佛让观众回到了新闻现场,这一点能够更好地体现整个新闻报道的现场感要求,提升新闻报道的质量和水准。

四、突出主题，注重成就性报道

（一）突出民生视角

为了确保新闻报道能够贴近人们的生活实际，体现新闻报道的实践价值及作用，基层新闻记者需要关注报道的影响力，了解重大主题报道与其他报道之间的相似之处。首先，新闻记者需要站在人民百姓的角度，以民生切入和平民视角两大因素为重点，选择观众比较关注的实际问题，全面呈现在主题报道之中。作为电视媒体的重要优势，参与性、真实性备受关注，电视媒体的影响力较大，能够更好地体现宣传的感染力和贴近性。基层记者可以积极反映人们生活之中比较常见的人和事，展现我国的重大成就，采取灵活多变的形式和生动的事例，进一步提升报道的吸引力和感染力，有效降低重大主题报道的风险。目前，国家非常关注脱贫攻坚，这也是一个社会问题，直接影响着全面小康战略目标的实现，公众也都比较关注。因此，许多地区直接将脱贫攻坚作为核心工作，新闻记者需要立足于这一现实情况，坚持实事求是的工作原则，在报道这一重大主题时花费大量的时间和精力，以系列录音报道为重点。

民生故事的报道必不可少，比如系列民生新闻《小康来敲门》中的《黄文云：脱贫是新生活的起点》《卓德文：为村民的幸福当好"领跑员"》《胡永浙：汇聚爱心 温暖脱贫路》，这些报道与民众的生活和利益息息相关，因而更能引起关注。

学者也曾提出，记者除了需要积极报道建高楼和修大道之外，还需要根据产业扶贫、科技扶贫、教育扶贫和金融扶贫工作的相关要求，明确脱贫攻坚工作的重要性，提炼出脱贫工作中的亮点，在总结经验的过程中促进主题报道的鲜活性发展，让每一个观众能够在观看新闻的过程中获得更多的心灵感悟和收获。另外，这种与群众生活实际非常贴近的新闻报道形式能够提升对群众的吸引力和感染力，保障新闻报道作品的质量和水准，促进新闻报道资源的优化配置和利用。

（二）提升报道的深度和广度

新闻记者需要注重对不同报道方式的有效分析及深入研究，了解重大主题新闻报道的核心要求，其中主题新闻的详细解读最为关键。在现场连线、直播采访、录音报道、听众互动的过程之中，基层新闻记者需要站在不同的角度，分层次出发，全面展示新闻事件发生的背景以及后续的发展情况，着眼于听众比较感兴趣的问题进行系统性的介绍和阐述，全面直观地展示整个新闻事态，并进行全面挖掘和拓展。其中事物的前景和宏观态势的分析最为关键,为了有效揭示新闻事实的内涵,基层新闻工作者需要了解新闻实现的预期效果,着眼于整个新闻报道的全过程,亲临第一现场搜集第一手素材,直接将其报道给观众。另外,如果遇到重大主题,新闻记者还可以采取直播的方式落实报道工作,通过专家谈话以及采访当事人来更好地解读重大主题报道,确保新闻报道工作的稳定落实,将更多深层次的内容呈现给观众。

(三)突出民生视角,体现报道的贴近性

要想提升重大主题报道工作的质量及水准,基层记者需要以民生视角为出发点,充分体现报道的贴近性和生活指导作用。目前,民生新闻在重大主题报道中所占有的比重越来越高,基层记者需要意识到这一趋势,坚持为人民服务的工作理念,主动地深入生活,从群众中来、到群众中去,更好地体现报道的生活价值及作用。需要注意的是,民生视角的体现是一个复杂的工作,基层记者需要积累丰富的报道经验,主动学习同行的优秀做法,突出新闻报道的亮点及重点,让成就性报道能够飞向寻常百姓家。民生视角的突出对新闻记者个人的要求较高,基层记者需要以贴近性和民生性为重点及努力方向,不断提升报道的高度及深度,让观众能够在观看新闻的过程之中有所收获、有所感悟。除此之外,与其他的新闻报道形式相比,重大主题报道工作的内容更为复杂,同时所包含的细节要素较多。新闻记者个人需要着眼于目前民生新闻的报道要求,坚持站在民生视角进行分析及研究,积极调整个人的报道策略及报道方向,关注报道的贴近性、生活性,以细节的凸显和分析来增强新闻的故事感,更好地展现整个新闻的全貌,实现新闻节目与受众之间的紧密联系及情感共鸣。

五、结　语

重大主题报道工作比较复杂,报道策略的选择非常关键。基层记者需要认真研究和积极准备,抓住重大主题报道工作的核心要点,深入研究主题,明确其中的特点及意义,将其灵活生动地展现给受众。其中对重大主题报道的分析及研究最为重要,基层记者需要时刻保持敏锐的感知能力,了解国家的大政方针政策,精心策划、认真观察,全身心地参与不同的重大主题报道活动,主动挖掘其中的亮点及公众关注的话题,体现重大主题报道工作的核心要求。

战"疫",县级融媒体如何"火力全开"

——以尤溪县融媒体中心为例

陈 琦

摘要:2020 年春节突如其来的新冠肺炎疫情,打乱了所有人的春节假期节奏。公众对疫情信息高度关注,新闻媒体在扮演社会"瞭望塔"方面发挥了重要作用,也面临着创新话语方式和传播形态的挑战。相比以往,今天大众对于信息的透明度和及时性提出了更高的要求。县级融媒体利用多终端、多渠道、广覆盖的传播优势,推出了形态多样、内容专业、传播高效、具备互联网思维的各类融媒体产品,在传递疫情信息、缓解公众情绪、疫情宣传引导等方面发挥了重要作用,提升了县级融媒体在重大突发事件中的传播力、引导力、影响力。本文以尤溪县融媒体中心为例,探究县级融媒体中心如何在应对重大突发事件中迎接大考。

关键词:疫情;县级融媒体;媒体宣传

尤溪县融媒体中心下设三大中心(新闻中心、节目中心、新媒体中心)、一个传媒公司(福建省朱子文化传媒有限公司)和 10 个部室;汇集 1 个指挥中心平台、2 个高标清电视频道(新闻综合频道、城市生活频道)、广播电台(FM106.6)、尤溪新闻网及多个新媒体平台("福建微尤溪"微信公众号、"尤溪头条"微信公众号、"智慧尤溪"APP 以及头条号、企鹅号、抖音号等),并入驻央视新闻移动网、央视频、人民网人民号、新华社现场云、海博 TV 等平台。

2018 年 9 月 21 日,尤溪县融媒体中心正式挂牌成立。融媒体中心成立后,从"技术创新、机制创活、内容创优、产业创效"四个方面入手,在全省乃至全国开辟了一条县级媒体融合改革发展的新路子,开创了独特的"尤溪模式",被中宣部和国家广电总局列为典型案例。在全民抗击新冠肺炎疫情的战斗中,尤溪县融媒体中心积极响应县委、县政府工作部署,在此次疫情的信息传播中,充分发挥其新媒体内容生产优势,多平台、接地气地传递权威信息,利用立体式、全覆盖的宣传网络,并结合直播、VLOG、短视频、H5 产品等多种传播形式,大大提升了疫情信息的到达率和覆盖面,发挥了强大的信息传播作用。

引导群众增强自我防范的意识和能力，凝心聚力战疫情。

一、传播权威信息，畅通疫情信息传播通道

习近平总书记在中央政治局常委会会议研究应对新型冠状病毒肺炎疫情工作时的重要讲话中旗帜鲜明地指出："让群众更多知道党和政府正在做什么、还要做什么，对坚定全社会信心、战胜疫情至为关键。"疫情初期，各种失实的小道消息充斥在人们的生活中，占领了微信群、朋友圈等一些舆论阵地。

1月24日（除夕日），尤溪县融媒体中心成立新型冠状病毒感染的肺炎疫情防控宣传工作应急处置领导小组并召集小组会议，明确宣传报道的目的意义、组织机构、人员安排、报道程序、发布机制，同时根据预案对疫情防控的宣传进行精准策划、精心组织，要求做到及时准确、全面深入、形成氛围。1月25日（大年初一）上午，福建微尤溪发布《福建启动重大突发公共卫生事件一级响应机制》及《"重大突发公共卫生事件"意味着什么?》《尤溪人必看，这个春节，我们这样过》等消息，拉开了尤溪新型冠状病毒感染的肺炎疫情防控媒体宣传的序幕；当晚，尤溪广播电视台、尤溪新闻网、微尤溪同时播发的全县防控工作视频会议的报道向全县人民传达了县委新型冠状病毒感染的肺炎疫情防控工作的动员令，同时播发自制动画片《面对新型冠状病毒，我们能做什么?》，传授防控办法。

之后，尤溪县融媒体中心开设24小时疫情防控广播，在品牌栏目《尤溪新闻》中开设"坚决打赢疫情防控阻击战"和"战疫情（抓生产、抓发展）"两个专栏；同时充分利用新媒体优势，在微信公众号"福建微尤溪"开通尤溪疫情征集平台、"防控疫情"专栏；在"尤溪头条"开设【战疫情·抓生产】专栏；在尤溪新闻网首页开设"抓紧抓实抓细各项防控工作""分区分级精准复工复产""聚焦安全返程复工""防控新型冠状病毒肺炎疫情"等专栏；在抖音号上开设"坚决打赢疫情防控阻击战"专栏；在"智慧尤溪"APP中开展两场尤溪县平价口罩预约购买活动。各平台及时转载中央、省、三明市、尤溪县各部门权威信息，全面准确解读有关政策，第一时间通过融媒体中心各媒体平台传递上级各项决策部署和防范措施，转载了《关于进一步加强境外入明人员健康登记的通告》《关于临时关闭部分高速公路收费站的通告》等公告，发布了《关于实施入尤人员网上预登记制度的通告》《违反疫情防控决定、命令或者措施等行为法律责任风险告知书》《尤溪县教育局关于调整开学时间进一步做好当前新型冠状病毒感染的肺炎疫情防控工作的通知》等公告、通告、声明权威信息，让广大群众第一时间准确了解权威信息、疫情情况和措施办法，在发布信息、安抚民心、正

向疏导等方面发挥了积极作用，为全市疫情防控工作营造了浓厚的舆论氛围。

在疫情防控阻击战中，尤溪县融媒体中心牢牢掌握意识形态主动权，及时、准确、公开透明发布疫情和防控工作信息，客观回应社会关切，把疫情防控新闻舆论宣传工作的领导权、管理权、话语权牢牢掌握在手中，切实发挥主流舆论阵地作用，发出防疫权威声音。

二、推出特色融媒产品，全方位助力抗击疫情

为使宣传接地气、广覆盖，满足各类受众的需求，尤溪融媒体中心的各个平台全部发力，不仅及时准确地发布权威信息，而且采用短视频、H5、动漫等形式，全方位报道我县疫情防控情况、宣传疫情科普知识。根据各平台的特点，广播电视《尤溪新闻》及时传达县委县政府的决策部署，反映基层在疫情防控、物质供应等方面的做法和经验，并开设"权威发布"专题，引导社会舆论；"福建微尤溪"公众号、尤溪新闻网、"智慧尤溪"APP 开设了【防控新型肺炎疫情】专题页面，及时播发相关信息；"福建微尤溪"公众号在首页开设了【防控疫情】专栏，下设"立即免费咨询专家、防控资讯、防控知识、三明定点医院电话、尤溪疫情线索征集"等子菜单，便于广大微友快速、便捷地了解疫情防护知识信息，进行在线咨询，并向广大微友征集尤溪疫情线索。并且深化联动报道，借力"学习强国"以及中央和省市新媒体平台，广泛推送疫情防控信息，扩大宣传引导覆盖面和影响力。加强原创策划，创作推出《共同战"疫"感谢有你》《广电人时刻与你同在》《科学防疫人人有责》《严把防疫家庭关》等 34 个宣传短视频，中心原创动漫作品《援鄂日记：虽然忐忑 但仍然坚守》被新华社采用，为此同新华社合作推出动漫视频《援鄂日记》系列作品 10 部。各平台共享信息，进行流程再造，提高了防疫信息的覆盖面和到达率，推进众志成城，抗击疫情。

截至 6 月 7 日 9 时，尤溪县融媒体中心在各平台上发布新冠肺炎相关信息总条数 4924 条，总浏览量 11558.9 万。其中：自制宣传短视频 43 个，10 万＋的 87 条（含 100 万＋的 30 条，1000 万＋2 条），入央视移动新闻网、央视频精选 30 条，学习强国 37 条，新华社 16 条，人民网 1 条，新华网 4 条，《科技日报》1 条；中国网 1 条，中国新闻网 6 条，中国经济网 4 条，"新福建"APP12 条，东南网 58 条，中国工业网 1 条；省报 8 条，省电视 34 条，省广播 43 条；市报 72 条，市电视 47 条，市广播 71 条。

为了让市民对防控新型冠状病毒感染的肺炎有更加深入的了解和认识，促进防控工作的落实，尤溪县融媒体中心推出"全力以赴 共同战'疫'情 尤溪

在行动"融媒体大型直播特别节目。第一场：1月29日下午5:00，记者深入社区、高速路口探访一线工作人员，宣传防控知识，超32万人在线观看了直播。第二场：2月3日上午10:00，记者深入医院感染科、集中医学观察点、乡村社区防控一线，观看人数达136.7万。第三场：2月7日上午10:00，此次直播尤溪县融媒体中心记者暗访尤溪部分村（居）、街道及商铺，突击报道卡口等防控一线以及疫情的最新情况、防控工作的最新进展，观看人数达114.3万。第四场：2月28日在西城镇后洋村。第五场：4月2日在新阳镇中心村分别开展两场"公益助农、脱贫攻坚"直播活动，为建档立卡贫困户销售山地鸡。同时通过专家访谈、记者调查、动画演绎、网友提问等生动形式普及最新防疫知识，促进尤溪防控工作的落实。每场直播中超百万人通过电视、广播、微信、APP等全媒体平台在线观看，不但取得很好的宣传效果，而且得到省委宣传部以及国家、省广电部门肯定。

三、讲好抗疫暖心故事，推出特色助农服务

疫情发生后，尤溪县融媒体中心深挖公安、交警、医护、社区等典型人物和暖心故事，采用短视频、微信图文、海报等形式，发挥新媒体平台受众广、关注度高的优势，传递正能量。"福建微尤溪"公众号发表《【致敬】尤溪最美"逆行者"驰援武汉！白衣勇士，请平安归来……》《战"疫"一线，这些尤溪人的身影，真赞！》《【致敬】刚刚！尤溪又一位"白衣勇士"驰援武汉！等你们平安归来……》等图文报道；"尤溪县广播电视台"抖音号发表《340名医护人员主动请缨争上"抗疫"前线》《最美逆行者 夜幕下的"守门员"》《逆行者，不哭！家乡人民等你平安凯旋》等短视频，勾勒暖心故事，传递奋战在一线的医护人员、基层工作人员众志成城抗击疫情的可贵精神，在形成强有力的舆论支持力量的同时，更增添了全国人民众志成城战胜疫情的决心和信心。

作为媒介平台，尤溪县融媒体中心充分发挥全媒体优势，精准发声，融合传播，探索推出多元化、特色化的服务，打造精准助农公益平台。电视节目开辟《振兴之路》等专题专栏，创作《我的脱贫故事》《旅长村支书》《易地搬迁扶贫圆你的幸福梦》等纪录片、公益广告、MV，讲好全面小康故事，推广脱贫攻坚经验。针对疫情导致农产品滞销，尤溪县融媒体中心在智慧尤溪APP网上商城开辟公益助农平台，积极对接农信社电商平台，着力解决因疫情导致的本地养殖户、种植户"卖难""买难""运输难"的问题。为了积极促进销售，开展"汇聚社会爱心，传递温暖力量"本地鸡急寻销路等融媒体直播活动，运用主播推销滞销农产品，成为当下吸引受众、引导消费的又一有力途径。同时全中心人

员依托"全媒体",用活"朋友圈",变身"金牌推销员",帮助农户销售万斤金柑、5000斤砂糖橘等,大大解决农户们的燃眉之急。同时为全县15个乡镇39户建档立卡贫困户生产的蜂蜜类、蛋品类、干货类等农产品统一设计包装标识,打通了困扰扶贫工作许久的中阻梗和"最后一公里",实现了1+1>2的效果。

此次新型冠状病毒肺炎疫情的暴发,不仅是对我国公共卫生事件突发时应对能力的考验,同样也是对融媒体的一次大考。在此次疫情中可以发现,县级融媒体对地方疫情信息的传播起到关键作用,县级融媒体传播的信息具有较强的针对性和指导性,能够及时地将当地疫情信息通报给当地民众,在疫情防治中信息传递得更加具体明确,具有实际效用性。未来,随着县级融媒体中心进一步发展为基层主流舆论阵地、综合服务平台和社区信息枢纽,"新闻服务"类融媒体产品将进一步常态化,为基层舆论宣传和信息服务发挥更大价值。

三、精神文明、争创活动、核心价值观报道

县域治理现代化视域下融媒体中心角色演变
——以尤溪县融媒体中心为例

周开浩

摘要:本文围绕县级融媒体建设进程中尤溪县融媒体中心改革实践探索的具体做法展开案例研究,探讨在推进城乡基层治理现代化背景下,县级融媒体中心的新角色、新定位,并进一步探究如何建成拥有强大实力和传播力、公信力、引导力、影响力的县域新型主流媒体。

关键词:县域治理;媒体角色;多元融合

党的十九届四中全会《决定》提出,推进国家治理体系和治理能力现代化。"郡县治,天下安",县域治理是国家治理的重要基石,推进县域治理现代化,打造新型县域智慧城市需要信息化手段的支撑。而作为县域内的主流传播平台——县级融媒体中心在参与智慧城市建设上具有天然的优势。2018年以来,尤溪县融媒体中心在融合发展过程中,顺应传播规则变化,做好内容生产,借助技术实现进化、升级,通过打造新时代服务群众的新平台,并融入智慧尤溪城市建设,以科技手段助推城乡治理现代化。本文旨在对尤溪县融媒体中心入选"2019年全国广播电视媒体融合典型案例"展开分析,深入探讨县域治理现代化进程中,融媒体中心必须承担起的新角色、新任务。

一、做优新闻传播服务,守牢主流舆论阵地

作为党和政府的"喉舌",宣传思想工作是县级融媒体中心的天然使命。习近平总书记指出,宣传思想工作是做人的工作,人在哪儿我们工作的重点就应该在哪儿,我们的主阵地就要转移到哪儿,我们的服务就要延伸到哪儿。

县级媒体融合改革之前,频道制逐渐式微,尤溪县融媒体中心的前身尤溪县广播电视台因体制机制的束缚,加上传播技术和传播理念的落后,导致传播效果不佳,受众、客户逐年流失,经营陷入困难,无法与县域治理现代化的要求匹配。穷则思变,中心制改革后,通过探索创新,融媒体中心不再局限于充当"新闻发声器",通过技术赋能,充实了党和政府与人民群众"桥梁纽带"的内

涵,我们更加积极主动地融入县域治理现代化的进程,并成为其中的重要力量。具体转变主要体现在以下三个方面。

(一)变抱残守缺为守正创新,主动融入县域发展

曾几何时,广播、电视是县域中唯一的新闻传播平台,而现如今,互联网时代特别是移动互联网改写了一切。"我们所要面对的,是无数个可以随时应用的移动终端,无数个可以随时抛弃我们的移动终端用户……移动互联网及其相关技术的兴起,它所消解、所替代的恰恰是我们过去广电所有的优势项目和优势元素。"[1]媒体生态已经变化,而我们的新闻传播服务仍安于现状,自娱自乐,处在"县里新闻不用看,书记县长二人转"的阶段,抱残守缺。

时移世易,不想坐以待毙,就必须跟上媒体变革的步伐,守正创新,既要能守得住老摊子,又要能够不断开辟新阵地。为此,尤溪县融媒体中心确立了"技术创新、机制创活、内容创优、产业创效果"的工作思路,摸索实践,勉力前行。在守正方面,紧紧抓住"内容生产"这个牛鼻子,在新闻内容生产上,建立健全报、台、网、微、端一体化的策、采、编、审、发的全媒体内容生产运行机制,形成统一策划、一次采集、多元生成、融合传播的新闻生产加传播格局,实现采编流程的融合。

新格局下,《尤溪新闻》由传统的当家节目变成了融合传播的一部分,但它的作用不仅没有弱化,传播力、引导力、影响力反而得到了进一步的提升。主要的改变体现在《尤溪新闻》的内容构成和传播方式均实现了多元丰富。内容上,不仅有时政聚焦、主题性报道、资讯快报等刚性版块,还有"今日话题""记者体验""主播带你游""微拍尤溪""曝光台""媒体搜索"等主攻民生的温情版块。在为县内外受众提供新闻资讯的同时,服务县委县政府中心工作、融入地方发展的参与度也在持续提高。

(二)变单向传播为融合传播,占领宣传新阵地

进入移动互联时代后,小屏取代大屏,原有的单一、单向传播模式已经走到了尽头。对传统主流媒体而言,融合转型,自我进化,势在必行。不过,知易行难。特别是在融合改革的初期,没有现成的经验模式可借鉴。如何重塑采编发流程,改革内部体制机制,实现"你就是我,我就是你",对大家都是全新的考验。尤溪县融媒体中心在两年多的融合过程中也是经历了艰难的磨合。其

---

〔1〕 吕芃.收复失地,赢回尊严[EB/OL]. http://www.ttacc.net/a/news/2019/0423/56501.html. 2019.04.22.

中,最大的挑战就是摒弃原有的广电本位思维。从原有的思维困境中解脱出来后,我们在移动端奋起直追,从无到有,从粗到精,构建起传统"报台网"加"两微"(微信公众号"福建微尤溪"、微博号"尤溪县融媒体中心")"一端""智慧尤溪"APP以及抖音号、快手号的全媒体传播平台。

不过,在微博、微信及短视频平台上开通账户,乃至开发自主客户端,只是完成了万里长征的第一步,如何运营,吸引用户,并发挥协同效应,对资金、人才都捉襟见肘的县级融媒体中心来说无疑是一大考验。在具体实践过程中,我们根据自身的资金、人才以及业务能力储备情况,对"两微一端"及抖音快手号采取稳扎稳打、逐步推进的策略。从微信公众号"福建微尤溪"粉丝量突破10万到抖音号"尤溪县广播电视台"粉丝量达12万,再到"智慧尤溪"APP用户数量达10万以上。通过主动适应新环境,守正创新,我们又重新赢得了受众用户。不仅传统的广电渠道忠实用户保持了稳定,在"两微一端"以及抖音号上,粉丝量都呈现几何倍数的增长。

当然,受众用户的回归最核心的仍然是我们的内容生产能力。同时,我们只有争取做成最快最全最本土的传播服务平台,才能牢牢把握主导权。为达到这一目标,我们在中心牢牢树立起"精品导向",无论是新闻产品还是专题栏目、影视作品,我们都力争求新求精,以质取胜。

(三)变坐井观天为内观外照

在传统内容生产中,县级台各自守着"一亩三分地",新闻及专栏内容集中在县域范围内,对县域外的内容很少涉及。在新的传播环境下,商业化平台崛起,个体用户参与新闻生产,使得县域、省域的分界变得模糊。跨区域的媒体合作以及新闻产品再加工成为市县级媒体发展的一个突破点。以今年初的新冠肺炎疫情防控宣传报道为例。尤溪县融媒体中心整合资源,在电视新闻、区域联盟直播以及与新华社等中央级媒体合作推出融媒体产品等方面寻求突破。其中,电视新闻方面,除了《尤溪新闻》栏目中原有的"媒体搜索"版块,我们新增了一档新闻评论类栏目《尤溪周刊》,对县内外一周舆论焦点、民生热点进行分析评论,在疫情防控期间,陆续推出了多期"防控疫情阻击战"专题节目。同时,根据疫情防控需要,与医院、社区、基层联动,连续推出了三场《全力以赴 共同战"疫"》全媒体大型直播,以最快速度传播抗击疫情的最新信息和党委政府的重大部署,以最大力度普及防疫知识,实时澄清谣言,回应社会关切,累计吸引了200多万人次通过各平台在线观看。此外,我们还与新华社合作推出每两天更新一期的《援鄂日记》动漫视频。其中的一期《方舱医院抗"疫"24小时之雨夜接诊》的总浏览量超过了1亿人次。在上半年疫情防控的关键期,尤溪县融媒体中心交出了在国家级媒体播发消息 52 条,在省级媒体播发消息 61 条,在市级媒休播发消息 43 条,自制宣传短视频 28 个,浏览量达 10 万＋的有 55 条的可喜成绩。从一个侧面也说明了县级融媒体中心在融合传播时代,只要调整好角色,积极转型,依然能做到最贴近基层、贴近群众,能够在服务党委政府、服务群众上发挥重要作用。

二、建好综合服务平台,引导舆论润物无声

"眼下,传媒业的边界正在消失,媒体正在被数字技术、服务内容、服务边界等重新定义,作为媒介功能的信息服务不再是唯一价值,作为服务入口与服务平台的增强价值正在被强化。"[1]新时代,县级融媒体中心作为区域公共媒体、主流媒体,不仅要研究传播规律,做好新闻传播,还要研究互联网,研究用户,围绕党委政府的中心工作和县域群众的需求做好平台服务。特别是要发挥贴近基层、更接地气以及与政府资源、公共资源联系紧密的优势,因地制宜创造更多原创性产品,并向基层干部群众提供政务服务、生活服务、社交传播、教育培训等综合服务,将融媒体中心工作的每一个环节都紧密地融合到当地党委政府的工作环节之中,成为党委政府工作不可或缺的一部分。也就是说,只要真正地融入了县域治理的现代进程,就能从根本上解决融媒体中心的生存问题。

在实践中,我们以"智慧尤溪"APP 为依托,开通"城市服务"专栏,下设将近 50 个市民喜欢使用的民生服务版块,满足民众衣食住行、文化生活、在线医疗、在线教育等方面的需求。将社会治理功能融合进政务服务、公共服务等领域,扩大了融媒体的影响力,润物细无声地提升舆论引导能力,助力了政府公信力的提升。

衡量一个融媒体中心客户端的好坏,很重要的标准就是 APP 的用户数和活跃度。为此,"智慧尤溪"APP 运营团队从两方面入手:一是借鉴市场化平台的内容生产模式,吸引用户参与内容生产,提升内容的原创能力。通过组建覆盖全县所有部门乡镇以及各行各业的通讯员队伍,在手机端实现新闻资讯的第一时间全域全天候采编。二是开展本地增值服务运营。通过搭建"尤品汇"商城,为当地的特色农产品、工业品提供展销平台。同时,开通"智慧食堂",为全县政府部门食堂提供智能化结算服务。同时,在"智慧食堂"稳定、优

---

〔1〕 华小波.从国家治理现代化角度看县级融媒体中心建设——以瑞安新冠肺炎疫情防控战报道实践为例[J].新闻战线,2020(5):34-36.

质用户群的基础上,进一步打通线上线下,拓展服务领域,在县城区主要商超以及部分便利店提供电子结算服务。这些进一步增强了融媒体中心的造血功能。

"区域经济时代……加快媒体区域合作,谋求合作共赢,则会成为各大媒体发展之首选。"[1]在发展中,为借势借力,我们积极参与"红色联盟"等省内外区域媒体联盟建设。近期,我们还与厦门广电集团达成战略合作,双方在新闻宣传及产业发展方面实现优势互补。厦门广电集团客户端"看厦门"APP上还专门开设了"看尤溪"窗口,展示"闽中明珠"风采,开展文化旅游项目开发以及康养产品推介等。

此外,通过下属传媒公司参与智慧城市建设。今年,我们承接了尤溪新型智慧城市多功能数据中心改造工程。建设内容包括尤溪县多功能会议基础性改造工程、多功能数据中心建造工程以及线外工程、智慧文旅和智慧医疗建设工程等配套基础设施工程。通过深度参与县域"智慧城市"建设,融入县域现代化治理的全过程,为今后进一步开展本地新闻传播服务以及增值服务提供了坚实基础。

三、开展新时代文明实践,争创地方特色品牌

"如何用好本土化的资源? ……一定要紧紧抓好两个中心。一个是县级融媒体中心,一个是新时代文明实践中心。这两个中心的全方位参与,深度融入,和对本土化资源的聚集是我们今后县级台,乃至于部分市级台的出路所在。"[2]尤溪县融媒体中心在整合成立后,努力探索"两个县级中心"互相借力、互相促进的途径方法,通过专门成立"融媒体宣传服务队",结合志愿服务,持续开展了进乡村、社区、学校专场活动。在今年疫情期间,还进行了十多场的公益助农带货直播,助力脱贫攻坚。

当然,在为新时代文明实践工作提供强大的舆论传播工具的同时,如何助力打造具有地方特色的品牌新时代文明实践中心,还需要我们进一步的探索实践。

〔1〕 张晓文.对区域媒体合作借势共赢的几点思考[J].新闻研究导刊,2014,5(7).

〔2〕 吕芃.收复失地,赢回尊严[EB/OL].http://www.ttacc.net/a/news/2019/0423/56501.html.2019.04.22.

四、结　论

近年来,尤溪县融媒体中心的改革探索实践之所以能够入选"2019 年全国广播电视媒体融合典型案例",成为尤溪的一张"城市名片"。归结一点,就是找准了自己的角色定位。在新时代,县级融媒体中心不仅是"新闻发声器"、党群连心桥,还是社会治理的"减压阀、稳定器",新时代文明实践的催化剂。因此,在县域城乡治理现代的进程中,县级融媒体中心要想承担好举旗帜、聚民心、育新人、兴文化、展形象的使命任务,就必需主动融入县域,并不断调整角色定位,更加重视内容建设,不忘初心,牢记使命,在推进城乡治理现代化中实现媒体发展的现代化。

在防控疫情中践行"四力"

陈道波

摘要:面对日新月异的时代,身处传播最前沿的新闻记者如何才能在新媒体环境下把握话语权。2020年初,面对突如其来的新冠肺炎疫情,全国上下反应迅速、行动有力,同时间赛跑,与病魔较量,坚决打赢疫情防控的人民战争。新闻媒体人勇挑重担,在疫情防控这个"练兵场"上,深入践行脚力、眼力、脑力、笔力,积极投身于这场没有硝烟的战争。他们是逆行者背后的"逆行者"。在战"疫"中书写担当,为打赢疫情防控阻击战提供了最有力的舆论支持。

关键词:防控;疫情;践行;四力

疫情就是命令,防控就是责任。疫情发生后,尤溪县融媒体中心将防疫宣传作为重中之重,记者迅速进入战时状态,停止休假,冲上一线。从医院到社区,从高速路口到田间地头,从建设工地到复产企业,他们全力融入战"疫"主战场,运用报、台、网、微、端等传播手段,全方位、多角度、深层次报道战"疫"进展;第一时间、第一现场挖掘感人事迹,抒发人间大爱,传递生命关怀,充分发挥了强信心、暖人心、聚民心的重要作用,营造了万众一心、众志成城抗击疫情的浓厚社会氛围。

战场犹如考场,战"疫"正是对广大宣传新闻工作者全方位的历练与考验。践行"四力",正逢其时。

一、践行脚力,以点带面深入人心

践行"脚力",发出疫情防控宣传最强音。基层往往是出好新闻的地方,战"疫"第一线,就是生动、形象的"新闻眼"。要深入一线,报道全县各级各部门全力开展疫情防控的举措进展成效、涌现出的先进典型,营造尤溪广大干部群众凝心聚力、众志成城抗击疫情的浓厚宣传氛围。

战疫攻坚,宣传先行。尤溪县采用"线上+线下"模式多措并举进行宣传,利用"报、台、网、微、端、屏""六位一体"的融媒体传播矩阵实现全媒体同时发声,第一时间传达政令、发布信息。组织志愿者利用大喇叭广播、敲锣宣传及等群众喜闻乐见的方式,深入农村进行宣传,打通疫情防控宣传"最后一公里"。

深入一线传递心声,在隔离留观点外蹲守采访,随医护人员一同"最美逆行",跟社区干部进村入户排查、与志愿者共赴防控卡点……在抗击疫情这场没有硝烟的战斗中,记者身影无处不在。

疫情发生以来,奋战在一线的医务人员以超常的付出和充满勇气的担当感动着我们。他们不仅争分夺秒地救死扶伤,在难得的休息间隙,还用手机、文字、画笔记录下难忘的瞬间。

医院是防控疫情的主阵地,也是新闻工作者的主战场。每天有医务工作者忙碌的身影,也有爱心人士送上爱心物资的温暖画面。林倩是尤溪县总医院门急诊部服务中心一名年轻护士,主要工作是门诊发热预检分诊。她常利用休息时间,用铅笔勾勒出同事日常为病人诊疗、护理场景的大致轮廓,再用水笔描绘出细节。

从日常测体温、到给患者问诊、再到火线入党,每一个瞬间林倩都用画笔一一记录,为自己和战友们加油鼓劲。一笔一画总关情,一段时间累积下来,林倩一共创作了 60 多幅防控疫情的相关作品。

在采访中,说起自己创作的缘由,林倩表示源于为支援湖北一同事送别时的感动。虽然自己不能到最需要的地方去,但可以用手中的笔勾画当地医务工作者以及各行各业为防控疫情所付出的努力。

二、践行眼力,严抓阵地有声有色

疫情复杂,需要"慧眼"。眼力来自于对疫情防控各阶段工作重点的精准把握,来自于对宣传形势的清醒认知。在疫情防控战场上,需要在观察、发现、辨别中增强定力,切实发挥好"主力军""压舱石""定海神针"作用。

记者是新闻传播者,也是舆论引导者。疫情发生以来,记者冲锋在前、逆向而行,积极投身第一线,运用自己手中的镜头、话筒,普及防控知识,传播先进典型,讲述感人故事,积极引导干部群众遵守疫情防控要求,落实自我管理和自我保护措施,全力做好疫情宣传工作。主播们亲自录制预防小常识,编辑们精心制作新闻、宣传片、公益广告、H5、短视频等,每个镜头、每张照片、每条报道、每个节目,都是尤溪媒体人践行增强脚力、眼力、脑力、笔力的具体实践。

认真履行新闻舆论工作的职责和使命,组织开展主题宣传、形势宣传、政策宣传、成就宣传和典型宣传,巩固壮大主流舆论;组织热点引导和突发公共事件应急新闻报道工作,开展舆论监督。

疫情发生以来,该中心在各平台上发布新冠肺炎相关信息总条数 4923 条,总浏览量 8052.6 万。其中:自制宣传短视频 43 个,10 万＋的 87 条(含 100 万＋的 30 条,1000 万＋1 条),入央视移动新闻网、央视频精选 30 条,学习强国 37 条,新华社 16 条,人民网 1 条,新华网 4 条,《科技日报》1 条;中国网 1 条,中国新闻网 6 条,中国经济网 4 条,新福建 APP12 条,东南网 58 条,中国工业网 1 条;省报 8 条,省电视 34 条,省广播 43 条;市报 72 条,市电视 47 条,市广播 71 条。

为了让尤溪人民对防控新型冠状病毒肺炎有更加深入的了解和认识,促进防控工作的落实,从 1 月 23 日开始,尤溪县融媒体中心全方面、立体化播报疫情防控的相关科普知识和资讯,特别是适时推出的三场《全力以赴 共同战"疫"》直播特别节目,累计吸引了两百多万人次通过各平台在线观看,有力地鼓舞了全县人民打赢疫情防控阻击战的斗志与信心。

三、践行脑力,挖掘亮点出新出彩

开动脑筋,创新方式强氛围。疫情发生以来,尤溪县融媒体中心持续推出防控宣传系列报道,除直播特别节目外,还通过《尤溪新闻》聚焦最新疫情、县内各行业各部门主要工作,微信平台以短篇幅、快节奏刷新信息,回应社会热点,短视频平台播发疫情防控知识科普知识,打出宣传"组合拳",形成声势,有效回应了社会关切。

比如,新冠肺炎疫情发生后,尤溪县总医院重症医学科护士程贤芳、急诊科护士长吴孟获主动请缨,先后奔赴战"疫"一线。在做好战"疫"最美逆行者出征、支援湖北的日常报道外,写日记成了最美逆行者这段最珍贵记忆的心灵寄托,《武汉记"疫"》成为创作的源泉。平安归来后,他们为一线新闻工作者作了感人肺腑的报告,以武汉经历的点点滴滴诠释着一名医务工作者的使命、责任和担当。

向战斗在抗疫一线的医务工作者们致敬。支援湖北医疗队员程贤芳说起,福建首批支援湖北医疗队与武汉市金银潭医院联合发布原创歌曲《提灯女神》的由来。那天晚上,温度只有 3℃,按照院感防控的要求,中央空调是必须关掉的。没有暖风机,所以非常冷,就是瑟瑟发抖。此情此景,让人有身临其境之感。

听了报告后,记者林婧说:"在我们制作武汉记'疫'视频的时候,我们真的感触很深。在那么危险、艰苦的环境下,支援湖北医务人员用无畏、无私的精神换来了患者的康复。在他们身上,我们看到了最美逆行者的责任和担当。我们作为媒体人,更要肩负起社会责任,捕捉真善美,传递正能量。"

加强传播手段建设和创新,进一步推进县级媒体融合,提升融媒体中心建设水平方面。尤溪县融媒体中心从"技术创新、机制创活、内容创优、产业创效"四个方面入手,探索县级媒体融合改革发展的"尤溪"路子,"四创四融",被中宣部和国家广电总局评为融媒体典型案例。加强广播电视现实题材创作方面,尤其小屏作品重创意。今年来,加大微视频短片创作力度,采用 VLOG、动漫等形式,创作了《距离一米 因为爱你》《战疫日记》等 20 多部优秀微短视频作品,在福建微尤溪、抖音平台等播放量超 2 亿人次。

四、践行笔力,文艺作品异彩纷呈

践行笔力,追求有思想有温度有品质的报道。在这场战"疫"中,可歌可泣的故事不断涌现,"舍小家,顾大家"的感人情节,比比皆是。利用好新媒体融媒体全媒体加大权威信息传播力度,用群众喜闻乐见的形式加强政策措施宣传解读,传递正能量,就是为打赢疫情防控阻击战提供最有力的舆论支持。

疫情面前,新闻媒体人也是逆行者。以最快速度传播抗击疫情的最新信息和党委政府的重大部署,以最大力度普及防疫知识。其实广大医护工作者是离患者最近的人,而我们,则是离疫情一线最近的人。

尤溪媒体人担当使命,战"疫"出彩。疫情期间,尤溪县融媒体中心充分利用融媒优势,坚持内容为王,以作品说话,创作出一大批优秀作品,受到社会各界以及行业专家的高度肯定,为打赢疫情防控阻击战提供了强大的精神力量和舆论支持。

2020 年 4 月 2 日,福建省广播电视局组织开展以"众志成城 共同战疫"为主题的 2020 年"中国梦 福建故事"电视短纪录片征集评选展播活动,评出优秀短纪录片 15 部,其中一类作品 3 部、二类作品 5 部、三类作品 7 部。尤溪融媒体中心创作的《武汉记"疫"》入选一类作品;《破晓的阳光》入选三类作品;同时,《武汉记"疫"》还获得福建省广播电视局关于 2020 年第一季度网络视听节目季度推优,被推送至国家广电总局参加评选。4 月 7 日,尤溪县融媒体中心广播作品《最美逆行者》荣获福建省广播电视局 2020 年第一季度全省广播电视创新创优节目的第一名。

在全国宣传思想工作会议上,习近平总书记强调,宣传思想干部要不断掌握新知识,熟悉新领域,开拓新视野,增强本领能力。"四力",既是构成本领能力的重要内容,也是提升本领能力的方法路径。作为一名新闻记者,在今后的工作中,我们要用脚力、眼力、脑力、笔力,丈量脚下这方热土,用心灵讴歌时代希望,用执着传递温暖故事,让生命绽放异彩。

四、平安尤溪、法治尤溪、绿色尤溪和数字尤溪、智慧尤溪的宣传报道

浅谈县级融媒体微信公众号运营策略

——以"福建微尤溪"为例

王凤荣

摘要：随着全媒体时代的到来，新兴媒体对传统媒体行业产生了强有力的冲击，传统媒体话语权被削弱。在新媒介环境下，需要推动传统媒体和新兴媒体在内容、渠道、平台、运营等多方面深度融合，顺应新媒体的发展趋势。在互联网信息传播的浪潮中，众多媒体平台开设微信公众号，作为县级融媒体如何突破传统思维局限，拓展新媒体业务，发展壮大公众号，在媒体融合中形成新的传播合力？本文通过对尤溪县融媒体中心微信公众号福建微尤溪的运营发展策略进行探讨，进一步探求新媒体发展之路。

关键词：新媒体；融媒体；公众号运营

一、县级融媒体微信公众号运营存在的问题

（一）没有突破传统编辑模式

当前，在这个"人人都有麦克风"的时代，越来越多自媒体崛起，地市级融媒体想要在这一发展形势下占据有利的地位，应当在内容上下功夫。在运营上，很多平台还存在将新闻稿件全盘接收，不加修改，原封不动进行发布的情况，缺乏亮点，不符合新媒体平台规律的问题。

（二）原创不足，文章打开率低

在这个"碎片化"阅读的时代，内容更新快，要想增加粉丝数量，加大粉丝黏性，必须保证有原创内容，有创新想法。然而在公众号内容同质化越来越严重的背景下，当读者对"套路"习以为常时，公众号文章打开率和阅读率也随之变低。

（三）缺乏用户思维

如今受众已更多的是网络用户，受众的性质在改变，内容生产的逻辑以及方式也需要改变。在微信公众号运营上，很多平台还是在做以产品为中心、以

自我为主的宣传式发布运营,致使运营发展出现瓶颈。传统媒体与新兴媒体的融合创新发展,应该"以用户为中心",多从用户角度出发,找到用户的痛点和需求,利用内容优势和信源权威性,重新建立起与受众的沟通和联系,遵循市场发展规律,获得竞争优势。

(四)缺乏专业人才

媒体融合不仅内容要新,在标题、编辑制作上也要有新意,这就需要编辑不仅要了解传统媒体的传播方式,还要熟悉新媒体的采写编辑技能,了解运行规律、技术传播手段等。当前不少媒体平台人才结构不合理,缺乏复合型人才。

二、浅谈县级融媒体微信公众号的运营策略,以福建微尤溪为例

"福建微尤溪"是尤溪县委宣传部主管、尤溪县融媒体中心主办的官方微信平台,也是尤溪县最权威的微信公众号,于2015年1月上线。遵循"从这里看尤溪"的口号,本着"关注民生,服务百姓"的原则,"福建微尤溪"始终将民生新闻、资讯作为重点。定位于聚焦尤溪大事要闻、第一时间发布本地新闻、传递社会正能量、服务百姓民生、提供生活资讯、加强互动交流、跟进用户服务。通过亲民化的交流方式与主流媒体形象相结合的方式,以平民的话语表达主流价值观。

(一)借力平台优势,推进媒体融合

在优质内容生产方面,传统媒体拥有专业化的采编人才队伍、权威的信息渠道、规范的采编流程,具备较强信息采集核实、分析解读、深度报道能力。

"福建微尤溪"致力于将传统媒体的内容优势与新媒体的传播优势结合起来,借助于融媒体中心平台、资源、技术等优势,发挥强大的资源聚合能力,牢牢掌握新闻舆论的主动权、主导权、话语权,充分运用新技术、新应用创新媒体传播方式,更好地传播党和政府的声音,更好地服务百姓。同时结合微信平台本身特性,用新媒体语言创新编辑方式,运用个性化制作、视频化呈现、互动化传播的方式让内容更加丰富多元。

(二)坚持内容为王,打造原创内容精品

从传统媒体时代到新兴媒体时代,优质内容是价值链核心。不论是哪一种媒介,最终决定其品质和质量的依然是内容,内容始终为王。微信公众平台内容的好与坏决定了公众平台对客户的吸引力。目前,"福建微尤溪"平台内容的原创率大概30%左右,因为我们始终相信,只有原创文章才能吸引更多

的粉丝。"福建微尤溪"的新闻和信息从选材、撰写、编辑、制作等环节上,层层把控,严格把关,精心制作,做到更接地气,更聚人气。

(三)第一时间发布权威资讯

面对突发、重大事件、百姓关注热点,实效尤为关键。对此,新媒体中心与新闻中心记者加强联动,第一时间到达新闻现场、获取一手资料,及时发布权威准确信息。特别是面对突发事件在第一时间编发权威资讯,编辑24小时待命,多级把关、层层审核,编好速发。同时,在重大事件上,"福建微尤溪"提前策划具体的实施方案,策划海报、短视频,呈现丰富文章,当天以"短、平、快"方式编发,取得了良好的宣传效果。例如:针对莆炎高速中仙段通车这一百姓关注事件,"福建微尤溪"提前策划编辑,于通车前一日制作海报发布《莆炎高速尤溪中仙段预计3月15日12时通车》预告;通车当日,第一时间抵达现场编发《莆炎高速尤溪中仙段今天正式通车!》;当日下午,发布短视频《莆炎高速尤溪中仙段今天通车!最新航拍来啦!》。此次发布策划,获得4万多阅读量,刷屏当地人朋友圈,传播效果好。

(四)贴近本土特色,讲好尤溪故事

县融媒体中心深入基层,将视角聚焦基层,采写的新闻事例鲜活,具有本土特色。"福建微尤溪"明确目标受众多为尤溪本地人,在微信号定位上立足于尤溪本地,推出了"从这里 看尤溪"的口号,发布本地美食、风土人情、经济发展、美丽风光、乡村振兴等信息。增强文章内涵、文化底蕴,丰富发布内容,在推广宣传尤溪的同时,增进粉丝对家乡的了解,令其产生心理共鸣。在推发微信文章时,编辑以百姓关注为切入点,编发尤溪大事小情,报道百姓关注的新鲜事、身边的热点,贴近本土特色,讲好尤溪故事。例如2018年4月20日发布《【快看】厉害了!尤溪联合梯田获颁"全球重要农业文化遗产"证书!》,文章一经发出,短短几个小时阅读量破万,大家纷纷留言为家乡点赞。还有一些与老百姓息息相关的报道,例如编发的《【快看】藏不住了!尤溪再次刷爆朋友圈!我在尤溪等你……》推广尤溪优美风光;《一碗乡味|尤溪这道美食,风味独特!是家的味道……》聚焦尤溪家乡美食等等,获得大量转发,群众基础深厚,关注度高,感染力强,社会效果好。

(五)创新报道方式

1. 用心制作标题

融媒体时代,是一个"眼球经济"时代,一个有新意、吸引眼球的标题有重要作用,受众往往是根据标题来选择性地阅读,所以标题好坏也成为受众黏性的一个重要影响因素。"福建微尤溪"在标题的编辑制作上,努力寻找文章的亮点、受众的关注点,突出中心思想,精益求精,以期得到更好的关注传播。当然文章标题不能哗众取宠、盲目炒作、任意夸大、误导受众。

2. 创新编辑方式

在这个"内容为王"的传播时代,需要打破传统的纯文字与图片相结合的编辑模式,新融入了 H5、抖音短视频以及动漫视频等新媒体内容,结合平台优势,"福建微尤溪"多次推发制作原创短视频,这种短小精悍的视频集良好的视觉与听觉效果于一身,能博得微友的青睐,为市民打造视听上的双重享受。尤其是在尤溪旅游景点、人文文化推介版块,多种新媒体的融合推文,更有助于外界认识尤溪、了解尤溪。

(六)切实关注民生,真诚服务群众

1. 聚焦身边"小事",打造品牌栏目

找准栏目定位,打造"民声速递"窗口。"福建微尤溪"在专栏的创建上,进行了大胆实践与努力,把民生诉求作为着力点,既回应群众疑惑,又监督市政部门保质保量,为双方架起沟通桥梁,受到微友的喜爱和认可,积累了一定量的粉丝阅读群体。

本着"关注民生 服务百姓"的原则,"福建微尤溪"于 2015 年 6 月创办《微拍尤溪》栏目。截至 2019 年 12 月,《微拍尤溪》栏目已经发布 200 余条短视频,平均阅读量约 6500 次,致力于打造成为"民声速递"窗口,与群众"零距离"互动。

《微拍尤溪》栏目所涉及题材丰富多样,主要内容来源于微友爆料、随手拍,以百姓生活中的身边事为主,涉及交通事故、火灾、不文明行为、文明点赞、美景奇观、新奇动植物等等。例如:《微拍尤溪:这里的荷花悄然绽放,荷叶起舞、花香四溢……美醉了!》主要展现了盛夏时节尤溪荷花竞相绽放的怡人风光;《微拍尤溪:曝光! 城关街头……真让人捏把汗!》则是曝光尤溪街头"花式"骑行共享单车的不文明行为;《微拍尤溪:城关一面店内,男子突发疾病倒地,接着……》记录了尤溪身边的暖心善举,点赞身边好人,传播社会正能量……题材多样,受众关注度高,传播范围广,影响力大,社会反响好。

内容接地气、贴近百姓生活的方方面面,得到了百姓的高度关注和好评,并由此形成了一个 300 多人微信群(尤溪老乡群),成为百姓与媒体零距离互动交流的平台,实时关注身边事件、聚焦百姓生活、反映民生诉求、分享真善美,从百姓生活的"小事"助力社会发展中的"大事",用真心与真情,做群众呼声的倾听者、百姓生活的分享者、部门工作的推动者,发挥媒体的社会监督作用,正面引导社会舆论,凝聚社会正能量,积极营造良好的社会氛围,为经济社会发展的大局服务。

2. 践行微公益,传递正能量

"福建微尤溪"充分发挥融媒体的公信力和影响力,发挥融媒体平台服务百姓的桥梁作用,聚焦农村,关注农业,为农民发声,发布农村发展、农业生产、农民动态、民风民俗、美丽风光以及农特产滞销等新闻。策划、制作形式多样的图、文、音、视等各类作品,弘扬正能量。"福建微尤溪"积极制作发布公益助农、义卖、见义勇为等专题内容,营造互帮互助的良好社会氛围。例如:2019年7月24日"福建微尤溪"发布《【求助】600斤蜂蜜销售难,尤溪贫困蜂农愁坏了!明天一起为他助力!》等助农消息,同时,组织者联系爱心人士、爱心企业参加直播活动。25日,融媒体中心在贫困蜂农的养蜂场进行直播活动,直播半个小时,就销售蜂蜜100多斤。

三、总　结

在全媒体时代,微信公众平台成为了重要的媒介传播渠道,县级融媒体应该从自身实际情况入手,制定科学合理的运营策略。坚持正确的舆论导向,打破传统模式,创新报道方式,坚持内容为王,打造原创内容平台,在内容、平台、经营等方面深度融合,将传统媒体品牌优势延伸到新媒体,才能加快县级媒体的创新发展步伐。

"碎片化"时代的移动短视频传播

肖　奕

摘要：碎片化时代的到来，快餐式文化的产生，为移动短视频的兴起创造了必不可少的条件。本文试着从碎片化时代的产生，浅析了移动短视频特点、存在价值、带来的弊端以及未来发展方向。

关键词：碎片化时代；移动短视频

一、碎片化时代的产生

（一）经济发展促使社会阶层的碎片化

经济的飞速发展促使了人们的生活水平显著提高，物质产品的丰富，更是为人们提供了更加多样化的选择。近年来，人们在"食"上的消费比重不断下降，而在衣、住、行上的消费比重不断攀升。对于社会的不同阶层，收入的差距直接导致了消费结构变化的速度和程度产生了很大的差别，社会阶层的"碎片化"也因此产生。

（二）个体需求的不同导致碎片化的产生

现代社会中，由于互联网时代的到来，更加自由的工作方式和更加多样化的社会服务，催生了更多个体化工作的产生，传统的组织力量由于各种新型产业的发展而被弱化。同时，由于各类数字、网络、传输技术的大量应用，强化了受众作为传播个体处理信息的能力，也引导着受众对于个性化需求的提高。从而使整个网络传播都呈现了碎片化语境。

二、碎片化时代短视频的兴起

由于当代人处于碎片化的时代，生活方式和生活节奏也呈现一种碎片化的模式，传统的信息载体弊端也逐步显现。文字的信息量大，但对于受众来说，理解成本过高，耗费时间过长。图片的传播效率高，但是所能提供给受众的信息量过小,视频所能提供的信息量大,容易理解,但是制作困难。

短视频应运而生。它制作简单,不需要系统的学习,只需要有部手机,人人都可以制作,传播容易,信息丰富,也不需要花费过多的时间去获取信息,刚好适合人们在公交、地铁上任何碎片化的等待时间去浏览,让人们可以轻松快速获得所需的信息。

短视频的出现让人们在空闲的短时间可以了解到自己感兴趣的事物内容,另外视频有它独具特色的优势,以动态的方式让人们对所播放的事物更感兴趣,记忆更深,更易接受。

三、移动短视频的定义

移动短视频是指利用智能手机拍摄不超过 5 分钟、可以快速编辑并分享在各种社交平台上视频内容。移动短视频内容融合了技能分享、幽默搞怪、时尚潮流、社会热点、街头采访、公益教育、广告创意、商业定制等主题。2011年,移动短视频开始在美国兴起。2013 年,国内陆续出现了各类短视频应用。

四、移动短视频特点

（一）即时拍摄,及时分享

短视频的兴起,使得新闻的发布不再局限于新闻媒体。人们只要手中握有一部智能手机,随时都能记录新闻的第一现场。以往新闻记者接到消息赶往新闻现场后,往往只能通过现场目击者来还原事件情况,不如视频记录来得真实。有了移动短视频,新闻的时效性增强了。

（二）短小精悍

相对于文字和图片来说,视频能够带给用户的视觉体验更加生动形象,可以将创作者希望表达的信息更真实、更生动地传达给受众。然而,在经济飞速发展的今天,人们的生活节奏也越来越快,在这种情况下,拥有大量时间去观看长视频成为一种奢望,因此,人们也更倾向于用碎片化的时间,快速地获取对自己有价值的内容,短视频的短小精悍、快速便捷恰好解决了当代人的痛点,满足了受众的需求。

由于时长较短,短视频所展示的内容往往都是精华,符合用户碎片化的信息获取习惯,从而降低了人们参与的时间成本。

（三）互动性强

传统媒介的传播过程多是单向的,而视频媒介进行的是单向、双向甚至多向的传播,相比之下互动性更强。在各大短视频应用中,用户可以对视频进行自由评论、回复,同时可以对感兴趣的视频和评论点赞,这使用户之间的互动性增加,促进了用户之间的交流,也在一定程度上为短视频以及平台的宣传起到了造势的作用。

（四）接地气

创作者的草根性。众所周知,电视节目通常配有成熟专业的制作班子,同时发布渠道也具有其权威性,并能通过高的收视率来吸引广告商。相比之下,短视频因为制作门槛低,制作者不需要具备专业的技术,人人都可以当发布者。正是因为这种低门槛和低权威,促使如 papi 酱、李子柒等草根网红诞生。

取材于生活。短视频创作者具有创作的自主性,对自己的作品拥有绝对话语权,可以根据分析受众的需求进行个性化定制,而这类作品通常比较接地气,而更容易被受众所接受,获得网友的喜爱,随着这些接地气的短视频作品的火爆,短视频更强调受众的主体地位和受众对媒介内容的选择权,短视频群众基础相对稳定,更加接地气。

（五）形式多样

相比文字,视频内容能传达更多更直观的信息,表现形式也更加多元丰富,这符合了当前 90 后、00 后个性化、多元化的内容需求。短视频软件自带的滤镜、美颜等特效可以使用户自由地表达个人想法和创意,视频内容更加多样,内容更加丰富。

五、碎片化时代短视频的存在价值

（一）短视频的一大价值

短视频的一大价值当然是娱乐休闲功能,当下,人们的生活节奏越来越快,令人们长期处于一种高压状态,需要有舒压的方式,而目前短视频基本都是以搞笑、娱乐、时尚为主,甚至很多短视频应用都专门开辟了搞笑、喜剧等版块,有了这些带有娱乐性、轻松幽默的短视频,加上有了网络技术的加持,人们能够随时随地观看一些娱乐休闲的视频,以此来放松自己,这在很大程度上缓解了人们来自于现实中的压力,这也是短视频受欢迎的原因之一。

（二）短视频上也有很多关于生活的小干货

由于短视频的制作者通常来自普通大众,比较接近生活,所以分享的一些技能还是很实用的,比如关于做饭、护肤、手作、运动等等生活中的各种实用的小技巧。生动形象的视频形式,可以让大众快速掌握这些技巧,同时收藏的功能,又可以让受众将自己觉得未来有可能需要用到的一些短视频长时间保存。即使没有做好保存,下次想起来也能快速检索到。

(三)短视频让我们关注到很多被我们遗忘的民间艺人

随着社会的进步,许多传统的民间技艺开始慢慢淡出人们的视野。移动短视频的出现,无疑又将这些精彩的民间技艺重新拉进了视频镜头。以短视频为媒介的知识更易被大众所理解,与其比较的是有些用文字表达的知识过于晦涩,难以弄懂。这些非物质文化遗产通过小视频进行宣传,对我们的民间文化传承也是一个很好的保护。

(四)短视频成为个体表达渠道

在当代经济活动、社会生产和劳动、就业方式及社会生活进一步开放和快速流变的条件下,个人作为社会关系体系中的一个基本单元,作为社会行动过程中的一个实体单位,独立性、独特性、主体性表达欲望更加强烈,短视频的存在无疑为人们提供了一个展示自我的机会。

六、碎片化时代移动短视频的弊端

(一)是捷径也非捷径

随着短视频时代的来临,不少自媒体纷纷改变了传统的图文消息表达方式,加入了短视频的因素,使得图文更加直观,更有助于读者阅读。

短视频好比身形虽小、五脏俱全的麻雀,在有限的时间内将想要表达的中心思想声情并茂地呈现出来,相比文字和图片,声音和视频当然更能记录和表达丰富的瞬间。

信息碎片化。技术简化了我们获得信息的步骤,降低了认知成本,却也让人容易沉溺于一种自我满足的假象之中,认为自己什么都懂,高估了自己的知识储备。

其实我们通过短视频获得的碎片化信息,与其说是知识,不如说是常识。在碎片化的信息获取过程中,我们得到的往往只有事实和结果,却没有学习到真正重要的逻辑框架,而后者与我们的深度思考能力有直接关系。

人们的深度思考能力,正被短视频提供给我们的碎片化信息侵蚀着。不成体系的信息、不完整的逻辑思维会让人偏激,并且容易让人轻信于人,判断错误。

除此之外,今天我们的每一次选择都被各大平台记录,平台会根据个人的喜好推荐给我们"感兴趣"的,导致我们被动地接受着相似的内容,偏见不可避免地扩大,认知越来越狭隘,彼此越来越难以相互理解。社会因此更加碎片化。

(二)变质的娱乐

客观来讲,短视频在突发事件中的报道作用是很明显的,比如:天津塘沽爆炸的短视频,非正义的暴力事件短视频,新冠疫情相关的短视频等,不仅具有时效性,而且更真实地还原了现场,比干巴巴的文字对人造成的心灵上的震撼更大。

但是,一些定位不明确的短视频运营者为了谋取利润,制造出很多低俗粗鄙的小视频,"污染"了这片安静的领域。为了吐槽而吐槽,为了脱帮而脱帮,专门找茬,制造不安定的情绪。

另一方面,随着需求的不断增多,很多 APP 应运而生,由于门槛低,短视频的创作者多是非专业的,视频的质量就无法保证。同时,一些 APP 为了能吸引观众,以暴力、情色元素博关注,而新媒体制作快传播快,使得监管难度增大,这导致暴力、色情信息滋生,影响社会稳定。

(三)版权的弱化

如今的短视频还沦为抄袭的重灾区。无论是短视频平台还是社交平台,复制、截取他人原创视频的营销号大行其道。一些优质的短视频,未经允许被"搬运工"和"剪刀手"稍作处理,成为吸引流量的工具。即便是作者在视频中注明了出处,也多被层层虚化。一些独家推出的短视频,还被抹去角标、遮盖出处。

同一内容的短视频被"掐头去尾",重复出现在不同平台,不仅令观众纳闷,更令视频原创作者烦恼,大大破坏了短视频行业的创作环境。

七、移动短视频未来发展趋势

(一)建设自主可控平台

短视频作为公众表达和社会交往的新工具吸引了相当数量的用户参与,正在成为一种新的主要传播手段和互联网舆论引导的新阵地,一些短视频平台也已借此时机成为公共信息传播新的重要渠道。对于主流媒体来说,在利用这一新手段生产优质的新闻产品的同时,更应该思考的是,主流媒体在深度融合进程中,能否借助短视频这一新技术新应用构建自主可控的平台。目前主流媒体已充分认识到建设自主可控平台的重要性,纷纷开放部分入口和权限给其他媒体和用户,近年来尤其注重在视频生产和传播方面搭建自主可控平台。如新华社在 2017 年 2 月 19 日推出的智能新闻在线生产系统"现场云",截至 2018 年 2 月 12 日,该平台入驻机构已达 2400 多家,覆盖全国省级、地市级媒体,入驻记者、编辑 12000 多人;人民日报社"人民视频"组建的"人民拍客"系统,目前 VIP 拍客超过 400 人,年均可生产短视频内容 5 万余条,为新闻报道贡献了大量视频素材;中央广播电视总台下属的原中央电视台也开通了央视新闻移动网,聚合了一大批省级和副省级城市的专业电视机构所生产的新闻内容。目前,这些主流媒体的视频平台开放入驻的对象仍以 PGC、GGC 为主,UGC 尚有较大发展空间。

(二)为每一个社会个体成员提供记录和表达的空间

给予以往最没有表达能力的群体记录生活、表达感受的能力,从而吸引到海量用户。互联网空间不应该仅仅是专业精英炫技的场所,它所具备的草根性、原发性等特性,正是人民群众力量的体现。这也是主流媒体在构建自主可控平台的过程中不可忽视的因素。主流媒体应该充分认识到人民群众的力量,按照互联网规律,遵循互联网思维,进一步开放平台,在 PGC、GGC 的基础之上,逐步加大开放 UGC 所占比例,真正做到"群众办报",让每一个用户都能成为平台的"记者",让平台具有随时触达"第一现场"的可能。

(三)提高发布视频门槛,强化平台监管机制

现今短视频 APP 用户的参与门槛过低,多数时候,监管系统只能在不良信息发布后予以处理。然而,短视频传播具有的即时性,会让不良信息迅速在网络上扩散,从而导致不可控的后果。所以要避免网络环境被污染,就要提高门槛,从源头上最大程度地保证短视频环境的健康。同时,各短视频发布平台要加快自身的管理规章建设,将不良行为的种类明确列入管理文件,防微杜渐,杜绝擦边球现象。各短视频发布平台要联合起来,加大对发布违规信息用户的处理力度。

县级融媒体手机客户端运营策略探析

——以"智慧尤溪"APP为例

池毓腾

摘要：习近平总书记指出，要扎实抓好县级融媒体中心建设，更好引导群众、服务群众。手机客户端是当前县级媒体融合发展呈现的重要载体之一。然而，跟中央和省级媒体相比，县级融媒体在运营手机客户端的时候会遇到诸如推广困难、内容单一、技术不足等方面的问题。本文将以"智慧尤溪"APP为例，分析探究县级融媒体手机客户端的运营策略。

关键词：客户端；运营推广；智慧尤溪

2020年4月，中国互联网络信息中心（CNNIC）发布的《第45次中国互联网络发展状况统计报告》显示：截至2020年3月，我国网民规模为9.04亿，互联网普及率达64.5%，99.3%的网民使用手机上网。移动设备的渗透率不断提高给移动传播的发展带来推动力，媒体传播平台也从传统媒体平台转为"两微一端"等新媒体平台，特别是手机客户端已成为传统媒体入驻移动互联网、融入新媒体的重要手段之一。

事实上，在APP应用市场中，游戏APP的下载量占到了33%，手机工具、插件的APP排行第二，娱乐性APP占据第三。地方综合性特别是新闻传媒类的APP总体的下载量并不高。专业化的新闻门户网站也纷纷推出APP，加上区域人口数量有限，这就更影响了县级融媒体APP的发展。2018年11月，尤溪县融媒体中心推出自主研发和运营的"智慧尤溪"APP。截至2020年7月6日，"智慧尤溪"APP累计下载169363次，总浏览量突破4000万。尤溪县常住人口35.3万人。今年以来，"智慧尤溪"APP平均日活量5659次，最大日活量206312次，成为尤溪县第一大综合性城市移动应用云平台，为县级融媒体APP运营发展打开了新视野，探索了新思路。

一、品牌形象推广

尤溪县广播电视台曾获得"全国市县20强电视台""全国县级十佳电视

台"荣誉称号,在当地拥有强大的公信力和用户基础。"智慧尤溪"APP上线后,充分利用电视台与用户长期建立的信任关系,塑造良好的形象,让用户对APP产生了深刻印象,增加了用户对APP的信任度。具体来说,是从以下几个方面入手的。

(1)LOGO设计,合理定位。"智慧尤溪"APP的LOGO设计融入了尤溪电视台LOGO元素,主色调一致,在视觉感官上做到了个性化,又定位于电视台官方运营的云平台,便于用户形成一定的品牌认知。(2)升级改版,技术创新。2020年4月,"智慧尤溪"APP(5.8.11版本)全新上线启动仪式在县融媒体中心举行,这是近两年来进行的第6次升级改版。每一次升级改版都由电视台发布,告诉用户加入哪些更加简洁和人性化的功能,既是创新,也是在不断重复的过程中增强用户认知和使用体验。(3)户外广告,提升形象。在人流密集的公交站点、LED大屏等投放户外宣传广告,提升品牌形象。(4)加强合作,相互推广。与厦门广播电视集团合作,在"看厦门"APP首页开设"看尤溪"专区,在"智慧尤溪"APP首页开设"看厦门"专区,推动双方客户端平台用户数增长;与"E三明"APP进行对接,创建市县融媒体窗口,实现首个接入"E三明"的县级平台。

二、原创内容生产

打造新闻资讯平台,一键知晓身边故事。"智慧尤溪"APP坚持优质原创内容的生产,尤其在本地新闻和影视作品方面,始终用原创、好看的内容吸引用户、服务用户。主要做法:(1)在首页新闻版块中,每天持续发布10多条原创新闻内容,传递尤溪声音,让用户第一时间关注尤溪、了解尤溪。(2)在首页"尤溪TV"版块中,开设了电视频道、广播、直播、栏目点播等几大区域,持续更新大量原创的影视作品,讲好尤溪故事,让用户随时随地走进尤溪、品读尤溪。(3)针对重要主题、重大新闻事件,新媒体团队启动头脑风暴、通力协作,进行创意策划,通过图文、动图海报、长图、系列海报、短视频等方式创作出一批饱含创意、富有特色、极具融媒特点的作品,第一时间在"智慧尤溪"APP发布,阅读量均破万。

打造政务媒体矩阵,提供政务信息发布。在"智慧尤溪"APP首页开通"快讯"功能,为全县15个乡镇、58个部门开通73个通讯员账号,均开设专属页面,配有独立账号,设置概况、动态、公告、互动等版块,内容实时更新,其中互动版块为用户提供了通畅的诉求渠道。在此项工作中,尤溪县委、县政府给予了强有力的政策支持,通过会议纪要的形式明确服务事项。通讯员通过"智慧尤溪"APP"快讯"平台进行投稿,形成了短、精、快的工作特点,实现新闻信息在手机端快速上传、编辑、审核、发布等功能。此外,为通讯员队伍设立稿费基金,鼓励创作,稿费按月发放。2020年5月以来,通讯员队伍通过"智慧尤溪"APP"快讯"功能上送稿件376条,发布各类信息302条,全面打通各乡镇、部门新闻宣传渠道,有效加强了基层新闻宣传工作。

在"尤溪TV"版块中,"智慧尤溪"APP运用了当前最新的移动流媒体技术,让用户无论在世界哪个角落都能够第一时间收看到尤溪广播电视台的本土节目,还能够收听到FM106.6尤溪人民广播电台带有"尤溪味道"的独特声音。此外,还开通栏目点播功能,《习习清风》《阅读时光》《健康尤溪》等28个原创栏目可随点随播。

三、便民服务功能

做好生活服务应用,大小事一站式解决。(1)"智慧尤溪"APP始终立足于开发属于尤溪人自己的手机APP,通过整理规划县内各部门服务平台窗口及市民生活服务需求,在首页设置"服务"大版块,包含实用工具、便民服务、公共服务、政务服务、环境气象等模块。因此,小到二手交易、预约挂号,大到城市交通、政务发布等可全部涵盖,将目前最具实用性的30多项功能汇聚其中,为广大市民提供一站式服务。(2)嵌入"学习强国"APP,方便干部群众每天完成答题、浏览新闻等;开通智慧环保、智慧党建功能,配合县文明实践中心设置《文明实践》栏目,助推文明城市建设。(3)设置《公益助农》栏目,推广尤溪特产,在防控新冠肺炎疫情期间,成功开展两场公益助农活动,有效解决贫困户农产品滞销问题。

关注民生,服务百姓。2018年4月,由尤溪县融媒体中心自主设计、研发的"智慧尤溪"APP生活服务平台正式上线,涉及衣食住行、吃喝玩乐的方方面面,是一个综合性的生活信息交互平台,为群众的日常生活提供了便利,得到了广大群众的认可和好评。系统采用最新H5、Bootstrap自适应技术,模块包括资讯展示、同城发布、搜索、个人中心、后台审核等,操作简单、服务便利。2019年6月20日,该系统获得国家版权局计算机软件著作权登记证书;截至2020年7月30日,平台累计发布各类信息3526条,累计浏览量570余万,注册用户13521人。我们致力于将其打造成为尤溪最大、最全、最权威的信息发布平台。

今年4月,"尤品汇"商城正式上线,主推尤溪农特产品,设有扶贫专柜,结合"主播带货""乡镇长带货"活动,为建档立卡的贫困户滞销的西瓜、柚子、地瓜、百香果、蜂蜜、家禽等农产品打开销售渠道,让"打赢脱贫攻坚战,决胜全面建成小康社会"融合互动更新、更活、更有力,形成宣传热潮,引导全社会关心关注和参加脱贫攻坚,切实帮助贫困人员脱贫增收。

四、互动活动策划

当下,网络投票、有奖竞逐、答题抽奖等互动活动已经成为一种时尚,也是一种常见的推广手段,"智慧尤溪"APP也做了一些尝试,获得非常好的效果。

(1)口罩预约活动。在防控新冠肺炎疫情期间,智慧尤溪APP及时开通口罩预约服务,2020年2月11日至28日,共投放口罩8万个,页面浏览量81万次,新增下载量5.6万次。(2)网上祭扫活动。2020年4月1日至10日,推出"别样清明·一样情——尤溪2020清明网上祭扫"活动,紧扣"红色三明""文明三明"的主题缅怀先人、祭奠英雄,总浏览量14767人,总献花数为71324次,祭奠留言193条。其中,4月2日上午,县消防救援大队沈城消防救援站全体指战员通过"智慧尤溪"APP为两位消防烈士献花、祭拜留言,留言内容感人至深。(3)纪委答题活动。2020年4月15日至30日,与尤溪县纪委监委共同开展"挺纪在前·共同战役"网络答题活动,共8094人参加答题,答题次数12396次。(4)少儿绘画投票活动。2020年4月底,开展"开元宝邸杯'童画视界'少儿绘画大赛"投票活动,总投票数11.1万票。(5)平安三率活动。2020年6月,与尤溪县政法委共同开展"2020年上半年尤溪县'平安三率'"宣传有奖答题活动,共8792人参与。(6)疫情防控直播活动。举办三场"全力以赴·共同战'疫'"大型直播活动,总观看量近300万。

五、智慧城市建设

2019年3月,"智慧尤溪"APP与县公交公司达成合作,开发了"公交来了"模块,整合了尤溪所有公交公司线路和站点实时信息,为市民及外地游客提供公交线路、行驶站点查询、公交进站时间等等信息。

2020年4月,"智慧尤溪"APP开通"尤溪县干部职工智慧食堂"功能,为全县干部职工统一办理记账式个人食堂专用账户,只要通过"智慧尤溪"APP扫码支付,即可在全县机关、乡镇食堂、大型超市等实现一码通用,方便干部职工就近用餐、购物,并享受返点、折扣等福利。截至2020年8月7日,全县8879名干部职工使用"智慧尤溪"APP消费12.3万次,消费金额1162万元。吸引11家企业、商家入驻,广告收入120.8万元。

在"慢直播"版块,主要整合了智慧城市监控数据,在 APP 内开放了主要景区、道路、医院、学校、村社区等地的视频监控,用户通过"智慧尤溪"APP 即可实时观看监控视频。此外,正在建设中的"智慧旅游"版块,今后将与县融媒体中心指挥大屏相结合,通过推流卡来接收景区监控视频数据,并接入人脸识别、票务系统进行大数据分析,可以提供游客性别、大致年龄、地域分布等信息。如今,"智慧尤溪"APP 还在不断改进和优化其功能模块,致力于开发出更多便捷的应用,持续为用户提供更加高效的服务。

六、结　语

在县级融媒体创新发展的潮流中,通过加强对移动门户平台的全方位宣传与推广、不断加大技术维护和内容运营的力度,"智慧尤溪"APP 正在成为尤溪县移动应用门户、新闻门户、视听门户和政务门户的重要平台,也逐渐成长为县级融媒体创新发展和智慧城市建设管理值得借鉴与参考的新生力量。相信只要坚持正确的舆论导向,坚持走好网上群众路线,勇于担当媒体责任,充分发挥媒体的公信力和影响力,通过新闻宣传引导群众,通过掌上应用服务群众,县级融媒体手机客户端运营一样也有春天。

"智慧尤溪"APP 全新版本上线仪式

"智慧尤溪"APP 公交站牌广告

"智慧尤溪"APP 便民服务功能

"智慧尤溪"APP"尤品汇"商城

县级融媒体中心如何发挥融媒优势做好电商扶贫工作

刘珍珍

摘要：随着移动互联网的飞速发展及 5G 时代的到来，智能手机、平板电脑等移动终端覆盖面不断扩大，媒体融合已是大势所趋。电商潮流席卷城市的同时，农村也在发生着改变，农民网购热情高涨，农村电商的发展在拉动农村消费的同时，也成为农民致富的重要渠道。作为距离农村最近的意识形态工作的前沿阵地，在媒体融合的新形势下，县级融媒体如何借助互联网优势与融媒优势做好电商扶贫工作，是当下探索与研究的热点。

关键词：县级融媒体；电商扶贫；互联网＋；精准扶贫

一、目前乡村电商扶贫的现状与困难

（一）"农村淘宝"的战略调整

电商扶贫是国家"精准扶贫"十大工程之一。2014 年阿里巴巴集团与政府深度合作的战略项目"农村淘宝"，截至 2017 年，已经覆盖全国 29 个省、700 个县域（含建设中）的 3 万多个村点，"农村淘宝"的进驻，解决了物流到村、乡村信息流瓶颈等问题，从最初的"村小二"结合服务站功能，引导村民、服务村民、帮助村民代购的推广模式，到村民建立平台自主购买意识及习惯，网购已成为大部分村民不可或缺、便捷购物的渠道。2019 年 9 月，因阿里巴巴集团战略调整，"农村淘宝"项目整体撤出农村市场，同时停止了物流到村服务及村小二的服务佣金收入，那么问题来了，村民好不容易建立的购买习惯及好的便捷体验，随着"农村淘宝"的战略调整，一夜回到"解放前"：所有的物流回到 5 年前的状况，只配送到乡镇，村民必须自己到乡镇领取；部分返乡创业的"村小二"因没有了服务佣金收入，何去何从成了问题；乡村农副、电商销售产品因为物流取消到村服务，往外输送也成了问题，很大程度上增加了人力、时间成本。

那么继"农村淘宝"之后，县域当地能否有一个融合了各大网购平台、物流、农副产品销售为一体的自有平台？既能继续服务村民、解决原有"村小二"何去何从的问题，又能真正意义上带动农特产品销售。

（二）农村自身条件限制

近年来，随着中国"互联网＋"深入发展，电商扶贫取得了一定的成果[1]，商务部数据显示，2019年全国贫困县网络零售额达2392亿元，同比增长33％，但相对于城市电商，农村电商的发展还不成熟。尽管个别地方在农村电商发展上已取得初步的效果，但也仅仅是少数。电商扶贫的困难主要受以下几个因素限制。

1.农民在经济上就不允许也没条件。大部分农民长期居于交通不便的山村，人脉资源有限，加上文化与人口素质较低，限制了农民对网络营销、电商知识的学习。缺少行业专家带路指导，更有资金方面的短缺，品牌与产品宣传影响力不足，对农产品的输出和宣传能力有限，造成货藏深山的困局。

2.销售渠道单一。目前农村电商的主要销售渠道以淘宝、微信为主，辐射范围局限于乡镇周边朋友圈。

3.销售模式单一。现有的农产品销售模式基本上是产后销售，这种模式针对时效短的农产品容易出现产品过期、产品滞销的问题。

4.快递成本高。农产品电商快递成本是农产品上行电商的瓶颈。构建低成本物流体系是电子商务扶贫成功的关键。

二、县级融媒体中心电商扶贫的优势

（一）媒体融合为一，宣传成本降低，宣传效率提高

融媒体不是简单粗暴地剔除传统媒体，也不是单纯的多种媒体的相加，在媒体融合之前想要宣传自产产品，需要找报纸杂志媒体登出平面广告，找电台投放广播广告，找电视台播出电视广告，然后新媒体广告投放又要找各个网站和新媒体，如此消耗的人力成本、时间成本与经济成本对各个企业来讲都不是一笔小数目的开支。但是当融媒体出现以后，把原有的电视、广播、报纸、杂志、互联网等媒介载体，通过资源有效整合达到相互通融，企业便可以选择一个融合所有媒体的平台，一次性解决从前需在多个媒体平台上投放广告的问题，同时可以省去诸多环节，大大提升企业在品牌宣传与市场营销上的效率，

---

[1] 阚纯裕.商务部：2019年全国贫困县网络零售额达2392亿元人民币[EB/OL]. htpp://news.cctv.com/2020/05/181/ARTIEBLxzkeH8Nm9p2C4ja200518.shtml.2020-05-18.

且还大大节省了企业相应的资金投入，同时多种媒体的资源整合，使得信息传播效率与传播范围也得到大幅提升。

（二）"融媒体＋电商"线上线下优势互补

融媒体与电商"媒商联姻"，通过融媒体中心全媒体移动传播优势，对接电商线上线下矩阵营销网络，整合媒体服务、民生服务和政务服务资源于一体。

融媒体中心着力于构筑"融媒体＋电商"创新体系，通过技术手段结合线下线上平台，完成"新闻＋政务＋服务"和"扶贫＋农产品＋农村产业"新模式新发展，通过双方新媒体资源的整合运用，以线上直播、短视频、新零售，线下公益活动等形式，发挥融媒体媒体作用，整合手机屏、电脑屏、电视屏、广播电台的"三屏一声"，整合微信、微博、抖音的"两微一抖"矩阵，构成纵横交错、相辅相成、便捷高效的宣传格局。电商方充分发挥在产品技术、产品包装、内容运营、物流配送、渠道资源等方面的优势，盘活镇村级电商站点联动，打通城乡信息流，打通政务平台与公共服务平台融合，打通县域特色产业上下行平台融合，打通融媒体电商与扶贫、公益等平台的融合。

三、以尤溪县融媒体中心"尤品汇"助农平台为例

"尤品汇"助农服务平台由线上农特产商城及线下体验店组成，"尤品汇"乡村服务平台项目的成立依托总公司融媒体优势做推广宣传，以"资源融合、宣传融合、平台融合、服务融合、利益融合"为中心，结合第三方专业物流公司高质量地完成配送到村服务，整合线上"尤品汇"特产商城与线下的特产铺，作为农特产品上行的销售渠道及线下体验、提货配套服务。

平台主要围绕互联网＋"智慧尤溪"APP＋平台＋物流的形式，结合线上线下 O2O 模式，利用互联网＋"智慧尤溪"APP＋平台＋物流，解决村民网购最后一公里问题，服务农村。为村民网购带去便捷的同时，解决网货、农特产品上行难等问题，真正意义上实现"网货下乡，农产品上行"双向流通，带动互联网＋平台、互联网＋扶贫、互联网＋旅游、互联网＋农业等互联网＋N 一系列互联网＋产品的运作。

（一）"尤品汇"电商扶贫项目以建档立卡贫困村为重点对象，通过尤溪县商务局、扶贫办、融媒体中心提供帮扶对象，同时在新媒体平台开发"便民服务"平台，农户可以通过手机自主发布供求信息到公开平台，对于部分不熟悉网络操作的农户则可通过自主上门的方式来寻求帮扶，帮助尤溪困难农民和农副产品加工企业解决农产品滞销问题，为农户及企业提供本地农特产品电

商销售、品牌展示、找寻销路等一站式服务,为困难农户打开销售市场。

(二)在宣传推广上,除了运营"尤品汇"公众号,及时发布农特产品信息、农特产致富等信息,还同时借力尤溪县融媒体中心,发挥媒体资源优势,在农产品销售环节做好市场营销策划与宣传。每个乡镇都有特色农产品,如台溪乡的茶叶、管前镇的金柑、溪尾乡的砂糖橘等。深入挖掘尤溪本土资源与文化特点,立足三农,结合尤溪地方文化资源,宣传尤溪农特产,合理利用尤溪文化资源打造尤溪特产专属品牌,做好尤溪老百姓喜闻乐见的内容营销。尤溪县融媒体中心具有丰富的活动策划经验,发挥县级媒体对外传播优势,牵头举办产品促销活动。与电商企业合作设计合理的特色农产品营销套餐,帮助不擅长宣传的农民通过电商和网络传播把特色农产品销出去,拓展市场,实现双赢。同时利用尤溪县融媒体中心各个平台如"福建微尤溪"公众号、"智慧尤溪"APP、全媒体直播、尤溪广播 FM106.6、电视新闻报道等全媒体渠道做好助农产品的宣传。通过县融媒体中心树立平台公信力,以帮助到更多的贫困户。

(三)融媒体不仅是信息服务者,还是生活服务平台。县级城市因人口老年化较重,人才素质限制,交通不便利,与外界联系不够紧密,本地的农特产等难以走出县内。因此,亟须电商平台搭建供销方之间的桥梁。第一,县级融媒体长期扎根农村农民,对于本地产品较为熟知;第二,县级融媒体作为县内官方媒体,在本地人心中具有权威性;最后,外地消费者通过县级融媒体平台购买产品更安心。综上,县级融媒体是最好的电商平台。

早在 2016 年,尤溪县级融媒体中心平台积极创新,构建"新闻+政务+服务+电商"的智慧运营模式,设计开发"智慧尤溪"APP,以服务政府、服务群众、服务企业为切入点,整合全县各部门和各乡镇资源,打造真正属于尤溪人自己的移动客户端,融新闻、政务、服务、媒介于一体。APP 经过不断发展推广,目前下载用户已超 13 万(尤溪人口 45 万)。

2019 年尤溪县融媒体中心以"智慧尤溪"APP、"福建微尤溪"微信公众号(粉丝数为 12.8 万)强大的用户基础为依托,开发自营电商平台——尤品汇,商城主推尤溪农特产品,在商城设立了扶贫专柜,专门帮助贫困户销售农产品。同时,还利用节假日或者晚上时间,推出了"主播带货""乡镇长带货"活动。5 月 1 日以来,通过商城扶贫专柜和主播带货活动,已帮助贫困户销售农产品 20 多款,共 13721 单,货值近 50 万元,实现了常态化的带货直播。

(四)与当地信誉度高、运营经验丰富的电商企业合作分工。融媒体中心主要负责活动策划、宣传等环节,电商企业发挥其优势,主要负责做好产品的质量把控、线上销售发货环节,做好线上客户服务,集中力量发展客户规模与客户总人口数量,结合实际销售状况及时调整适合不同地域、不同种类的特色农产品营销策略,与融媒体平台及时进行信息互换,携手搞好线上、线下双渠道产品推广工作。

(五)在物流方面,"尤品汇"结合第三方专业物流公司高质量地完成配送到村服务与同城配送服务,同时为同城客户提供到店提货服务,在减少物流成本的同时,为线下实体店带来客流。针对公益性助农产品物流配送问题,通过对物流快递企业以融媒体宣传资源等价代换方式,尽量减少物流成本的支出,实现共赢。

(六)为留存现有客户,吸引潜在客户,"尤品汇"一改县内电商平台单一销售本地特产模式,以展示、推介、销售尤溪本土特色产品为核心,助推尤溪文化、旅游、电商等产业的发展。同时,商城还引入周边县市甚至全国各地的特色产品,以满足客户多样的购物需求。

四、经验做法

(一)电商扶贫在县域的成功实施,需要县域政府和相关主体共同发力,发挥联动力,建立权限"电商扶贫"服务矩阵,通过信息流和物流的集聚,以实现销售规模和流通成本的良性互动,立足县域,培育主体,引导营销,构建低成本运输体系,建立农产品电商质量安全监督体系,形成农产品上行电子商务生态,打通农产品电商流通渠道,促进电商扶贫的发展。

(二)电商扶贫的可持续因以互利共赢为联结点,由政府和相关主体牵头主导。作为公益性质的扶贫活动,虽不以营利为目的,也需做好农户、融媒体、电商企业、物流公司的利益分配。

(三)电商扶贫应以持续增加贫困群众收入为核心,扎实抓好市场运作、基础配套、协会引导、试点示范等关键环节的工作,贫困村实现利用电子商务销售当地特色产品。结合每个产品的实际情况制出合理的特色产前营销模式,保证农产品采收后能够及时销售变现,降低农产品滞销率。

(四)地方政府机构及电商企业共同搞好实用性乡村电商人力资源培训,与电子商务企业深度合作,共同建立并且完善培训机制,力争做到培训到每个乡、村。

(五)乡村电商服务平台,从渠道上应融合淘宝、拼多多、唯品会、京东等各大网销平台,解决"农村淘宝"之前单一的购买渠道到村服务问题,为村民构造了更多的选择、更好的购物体验,从而更大程度上节省了物流成本。

（六）农产品上行方面，从技术上专门搭建自有销售商城，"村小二"严格按品控要求将村民手上优质的农副产品审核通过后可自行上架到商城进行销售。

媒介融合的深思

摘要：互联网成为了一种重构世界的结构性力量，其改变了人们对资讯的获取方式，更是为业界的资讯传递提供了新的传播平台与管道，其时效性、便捷性与互动性的传播特点大大超越了传统媒体惯性的传播路径。尤溪县融媒体中心大胆改革，勇于创新，开展"四创四融"，扎实有效地推进了县域媒体融合改革发展。以流媒体技术为代表的新兴技术，和以网络电视、手机 APP 等为代表的新兴媒体对传统广播电视业形成了强大的挑战。信息用户愈加习惯于网络图文声并茂的阅读模式，为此，更有甚者提出了"纸媒将死"的言论。因此，传统媒介在当前媒介创新的大环境下唯有突破旧路，寻求改革，方能获取在传媒界中的立足之地。以机制做保障、技术来支撑、内容是根本、产业来反哺"媒介融合"的应对方式应运而生，其俨然成为了人们关注的焦点。传统媒体与新兴媒体的融合之路势在必行，但在融合的过程中，遇到了逻辑性的错误，引发了业界对"媒体融合时代思与行"的思考。

关键词：媒介融合；元素重构；融合实践

如今，互联网已成了人们工作、学习与娱乐的主要媒介。在其重构出的相对自由开放的虚拟空间里，信息传播的快速性、便利性以及互动性都极大地改变着人们的生活。除此之外，互联网不仅改变了人们获取资讯的方式，更是在传媒业界中掀起了一股改革创新的风暴，传统媒体与新兴媒体的融合成为了政府与业界关注的焦点。但这条改革创新之路并非一帆风顺，逻辑上的错误以及机械的照搬模式都严重阻碍了融合之路。为此，引发了业界对媒体融合时代的思考。

一、媒体融合时代的背景

当前的社会已然进入到了信息时代，信息流动的方式不再是以往那般自上而下的传播且以传者为本位的传播模式。如今，"用户的参与度"成为了衡量媒体发展程度的重要标尺。在互联网时代，哪种媒介能够吸引用户的注意力,谁就能够在传媒界占得一席之地。因此,随着微信、微博等社交媒体的盛行,传统媒体也开始寻求与新兴媒体的融合之路,更有甚者提出:"传统媒体不转型将导致纸媒的没落。""纸媒将死"的言论也在业内被屡次提出。但,笔者认为传统媒体与新兴媒体各有优势,传统媒体胜在其对报道细节与内容的深度挖掘,以及各专业人士对事件背景和影响等的渗透性解析。而互联网虽然提供的信息呈现出的是"碎片化"的模式,但其能够快速地获取信息,信息源的多样性以及图片、视频和文本等混搭处理的特点深受广大信息消费者的青睐。

在对信息进行处理方面,网络媒体力图增强其对事件的深度与全面报道,为此,新浪、网易等新兴媒体相继开设了相关的专家评论模块,设置了属于自己的专业小组,对事件新闻进行了专业性上的解析,提出综观大局的评析。此举逐渐弥补了与传统媒体的差距。因此,在这种新兴媒体风头日渐兴盛的情况下,传统媒体只有跟上时代步伐,充分利用当前已有的条件来促进自身的发展。而传统媒体欲提升自己的实力,需做到的最重要的一点就是能够做到与新兴媒体的融合发展。

当前,传统媒体与新兴媒体的发展状况也受到了中央的高度关注,习近平主席于2014年8月18日主持召开了中央全面深化改革领导小组第四次会议,指出:"推动传统媒体和新兴媒体在内容、渠道、平台、经营、管理等方面的深度融合,要尽全力打造出形态多样、手段先进、具有竞争力的新型主流媒体。"此次会议通过了《关于推动传统媒体和新兴媒体融合发展的指导意见》,为我国新闻传播业的发展规划了清晰的蓝图。该指导意见的通过也表明了在互联网时代国家对社会信息流动状况的重视。

目前,我国对传统媒体的管理现状仍是按照国家的行政体系组织而进行的"归口管理"。在这样的政策大背景下,不同的地域由于各自的条块利益,使得报业与广播电视、互联网之间的融合难度增大。传统媒体与新兴媒体的融合遇到了障碍。因此,在当前由互联网催生出的媒介融合大环境下,传统媒体必须能够做到其自身媒介元素的重构,以满足读者的阅读需求,从而在信息社会中获得长久立足之地。

二、媒介元素的重构

毫无疑问,在当前的信息时代,"注意力"成为了各形态媒体争夺的资源。因此,媒介融合的根基在于各媒体对"社会化"的把握程度。唯有最大程度地调动社会大众的参与性,媒体方能获悉受众的信息需求,从而创造出多样化的媒体形态,真正做到在内容层面上有针对性地满足受众。调动报刊、电视、广播、网站、微博、微信、APP 等全媒体有机配合,密切联动,高效互动,有效聚合和运营在各地的政务服务、公共服务和便民服务资源,这样才能使融媒体建设取得实效,从而立于不败之地。

媒体想做到吸引受众的关注度,就必须在自己创作出的信息内容以及信息传递模式上做文章。只有方便读者的阅读兴趣与阅读习惯的内容与阅读模式的创新方能真正满足读者的需要,受到大众的喜爱。因此,媒体需综合利用各种资源以达到媒介元素的重构。

在当前由互联网构成的新的社会传播生态中,媒体的传播形态也发生了相应的变化,与此同时,其媒介元素发生了重构。唯有如此,传播界在"个人"作为社会传播的基本元素的大环境下,方能真正达到媒介融合的本质,激活个人元素,达到媒体转型的最终目的。

媒介作为一种沟通与传播的介质,其构成元素包括了绘画、声音、雕塑、剧场、影像和行为等。因此,传统媒体要做到媒介元素的重构,就是要将媒介元素结合起来运用到自身所报道的内容中去。现如今,唯有声音、图像与文本相互结合的信息报道模式方能获得读者的青睐。

传统媒体呈现给读者的是文本与图片联合报道的信息模式,该模式大体上是通过"文字"这一元素来表达所要传递的信息,其优势在于对事件深入性的解析以及专业性的评论。但是,当前的信息消费者已然不再满足于对文字与图片的消费。所以,当互联网推出了视频、声音、图片与文本相互结合的信息阅读模式后,这种现场化、易获取的媒体化新式产品立即吸引了用户的注意力,并逐渐成为用户依赖的阅读习惯。因此,在传统媒体向新兴媒体转型的道路上,唯有做到聚合多种信息元素来传播内容,才能获得用户的青睐。

中国人民大学新闻学院副院长喻国明将互联网定义为"高维媒介",他认为互联网被大众普及应用的同时激活了社会底层基础元素的价值。而相比较之下,精英化的"传统媒介"的封闭式的惯性生产则显示出极度的被边缘化。因此,在传统媒体向新兴媒体转型的过程中,营建新的"平台性媒介"则成为了目前传统媒体向高维转型的有效尝试之一。

三、国内媒体的融合模式

在媒体融合的创新之路上,媒体所面临的竞争愈发的激烈,但由此所引发的创新的智慧也是令人喜不自胜。国内的学者纷纷提出了各番融合言论。其中浙江日报报业集团副社长俞文明提出:"媒体融合的本质上是由外部性挑战驱动引发的深刻变革,推动媒体融合,必须把顺应用户需求变化作为中心的环节,重塑传播逻辑,转变发展方式。即,从提供单一新闻资讯向以新闻资讯为核心的综合文化服务转变。构建新闻+服务的新模式,巩固和发展主流媒体舆论阵地。"俞文明认为在媒体融合之路上必须做到"全面改革、全面融合、全员融合",方能打造出传统媒体的新媒体阵地。

媒体的融合之路虽势在必行,各大报业集团也相继做出了相应的改革举措,但是诸多传统媒体在转型过程中出现了转型误区,即简单地认为只要把传统媒体中的内容一股脑地搬到网络、平板电脑和移动客户端上即是做到了"传统媒体与新兴媒体的融合"。这种错误的融合逻辑严重阻碍了媒体融合的步伐。

微信、微博、今日头条、专业 APP 等随互联网而诞生的媒介受到了用户的热捧,诸多纸媒也相继把纸质内容搬到了互联网上,开设了专属于自身的网页、微博等,但融合之路不是仅仅靠如此搬运就能实现的。

在 2014 年的运博会上,扬州报业在媒体融合的新闻报道中,运用互联网的"3D"技术开展了全媒体特刊的创意报道,着实夺人眼球。该全媒体特刊分为四个版块的内容,融合了视频、图片与文本,为信息消费者呈现了一份视觉盛宴。该全媒体特刊共分为四大版块,【数读】版块主要通过视频《隧道版小苹果》来讲诉大扬州的加速度;【图说】版块通过视频《中国大运河第一城》来描绘最中国的运河城;【雕版】版块通过视频《大爱之城 情系运河》来歌颂颂不尽的母亲河;【镜像】版块通过视频《二十四小时 大美运河》来展现在延时摄影下千年运河古今韵的美轮美奂。扬州报业此次的创意报道为业界展现了极好的融合形态,其报道获得好评表明了媒体摒弃旧观,创新思维,灵活应用现有资源,即可获得媒体融合之路上意想不到的胜利果实。

四、国外媒体的创意融合

于 2012 年 3 月 26 日正式上线的 Upworthy 以 870 万的独立月访问量一步跃升为全球增速最快的媒体。初时,大家都没想到过这个最初由 14 位成员组成的不起眼的网站竟然能取得如此骄人的成绩,堪称业界神话。对此,梦工厂观察称:"市场上有许多媒体公司,但没有一家能够做到这一点。"

罗马不是一天建成的,Upworthy 之所以能够受到用户的热捧,在于其自身的发展能够顺应时代对新兴媒体发展的要求。该网站擅长于通过其他社交媒体来获取信息用户喜欢的、有价值的且值得分享的图片、信息和相关视频等,然后对其进行解构以及二次编辑,以新的易于受众接受的方式将内容呈现给大众,同时激励用户们对网站内容进行循环传播与即时信息交流。

Upworthy 在创立之初便自我定位为 Web 出版媒体,但是其并不甘心只做一个中规中矩的网站。据调查,其移动平台占据 30% 的网站流量,Upworthy 的 CEO Pariser 认为:"移动平台很重要,投入足够的时间让网站的移动版更好。"

大家能够发现,Upworthy 的网页上几乎没有原创的内容。其仍然能获得成功的原因在于,其工作人员重写每一篇文章时,都会不厌其烦地拟写 25 个标题,然后从中挑出 4 个相对满意的,最后由总编做最后的裁决。此外,Upworthy 不发布关乎政治的内容,其创始人 Eli Pariser 曾称:"今年创办 Upworthy 的全部理由就是因为总统大选,结果发现完全不能带来任何流量。所有受欢迎的文章里面,只有几个和政治或者总统选举有关系。"由此可知,网站最初的政治定位失败后,Pariser 便立即转变初衷,对网站的内容进行了一番变革,方造就了 Upworthy 如今的成就。

Upworthy 顺应当前的大数据时代,善于利用数据来优化内容,即利用 A/B 测试来分析"每分享点击数"和"每浏览分享数",此举有利于该网站准确地确定社交媒体用户所热烈关注的头条,如此方能获得最大化用户的注意力。当前的媒体都习惯性地进行"议程设置"来引导舆论风向,但实际上,在互联网时代,用户更喜欢草根性、平民化的内容。伯纳德·科恩说过:"新闻界在多数时间里告诉人们怎么想时可能并不成功。但它在告诉读者该思考什么时,却是令人惊奇地获得了成功。"大众传播媒介不能决定人们对某一事件或意见的具体看法,但可以通过提供给信息和安排相关的议题来有效地左右人们关注事实选项和意见及他们谈论的先后顺序。因此,在针对用户厌烦的广告内容的添加模式上,Upworthy 采取"鼓励网友们去参与赞助商的方式来展示产品",这种互动式的广告推广模式获得了成功,不仅使网站盈利,同时使得用户的参与度大大提升。

VICE 以"全球首个年轻人和亚文化的代言人"的准确定位与独特的视角而成为以内容为核心的由纸媒转型而成的成功案例。该杂志最初只是将身边朋友们谈论的好玩故事汇集到一处,以讲诉故事的方式博得亲切感,引发读者的共鸣而受到欢迎。但事实上,该杂志真正吸引人的地方在于其不同于传统杂志一贯的精美图片以及行文模式,而是采用更贴近街头文化的、崇尚恶趣味的方式来获取青年们的喜欢。对此,VICE 自称"是一本说废话的杂志",以及"我们在带来世界各地精彩内容的同时,更致力于传播本土的青年文化"。

VICE 作为一个展示青年文化的平台,其旗下所设置的频道涵盖了新闻、音乐、旅游、体育、科技、时尚等诸多领域,并通过多种社交媒体,用直白主观的方式来展示代表青年文化的世界观、人生观和价值观。其在中国的发展趋势更是一路的畅通高升,设置"*VICE* 中国网站",每日更新;*VICE* 优酷主页播放更多精彩的视频;同时开设了新浪微博、网易微博以及微信平台。

五、结　论

在当前互联网时代,各媒体竞争激烈,传统媒体与新兴媒体融合的步伐任重而道远。因此,传统媒体应突破自身界限,具备创新意识,激活创造力,学习现有的媒体融合的成功方式,而非局限于照搬照抄的迂腐模式中,如此方能在融媒体时代中走得愈发顺畅。

浅谈县级融媒体中心如何做好短视频

苏树养

摘要：短视频的出现，改写了网络内容传播的格局。过去，人们主要还是通过报纸、广播电视、PC 互联网来实现网络信息获取，如今在短视频的推动下，"读屏时代"已经到来，人们在网络上的参与、表达与沟通形式产生了巨大转变。相较于之前的信息传播方式，短视频更加便于理解、省时，且更有趣味性。本文通过对短视频在新媒体环境下的发展情况、题材选择、传播规率等进行分析，探讨如何借助短视频提升传播力和影响力。

关键词：新媒体；短视频；传播力

随着时代的发展，通信技术不断更新迭代，媒体传播方式发生了重大的改变，从最初的报纸、广播电视、PC 互联网传播，再到现在智能手机的普及，可以说是人手一机的时代，机不离手，移动端媒体传播方式越来越受到人们的喜爱，报纸、广播电视受众越来越少，我们做为电视传统媒体，必需顺应时代发展需求，在新媒体上开辟一条新的发展路径。近年来随着快手、抖音等短视频APP 的迅速崛起，短视频的兴起也让普通市民的生活习惯发生了极大的转变。根据《2019 年中国短视频行业发展趋势报告》显示，2019 年 12 月单单是抖音、快手两大 APP 平台的短视频活跃用户规模就达到 8.07 亿。在政务和媒体信息传播、文化传承、知识分享、精准扶贫、国际交流中发挥了重要作用，深刻影响了舆论生态和媒体格局，引领着网络视听产业发展变革。在此背景下，人民网、新华社、中央广播电视总台等中央主流媒体也入驻抖音、快手积极布局和发展短视频业务，形成短视频发展的新亮点。

一、短视频发展历程

短视频发展的前身应该从各大视频网站说起，从 2004 年到 2011 年，在这七年的时间里，腾讯、土豆、优酷、乐视、搜狐、爱奇艺等视频网站相继成立，全民逐渐开始进入 PC 端视频时代，当时视频网站内容主要是以电影、电视剧、微电影等长视频为主。2011 年以后，伴随着移动互联网智能终端的普及和网络的提速以及流量资费的降低,短视频碎片化内容消费需求越来越受到大众喜爱,各互联网公司又纷纷推出移动端短视频平台,出现了快手、抖音、微视、秒拍、小火山、梨视频等知名平台,特别是在近两年来,15秒左右的短视频,凭借着"短、快"的内容传播优势,迅速获得了粉丝的支持与青睐。

二、短视频题材选择

"内容为王"是短视频必须坚持的理念,内容就是短视频的核心竞争力,如果内容不精彩、不新鲜、不实用,短视频就难入公众法眼。我们的受众是以内容为导向的,哪儿有吸引人的内容,哪儿就能收获更多的受众。我们做为新闻媒体从题材选择上要更偏向于民生类新闻和服务类新闻,这类新闻更能为受众所关注;视频内容上我们要从视觉性、时效性、新鲜性上下功夫。视觉性是短视频留住受众的基础,短视频的视觉习惯与传统电视节目也有区别,短视频一般以现场为主,基本不使用大量毫无意义的空镜头,简单来说就是使用最核心镜头,往往一个现场核心镜头就可以说明新闻事件,比如今年7月的水灾,受淹房屋瞬间倒塌画面,泥石流、山体滑坡、汽车被淹等自然灾害现场,配上文案加几秒核心画面就足以让人产生共鸣、留下深刻印象。时效性是新闻短视频内容上热门的必要因素。随着网速越来越快,移动设备拍摄、手机剪辑功能基本能够满足网络播出需要。快速发布内容这个要求比之前任何时候都要更重要。比如,2020年7月7日中午12时左右,贵州安顺一辆公交车在行驶过程中,冲出路边护栏,坠入虹山湖中。消息一出,这条短视频迅速在各大短视频平台发布,发布不久又在各平台衍生出乘坐公交车被困时如何自救的各类短视频。第二天我们融媒体中心也结合时下热点,报道了一条《乘座公交车被困时如何自救》的新闻,把它剪辑成短视频,当天浏览量就达到了10万+。新鲜性是新闻短视频的活力所在。与报纸、电视甚至门户网站的传统受众相比,短视频的受众群体更加年轻化,对于新鲜事物接受度相对更高、更加好奇。因此,新鲜有趣的事件和表达方式就更易被分享传播。比如,今年6月8日,我们融媒体中心发布的一条《昨天下午暴雨倾盆,有蛇出没》短视频,内容是一条蛇被雨水冲到街道,一个女孩大喊"蛇、蛇、蛇",短短一小时就突破了100万浏览量。

三、短视频内容来源

群众拍客是我们视频来源的渠道之一,新闻随时随地都有可能发生,如果记者不能在第一时间赶到现场,那么有群众用手机记录的现场画面,就是新闻第一手资料。还有现场的监控画面,我们都要加以利用。2020年6月尤溪城区下大暴雨,部分街道发生内涝积水,当天报道的新闻大部分是来自群众的手机拍摄。同时,要发挥微友作用,建立新闻爆料微信群或提供投稿平台,让广大微友参与新闻报道,我们融媒体中心的"尤溪新闻""福建微尤溪"公众号以及抖音、快手都有开设的《微拍尤溪》专栏,就是专门播发微友的投稿。在各乡镇、县级机关、企事业单位组建通讯员队伍,发挥通讯员对各自单位的信息了解特长,及时汇总新闻信息到总编室安排采访报道。记者仍是新闻短视频采集的核心力量,媒体记者深入一线采集现场素材,他们新闻敏感性强、突破能力强、内容制作能力强,了解媒体内容定位和风格。

四、短视频传播规率

短视频平台虽然都有各自的传播规律,但是都大体相同。这里以抖音为例,抖音的算法是中心化的,会根据用户的喜好推送视频内容,让平台流量更加公平,这套算法是抖音必不可少的评判机制,对平台的所有用户都有效。在抖音你拍的任何一个视频,无论质量好还是质量坏,发布了之后一定会有播放量,从几十到上千都有可能。这个我们把它叫作流量池,抖音会根据算法给每一个作者分配一个流量池。之后,抖音根据你在这个流量池里的表现,决定是把你的作品推送给更多人,还是就此打住。那么如何获得更多的流量池呢?

首先是完播率。根据手机用户使用习惯,短视频最好是用竖屏模式拍摄,时长一般控制在7秒左右,保证完播率。音乐选近期热门音乐,让观众有停留下来看完视频的意愿,热门音乐可以上飞瓜数据找。以上是如何让视频有一个完播率,让平台来推荐你。

其次是评论率。要想有人留言评论,文案很重要,把你想好的文案写在视频的上方,令观众看到你的文案就想评论你的视频。评论得越多,平台就会智能分发越多的流量池给你。

再次,点赞率越高,抖音就会认为你的作品质量好,说明能在观众中唤起深深的共鸣,就会把你送上热门。比如2020年6月18日我中心发布的《县卫健局对闽中综合市场进行新冠病毒核酸采样检测》8秒短视频就上了热门,点赞20.1万,浏览量3599.9万。

也就是说,视频的完播率、互动率、点赞率高,这个短视频才有机会持续加持流量,然后作者保证视频更新频率、更新质量,尽量让自己的视频符合大众的胃口,自然就会得到官方的热门推荐了。

五、短视频直播带货

短视频的兴起,也催生了电商直播带货,据商务部数据显示,2020 年一季度,全国电商直播就超过 400 万场。直播带货不仅成为各地农副产品销售的重要渠道,也带动并形成新的消费方式。在这个背景下,各类企业纷纷试水直播带货,依托主播推介,加强与消费者互动,拓宽营销渠道、提升销售效率、强化产业链整合,为互联网经济打开了更广阔的发展空间。

尤溪县地理位置优越、物产丰富,盛产 180 种农副产品,是中国金柑之乡、竹子之乡、油茶之乡、绿竹之乡,是全国首批农产品质量安全县、全国现代农业示范区。疫情期间,县内农产品销售大受影响。尤溪县融媒体中心携手各乡镇及各企业、农户,从 2020 年 5 月 1 日起,推出了"尤品汇"主播带货网络直播节目。将融媒体中心的一间录音室改造为琳琅满目的货品间,主播化身"网红",向广大网友逐一推介尤溪本地特色农副产品,为当地农产品深情"打call"。截至 2020 年 6 月 23 日已直播 15 场,销售额达 120 多万元。

短视频在服务社会公益、助力社会治理、帮助乡村振兴、实现知识传播和文化传承上,具有突出的贡献。县级融媒体中心作为主流媒体,要借助短视频的传播力和影响力,当好当地党委政府的喉舌,更好地服务于经济社会发展。

新媒体冲击下县级广播如何发展

詹树超

摘要:2020新年之际,一场疫情改变了人们的生活方式,也使得传统媒体与新媒体两种传播方式的碰撞更加的激烈。在电视都已式微的大背景下,广播未来的道路更是充满了不确定。相较于新媒体的新颖、便捷、快速,传统广播面临着诸如节目形式单一、缺乏互动、内容前瞻性不够等问题,成为"弱势媒体"。在融媒体时代,这样的情况是致命的。我们应将新媒体与传统媒体加以融合,去芜存菁。在保留传统媒体自有优势的同时,将新媒体优秀的部分融入己身,对广播形式进行多样化改革,找到在融媒体时代下新的发展思路,体现时代感与感召力,创造出自身风格与特色,在融媒体中维护自身重要舆论传播途径的地位。

关键词:县级广播;融媒体;融合;改革

曾经,调频广播以快速的信息传递,占据着主流宣传媒体的位置,在老百姓的业余生活中起到了获取一手资讯、娱乐业余生活、学习新的知识等多个方面的重要作用。随着时代不断向前,电视机逐渐由稀缺开始走进千家万户。相对于电视的可视化,只靠声音传递信息的广播,无疑是处在劣势的一方,但是凭借着即时性以及声音的可延伸性,广播在主流媒体中依旧占有一席之地,以其校园主流宣传媒体的重要地位在大学生课余生活中的思想政治教育、获取前沿信息、形成丰富繁荣的校园文化等多方面发挥着独特而又重要的作用。然而随着新世纪的到来,移动互联的风暴席卷全球,新的媒体平台——手机这个便捷新媒体载体的空前发展,使得新一代的受众更倾向于使用方式更灵活多样化的新媒体来获取信息,传统媒体受到了前所未有的冲击。其中,电视虽然受到的冲击相对较小,但是劣势一眼可见。而广播则受到了史无前例的冲击,特别是部分县域广播,边缘化十分严重。但是,尽管面对种种困境,广播自身的优势依然十分突出。不论是新闻的及时性、与受众的互动性,还是声音的延展性等,都不是其他的媒体传播平台可以比拟的。因而在新媒体时代,面对思想比前辈更加独立、张扬的受众群体,传统广播更应该反思自身,如何努力寻找新媒体时代的融合发展新思路,并有效地实践改革,以新媒体的优势弥补广播这种传统媒体的劣势,让其再次绽放光芒,是我们每一个广播人都要去深思探索的。

一、广播系统的作用

不论过去还是现在,广播都是一个重要的新闻传播平台,肩负着传递正能量、发布新信息等重要的任务。同时还是政府开展宣传工作的重要舆论阵地,是对广大人民群众进行思想文化教育的有力平台,在传播积极向上的价值观、接轨国际社会资讯和繁荣人民群众文化生活上起到了不可或缺的重要作用。

虽然随着信息传播科技的发展,人民生活水平大幅度提高,广播受到大量新媒体的冲击,许多问题、弊病也日益凸显。但是,广播的收听强制性和传播广泛性的特点,使其在传媒中仍发挥着不可替代的作用,是众多媒体传播手段中不可或缺的。

1. 广播具有舆论引导作用

广播的方便性和及时性,使其成为提高群众思想政治教育水平的有力武器。政府可以通过广播正确引导舆论,提高群众思想觉悟,传播积极向上的价值观。广播同时具有可控性强、贴近群众生活的特点,这使得广播的内容易于被听众接受、吸收。正确引导舆论对于加强群众的人生观、世界观教育具有积极的作用,主流媒体需要担当起营造良好舆论氛围的重要责任。广播通过宣传党的基本理论、基本路线和基本纲领以及政府的重要决策,从而引导社会舆论的方向。

2. 广播具有营造地方文化氛围的作用

民俗和景点,是当地最为吸引外来人口的地方,不论是来务工还是来旅游,都需要有一个了解当地的窗口。同时,当地文化又是需要传承的,每一个地方文化都有其不一样的特点。现代人生活节奏快,没办法专门去探究这些祖辈留下的瑰宝,而广播可以承担起这样的责任。由于是当地媒体,各个县域广播可以很好地深耕本地文化,围绕其做出一系列有关本地风俗的节目。甚至可以和当地乡政府合作,根据当地传说来做一些儿童启蒙类的节目。而广播的伴随式的特点,在这里就可以凸显出来了,不需要强制关注,仅仅是这样的"耳濡目染"式的传播,在潜移默化中就可以将本地的文化通过电波来传承和发扬。

3. 广播具有传播信息的作用

广播的节目里，有大片的时间是属于直播形式，这样的形式就使得广播在大框架不出问题的情况下，对比电视来说，选择节目内容有很大的灵活性。可以将时下流行元素、最新鲜的实时资讯及时广播传播，适合快节奏的上班族快速掌握每天的资讯或引起共鸣。内容上，既可以通过报道国际国内的资讯新闻来增长见闻、增加谈资、接轨国际化；也可以播报本地发生的种种新鲜事来拉近本地市民生活距离、主持人与听众的距离。提供共同话题，形成良好氛围。同时，广播还给本地一些大小活动提供了很好的宣传平台。不论是对政府还是民间，广播都是一个必要的宣发媒体。

广播建设的很大意义就在于传递县内外信息，提供一个可以甄别真假事实的权威媒体平台，或者去帮助一些有困难的人群，解其燃眉之急；还可以通过舆论监督的手段，督促本地政府的一些职能部门，使其更加高效地运转，从而营造和谐安定的环境和氛围。而在新媒体大冲击的影响下，广播系统作用或多或少地在改变，如何利用新媒体改革广播旧媒体，从而反败为胜，值得我们思考。

二、广播现状分析

网络、移动终端的迅速发展，使得传统广播逐渐呈现边缘化倾向，人们更多地选择网络等更便捷、主动的信息获取平台。县域广播的新老问题一并凸显，陷入了尴尬境地。对广播现状全面到位的分析显得尤为重要。

1. 各地广播的硬件设备落后、老化，制约了发展

县级电台的设备大多都存在老化问题，这在各地都是普遍性的问题。室内设备如耳机、调音台等因其使用的频繁性，磨损较为严重。传统调频电台的技术应用的滞后性、电台无线电发射设备的滞后，也一定程度上制约了广播发展，使得收听广播的途径更加有限了。甚至，在对广播不重视的地方，在发射器坏了以后，大家连修理都不愿意。广播设备的改造、升级很大程度上都需要资金的支持，所以资金投入的不足是广播作为主流媒体作用弱化的原因之一。

2. 广播的节目内容、形式缺乏互动

广播的节目相较以前在内容多样化上有很大的进步，很多电台都放弃了以前单以播报为主的节目形式，上下午间节目从周一到周五根据内容分为了五个不同的栏目版块，有时政新闻，有财经新闻，有娱乐新闻、音乐、搞笑、脱口秀等等，同时在每天节目开始前也有了类似天气预报、本地要闻、市县资讯等。

但是对比新兴的各大自媒体、新媒体,节目内容要求更有前瞻性,视野更广阔,话题更有趣味性,同时还要贴近生活进行互动等等,这就十分考验主播的前期准备工作、现场应变能力、口播能力等综合能力。在节目形式上,目前主播大部分情况还是单纯播报稿件上的内容,少部分有能力的主播尝试了脱口秀的形式,即时对时事、音乐等谈谈自己的看法,而这对主播的临场应变能力、口头表达能力要求很高。还有一些专题节目可以采取采访或多人主持形式。总而言之,纵观众多县级电台,广播节目形式还是不够丰富,内容由一个或几个主播决定,缺乏一定的与听众的互动性,缺少吸引力。

三、新媒体时代县级广播的发展路径

在网络技术空前发展的新媒体时代,诸多优秀的网络社交平台越来越融入人们的日常生活,然而传统媒体不能因其冲击而走下坡路,应当思考如何借势而为,寻求合作共赢,对自身进行改革,获得发展。

新媒体冲击下广播旧媒体面对的巨大挑战已是必然,但事物都有两面性,我们还应当看到其中前所未有的机遇。新媒体可以为广播系统注入新的活力,大大提升广播的影响力,与时俱进。

1. 借助调频类媒体平台,增加收听途径,扩大收听范围。网络资源日趋丰富,调频 APP 有喜马拉雅 FM、蜻蜓 FM、荔枝 FM 等,县级广播可以借势搭建网络广播(直播)平台,建立网络节目库,不仅使本地人能收听节目,也使世界各地的人们都可以收听,这就打破了时空的限制,为校园广播提供了更为广阔的前景。这样,制约广播发展的信号问题就可以很好地解决了。而网络平台功能的多样化,也为广播的发展增添了新活力。以蜻蜓 FM 为例,在直播时,平台上在收听节目的听众可以即时给主播们留言,而且远方的亲朋好友也能在手机上听到自己家乡的节目和祝福留言。网络广播平台的搭建大大提升了听众的参与度,使广播系统更为完备、先进。

2. 利用网络社交平台,改变姿态吸引大众。微博、微信功能丰富,受众群大,几乎已成为人人必备的社交工具,县级广播如何使用好这些平台,以更加亲民化的姿态吸引大众互动,这是改革的关键。

(1)新浪微博

发布内容字数在 140 字以内,具有@好友、发布贴图、音乐、视频、微投票、微话题等主要功能,同时可开发第三方应用的数量正在不断增加。以目前主流的官方号为例,新浪微博账号是官方认证微博(即所谓蓝 V),微博主页为专业版微博,功能更加丰富,具有粉丝分析、宣传效果分析等数据分析功能,首页

宣传视频和图片展示了个性化包装功能,同时新媒体团队的努力使主页简洁、美观、具有现代化气息。据我观察的一个广播微博平台的内容有三个版块,分别是"节目预告":预告当天下午的节目名称、主播以及推荐曲目;"书院":推送台员自己创作的文章或推荐的美文;"今日歌单":推送当天节目完整的歌单及在线收听地址。我认为微博平台宣传的基本目的达到了,但还未完全发挥微博多样丰富的功能,比如可以发起微话题、微投票等了解听众们感兴趣的话题,提高听众对收听节目的期待;利用抽奖功能提升粉丝参与度等等。微博是一个信息量巨大的平台,影响力不可小觑,如何更好地运用它是值得我们不断探究实践的。

(2)微信公众平台

微信是目前非常热的一个即时通信类网络平台,从 2011 年 1 月 21 日起至今已经发展了 9 年的时间,语音特色是微信的亮点,也是我们应用的主要所在。微信公众平台是腾讯公司在微信的基础上增加的功能模块,通过这一平台,个人和企业都可以打造一个微信的公众号,可以群发文字、图片、语音、视频、图文消息五个类别的内容。微信公众平台是一个自媒体平台,它是微信系统的重要组成部分,微信包含个人微信、二维码、公众平台。认证后,微信公众号可以每天发送及时的节目预告信息,并且微信公众平台可以实现一对多传播。信息内容涵盖节目预告、节目互动、最新消息等等。同时,微信公众平台可以打造自己的媒体集阵,可以划分视频直播、广播直播等等原本十分复杂的功能,减少听众收听节目困难度,使听众更愿意打开手机听广播。以安吉台为例:疫情期间开启疫情特别节目,采取长时间播出,全天候滚动口播疫情最新情况,邀请专家做客直播间,直击抗击疫情的一线人员等等,将很多原本不是广播目标群体的人都锁定在了手机前面。这是新媒体所做不到的。

总而言之,进一步借势新媒体对自身进行改革调整,实现合作共赢,是2020新媒体冲击下县级广播应对的新思路。新媒体的冲击要求县级广播形式更多样化,内容更有趣而具有前瞻性,而县级广播的改革又需要借助新媒体优势,两者相辅相成。在未来,这些网络新媒体将更加大展拳脚,县级广播更应该不遗余力地探索如何把握机遇、迎接挑战、勇攀新的高峰。

五、尤溪县融媒体中心建设（管理、内容、人才队伍、技术平台和体制机制）

福建尤溪："四创四融"闯出县级媒体融合发展新路

张　敏

近年来,尤溪县融媒体中心克服县级台资金不足、技术落后、人才短缺的困惑、困境,积极贯彻落实习近平总书记关于推动媒体融合发展、做大做强主流舆论的重要论述精神,大胆改革,勇于创新,打好"机制创活、技术创新、内容创优、产业创效"的"四创四融"组合拳,扎实有效地推进了县域媒体融合改革发展,闯出了一条县级媒体融合改革发展的新路,被中宣部国家广电总局选为全国广播电视媒体融合典型案例。

尤溪县融媒体中心于 2018 年 9 月 21 日正式挂牌成立,下设新闻中心、节目中心、新媒体中心、一个传媒公司(福建省朱子文化传媒有限公司)和 10 个部室;现有员工 80 人;汇集 1 个指挥中心平台、2 个高标清电视频道(新闻综合频道、城市生活频道)、广播电台(FM106.6)、尤溪新闻网及多个新媒体平台("福建微尤溪"微信公众号、"尤溪头条"微信公众号、"智慧尤溪"APP 以及头条号、企鹅号、抖音号等),并入驻央视新闻移动网、央视频、人民网人民号、新华社现场云、海博 TV 等平台。

一、机制创活,转变理念保障"融"

坚持高位推动,精准扶持,全县合力在政策、资金、人才等方面对中心建设开足"绿灯",推动媒体融合改革发展。融媒体是传统媒体和新媒体的融合,融合的关键在于传统媒体,要树立全媒意识,强化互联网思维,在理念上从"电视上稿至上"转变为"移动优先"。

一是聚合政策资源。尤溪县委、县政府制订《关于推进尤溪县融媒体中心建设的实施意见》,将融媒体中心列为县委直属正科级事业单位,并给予充分的人才管理和经营自主权,明确该中心优先参与全县的智慧政务、智慧城市等建设,为融媒体中心的可持续发展注入活力、动力。

二是聚合媒体资源。将原尤溪县委报道组、县广播电视台、尤溪新闻网等县内媒体平台合而为一,将县域公共媒体和国有广告资源统一划拨给中心管理经营。按照全媒体传播体系要求,尤溪县财政投入 6000 多万元,建设全媒体采编中心、演播中心、运营中心,建成集传统媒体、新兴媒体、社会宣传资源"多端一体"的全媒体矩阵。

三是聚合人才资源。对所需重点引进人才实施奖励补贴,出台《尤溪县融媒体中心绩效考核奖励办法》,打破身份、职位、职称限制,实行"同岗同责、同工同酬、优劳优酬、灵活轮岗"制度,实行小团队运作、扁平化管理,增强一线采编人员工作积极性、主动性、创造性。尤溪县融媒体中心实行小团队模式,由编导人员作为负责人,建立小团队,树立每个编导就是一个招牌的队伍形象。通过建立学习小组、骨干授课、聘请专家、外出培训、网络学习、点评学习这"6种学习法",建立长效的学习机制,打造"全媒型"队伍,并且每年设立 20 万元的奖励金,重奖全媒型人才。

四是聚合优势资源。传统广播电视媒体在信源、采集、制作等方面有着许多的天然优势,更应该积极主动融合,利用新媒体平台,将内容的引导力、传播力、影响力成倍扩大,让媒体最大化发挥作用。为此,尤溪县融媒体中心从上到下全员参与融媒体学习,积极转变思维和理念,打通传统媒体与新媒体平台,实现了新闻报道全媒体联动常态化、移动先发常态化。

二、技术创新,打造平台支撑"融"

坚持技术创因,通过流程优化、平台再造,实现各种媒介资源、生产要素之间有效整合。加大对大数据、云计算、人工智能、5G 等技术的应用力度,加强融媒体采制和产品分发集成平台建设,让技术真正为新闻报道、平台分发、用户互动、政府联动提供智能化服务,提升数据处理和人机协作能力。

一是融合技术平台。与第三方机构共同研发融媒体中心指挥平台,实现采访任务、内容发布统一管理和运作,在全国县级中心率先运用 4K 技术制作、AR 技术、云服务。利用微聚合技术,集成旗下微信、微博、企鹅号、头条号、抖音号、短视频、电视直播、节目点播、手机电台等媒体资源,实现用户"一个平台、一键浏览"。

二是再造生产流程。由指挥平台统一布置产品"菜单"和调配资源,建立资源数据库,存放一线记者采编的信息、图片、视频等"原材料",由各个编辑岗位按照媒体特点、受众群体不同,自行分别选择"原材料"进行再打磨和深加工,制作适合不同受众"口味"的作品,形成"一体策划、线索汇聚、一次采集、多元生成、多端发布"的全新采编播发体系。目前,尤溪县融媒体中心通过自主研发设计，上线了新闻移动采编系统"快讯"，实现所有通讯员在"智慧尤溪"APP上快速、方便的"云发布"。

三是融通传播渠道。与福建省广播影视集团签订战略合作协议，并与湘、鄂、赣三省县级手机台达成直播联盟协议，四省共同传播优秀融媒体产品，以"借船出海"方式共同开展产品传播，共同缔造"爆款"融媒体产品。将传统广电媒体单一的传播形态和节目形式，变为新媒体"多屏、移动、社交"的融合方式和多样态融合产品。

四是聚合社会资源。将各类市民日常生活所需的社会资源进行聚合，为市民提供综合的生活服务。例如，"智慧尤溪"APP还不断拓展社会服务功能，上线了智慧食堂、扫码支付、公交来了、预约挂号以及求职招聘、房屋出租、二手交易、教育培训等便民服务，社保卡挂失、养老保险、住房公积金查询等公共服务，近40个应用为市民提供随时、随地、高效、便捷的服务。

三、内容创优，讲好故事服务"融"

立足本土资源，创作亲民、为民的好节目好作品，积极向公共服务拓展，让群众在一个客户端即可享受全方面服务。融媒体建设核心问题就是"内容产品"，这些"内容产品"要适合电台、电视台、报纸、网站以及"两微一端"等不同媒体平台发布，形成传播合力。

一是做好新闻报道。所有媒体都是党和人民的喉舌，必须牢牢把握正确的舆论导向，必须始终坚持围绕中心、服务大局，唱响主旋律，打好舆论仗。对于县级融媒体来说，新闻是其原创的主打产品，也是其在当地具有核心竞争力的信息产品。现阶段，推进融媒体建设，应集中力量把"新闻采编播"作为融媒体建设的突破口，通过融媒体运作实现与新媒体的优势互补，提升传播力和舆论引导能力。尤溪县融媒体中心通过"一体策划，多元生成"一批脱贫攻坚、全面建成小康社会、建党100周年等重大主题的融媒体作品，进行全媒体、全覆盖发布，将党的声音传入千家万户，取得了良好的传播效果。

二是做特电视栏目。聚焦习近平新时代中国特色社会主义思想，结合地方实际，推出《爱学习》《党员说》《说古道今话尤溪》等10多档接地气的原创节目；紧扣民生、把准热点，在《尤溪新闻》中开设"今日话题""记者体验"等带有尤溪泥土气息和人性温度的专栏，真实反映民情、民意；以创新移动新闻产品为重点，大量采用短视频、H5、动漫等形式，使新闻作品更潮、更靓、更有穿透力。

三是做精影视作品。加大融媒产品创意研发，组织创作各类宣传片、专题片、微电影、音乐电视、电视散文、微纪录片等作品。纪录片《遇见桂峰》《守摊人》等60多部作品荣获全国各类影视作品评选大奖。尤溪县融媒体中心先后获评中国市县电视台影视研发基地、福建省市县电视台融合发展实训基地等9个研发或生产实训基地。目前，尤溪县融媒体中心已策划推出新闻专栏《小康来敲门》、电视栏目《振兴之路》、微纪录片《我的脱贫故事》等一系列作品。

四是做优服务平台。推广"智慧尤溪"手机客户端，开通掌上政务、预约挂号、求职就业、智慧旅游、文明实践、尤溪特产铺、智慧食堂等10多项服务功能，与"主播带货"等活动结合运营；利用新媒体平台推出"公益助农直播"等活动，为农民滞销的西瓜、柚子、百香果、蜂蜜、家禽等农产品进行代言、"带货"，不断汇聚各界爱心，传递温暖力量；设置建言献策、随手拍、公益求助、民生速递等网民意见收集、互动版块，打造"指尖上的行政服务中心"。

四、产业创效，多元创收反哺"融"

运用"融媒体＋产业"运营模式，不断整合优质的资源，拓展传媒业态，开拓多种产业，实现多元发展，增强中心自我"造血"功能。

一是创新运营模式。将新闻采编和经营拓展"两分开"，由县财政出资5000万元，注册成立福建省朱子文化传媒有限公司，将原广播电视台经营性业务转由公司运营，台聘人员转为国企聘用人员。引入现代企业管理制度，除媒体广告、联办栏目、承办活动等传统经营方式外，还承接尤溪县内各乡镇、行政事业单位的政务、活动宣传项目，全面拓展经营范围。

二是突破地域限制。与中国市县广播电视台"长城协作联盟"合作，打造"互联网＋广电＋旅游"的"游视界"平台，推动尤溪县融媒体中心出县跨省承接业务，承接上海、浙江等20多个省100多个宣传片、纪录片、微电影的拍摄制作业务。

三是变革电商平台。在传统电商的基础上创新求变，努力打造商家更加集中、销路更加广泛、页面更加美观、操作更加便捷、资金更加安全的新时代电商平台。尤溪县融媒体中心着力打造多渠道综合类电商平台——尤品汇。以展示、推介、销售尤溪本土特色产品为核心，助推尤溪文化、旅游、电商等产业的发展，同时，还引入全国各地的特色产品，打造网红商品集散地。

四是延伸产业链条。通过与中国传媒大学培训学院合作，承接全国范围的融媒体培训业务，与尤溪县电影公司合办3D电影院，与多个地产公司合作经营地产销售，经营县域国有投资或新增广告等各种产业，实现多产业发展、多渠道增收。

为了实现"更好引导群众、服务群众"的目标，尤溪县融媒体中心从运行机制、内容生产、技术创新、产业扩展等方面入手，调动报刊、电视、广播、网站、微博、微信、APP 等全媒体有机配合，密切联动，高效互动，让融媒体的新闻融得更深，服务融得更实。

县级融媒体建设如何避开误区、抢占高地？

王海清

摘要：在信息大爆炸的时代，互联网传播不限空间、时间的特质被发挥得越来越淋漓尽致，也因此，县级融媒体的建设面临更多的挑战、更多的机遇。面对时代巨变，作为"基层声音"的县级融媒体，其在建设过程中难免走入误区、踩到雷区。笔者结合自身工作的实践，就县级融媒体中心建设如何避开误区、抢占高地展开探讨。

关键词：县级融媒体；新媒体；融媒体；舆论宣传；全媒人才

一、县级融媒体建设的几大误区

在 2018 年 8 月召开的全国宣传思想工作会议上，习近平总书记明确提出，要扎实抓好县级融媒体中心建设，更好引导群众、服务群众。这为县级融媒体中心的建设指明了方向，也明确了目标。当年 9 月，中宣部在浙江省长兴县召开县级融媒体中心建设现场推进会，明确要求县级融媒体中心建设 2020 年底基本实现在全国的全覆盖。两年来，县级融媒体中心建设在全国各地有条不紊地推进，也取得了令人瞩目的成效，可以说是遍地开花，各有千秋。不过，值得思考的是，在以县级报刊、广播电视等传统媒体为主体的融合进程中，在观念、机构、人才、内容、技术、渠道等方面往往容易走入误区、踩到雷区。

（一）误区一：新媒体就是融媒体

什么是融媒体？学界还没有准确的定义。但是认为融媒体就是新媒体的工作，这是一种误区。媒体融合发展的目的之一是新闻资源的最优配置，在舆论传播还是媒介运营中要形成"1＋1＞2"的效应。但是，目前不少地方所谓的"融媒体"主要是依靠行政力量建成，只是不同部门、机构的合署办公，在传统媒体的基础上加一个"新媒体"部门，一切融合工作交给新媒体部门就万事大吉了。传统媒体和新媒体两张皮，传统广播电视媒体为了融合而融合，形式大于内容，电视依然是那个电视，报刊还是那个报刊，新媒体就是那个新媒体，互不相关,各自为战。这种融合形成一种"1+1=2"的物理堆砌,难以产生"1+1>2"的化学效应,甚至还有可能造成"1+1<2"的相互掣肘,影响各个机构原本的正常运转。依靠指令发生的融通合作行为,消极被动,效率低下,各机构之间的积极性也得不到发挥,难以形成"你中有我、我中有你、我就是你、你就是我"的深度融合。

(二)误区二:小编包揽就是融媒体

人才是媒体融合的关键。来源于"新媒体就是融媒体"这样的"雷区",很多县级融媒体认为新媒体小编包揽融的工作即可,这是大大的误区。县级融媒体中心建设对人才队伍的要求不断提高,但很多媒体还依然采用旧的体制和机制,缺乏有效的人才选拔和考核机制,没有将传统媒体记者的优势转化为新媒体编辑的优势,导致传统媒体记者众多,新媒体人才严重不足,难以满足媒体融合的需求。记者还是那个记者,摄像还是那个摄像,只有小编必须是"万能"的。人才的严重不足,逼迫新媒体小编通过自学,几近"全能",要能采会写、能编会剪、上能策划、下能P图,简直逆天了。举个例子,拍一条同样的新闻,报刊、电视、新媒体各去一路人马,汇聚一地,电视3人做了一条新闻,报刊1人写了1条报道,新媒体1人做了4个产品(2条微信文章、1个动图、1个短视频)。

(三)误区三:多端发布就是融媒体

人才的问题直接带来了内容生产问题,认为在多端发布就是融媒体,这也是一大误区。融媒体对内容生产的要求是"线索汇聚、一体策划、一次采集、多元生成、多端发布",众所周知,这指的是通过统一的策划部署,即便是同一个内容、同一个主题,在不同媒介端也必须生成不同形式的内容产品,但目前多数融媒体做到的只是同一个内容在电视、网站、微信、微博、APP等不同媒介端的相同发布,产品同质化严重,不能结合各平台的特点创作出更符合平台传播特点和规律的不同作品。例如,不少县级电视台总是把《××新闻》的视频作为微信公众号的头条进行每日发布,或者是把当天的新闻内容一条一条地"复制粘贴"进行发布。这种"多端发布"将耗费人力物力资源生产的内容做到了"一次生成,多端发布",但"1+N"融媒体跨屏交互的传播还不够深入,还没有真正实现所有内容产品的"一体策划"和"多元生成"。

(四)误区四:建个大屏就是融媒体

不少县级融媒体的普遍现象就是,要有一个"大屏",还要有一个面积很大的"中央办公区"。对于处在最基层的主流媒体而言,不论是内部还是外部,在技术布局上依然是很薄弱，存在技术人员、技术资金及技术创新观念等方面的弱势，一些低层次的技术问题以及产品性能不稳定，打不开、用不了等低级问题时常出现。就拿建设县级融媒体中心来说，大多数的还只能依靠第三方技术公司，以此来购买"大屏"，设计"中央办公区"，在技术上完全依靠他人，完全是"拿来主义"。甚至融媒体中心建立起来了，连自己都搞不清楚什么是融媒体、融媒体如何运转、如何使用、未来如何发展。技术上的弱点，也往往造成"花架子"融媒体中心，只能看，不能用，花费了财政大量的资金，却没有起到作用，造成资金、人力、物力的浪费。

融媒体指挥大屏原本应是融媒体高度智能化、自动化、数据化的体现，为采编队伍服务，为融媒体工作服务。不少融媒体指挥大屏却只满足参观和展示的需要，而没有建立实用的融媒体采制、产品分发、数据集成平台。例如，不少县级电视台斥"巨资"建设了指挥大屏，并将人员全部集中在大屏前办公，却从不会抬头看一眼大屏。曝光、微拍、民生速递等涉及百姓诉求的信息发布后，有关部门进行处理和反馈不足，没有一个本地化的平台可以综合处理和汇聚这些信息数据，这有赖于数据中心、智慧城市的建设。

二、如何破解难题？

县级融媒体中心建设将打通媒体融合的"最后一公里"、连接群众的"最后一公里"、基层治理的"最后一公里"，更好地满足人民群众的信息需求，扩大主流价值的影响力版图，让党的声音传得更开、传得更广、传得更深入。打铁还需自身硬，县级融媒中心要发挥好上述作用，练好内功才是王道。

（一）思想观念必须转变

融媒体建设事关大局，是传统媒体和新媒体的大融合，不只是新媒体或者某一个部门的事，这个观念必须转变。换言之，融合的关键在于传统媒体要强化互联网思维，树立全媒意识，理念上从"电视上稿至上"转变为"移动优先""先网后台"，掌握移动传播规律，生产更多用户喜闻乐见的媒体融合产品。

要充分发挥"党管媒体"的根本原则，充分释放主流媒体的政治优势，让懂媒体、懂宣传、懂业务的人来管媒体，在官方的新闻信息来源、稳定的新闻通讯队伍、特定的新闻资质和独家的采访权限等方面发挥优势。传统广播电视媒体在信源、采集、制作等方面有着许多天然的优势，内容生产应是强项，更应该积极主动融合，利用新媒体平台，将内容的引导力、传播力、影响力成倍扩大。为此，尤溪县融媒中心积极探索，下设新媒体中心负责 14 个新媒体平台的日常编发和管理工作,包括2个微信公众号(福建微尤溪、尤溪头条)、1个新闻网站(尤溪新闻网)、1个客户端("智慧尤溪"APP)、1个微博(尤溪县融媒体中心)、3个短视频平台(抖音、快手、微视)、4个自媒体号(企鹅号、头条号、人民号、百家号)、1个便民服务平台以及央视新闻+、央视频等,实现了新闻报道全媒联动常态化、移动优发、先网后台的常态化。

(二)培养全媒型人才

在媒体融合的大背景下,县级媒体需要培养能写会编、能拍会剪的全媒型人才,适应广播、电视、微信、微博、APP等平台的不同需要,可以说对人才的要求更高、更全面。融媒体采编流程的核心是"一次采集、多元生成",要实现多元生成,就必须要练好内功,培养"一专多能"的复合型的人才。这并不是说要求策划、采访、拍摄、写稿、编辑、制作全都一个人做,而是人才队伍要适应融媒体发展的需要,通过有统一策划、步调一致的"一次采集",达到电视、报刊、新媒体等不同媒介不同产品的"多元生成"。要求人员既是精通一门专业的"行家里手",又掌握"十八般武艺",做"全能手";既有"笔尖"之功,也有"指尖"之力。例如,尤溪县融媒体中心使用建立学习小组、骨干授课、聘请专家、外出培训、网络学习、点评学习这"6种学习法",打造"全媒型"队伍;每年设立20万元的奖励金,重奖全媒型人才;同时用作品说话,出台了原创短视频奖励办法,对新媒体平台的原创短视频作品按照点击量的高低进行相应奖励,不分部门和对象,所有员工皆可参与。

另外,在人才选拔上,必须要打破人才的身份界限,实行竞争上岗,任人唯优,对表现特别优异的员工,破格提升,表现不佳的,则适时调岗让位,形成"有进有出 能上能下"的良性循环,并实行自主轮岗、换岗制度。

(三)以新闻为内容突破口

媒体融合,不论是省市县哪一级,并不是简单的机构整合或合署办公,首先应该是各类新闻资源的融合。因为只有新闻资源实现了融合,才能够为舆论传播、媒介运营、应用功能等的融合提供基础。县级广播电视媒体开展媒体融合,应探索适合本地实际和本部门特色的组织体系,无论是把新媒体单独设置部门,还是融入新闻编辑部门,都应做到能与传统媒体采访、编辑有机结合,拥有广泛的新闻源和线索资源。

媒体无论怎么融合,内容永远是"王"。融媒体建设核心问题就是"内容产品",这些"内容产品"要适合电台、电视台、报纸、网站以及"两微一端"等不同媒体平台发布。对于县级融媒体来说,新闻是其原创的主打产品,也是其在当

117

地具有核心竞争力的信息产品。现阶段,推进融媒体建设,应集中力量把"新闻采编播"作为融媒体建设的突破口,通过融媒体运作实现与新媒体的优势互补,提升传播力和舆论引导能力。在此基础上,尤溪县融媒体中心"一体策划、多元生成"一批脱贫攻坚、全面建成小康社会、项目竞赛、扫黑除恶等重大主题的融媒体作品。目前,尤溪县融媒体中心已策划推出新闻专栏《小康来敲门》、电视栏目《振兴之路》、微纪录片《我的脱贫故事》等一系列作品,同时,新媒体团队聚智聚力、精心策划社会民生类栏目《微拍尤溪》、乡村风貌展示类栏目《乡村振兴看我村》、交通违法曝光类栏目《尤溪警"曝"》等,并推出了"公益助农直播"等活动,为农民滞销的西瓜、柚子、百香果、蜂蜜、家禽等农产品进行代言、"带货",不断汇聚各界爱心,传递温暖力量。

(四)让技术为人服务

据有关专家和公司报告,5G 的网络传播速度可以达到 1Gb 每秒,远远超过 4G 一百多倍;在 4G 时代要下载一部 1G 的电影至少需要十几分钟,而到了 5G 时代要下载一部电影只需要短短的一秒钟。从 1G 到 5G 是互联网技术的发展,也是传播媒介的发展。随着 5G 时代的滚滚而来,主流媒体应主动加强技术力量,结合自身发展规划,注入技术改革活力。注重优化生产流程,加强数据新闻生产、用户数据库建设,提高内容制作和信息处理的能力,为内容生产提供有效支撑。注重产品端的研发,通过大数据技术,更敏锐地把握用户需求,不断提高内容与受众的匹配性。

以县级融媒体中心为依托,把电子政务服务、便民生活服务、智慧城市特色服务等延伸到基层,服务群众,有助于县级媒体转型发展,不断巩固壮大主流思想舆论。县级融媒体中心建设加强对大数据、云计算、人工智能、5G 等技术的应用,首先要加强融媒体采制和产品分发集成平台建设,让技术真正为新闻报道、平台分发、用户互动、政府联动提供智能化服务,提升数据处理和人机协作能力。例如,尤溪县融媒体中心通过自主研发设计上线的新闻移动采编系统"快讯",实现所有通讯员在"智慧尤溪"APP 上的"云发布"。同时,还应该着重聚合各种社会资源,为市民提供综合服务。尤溪县融媒体中心旗下的"智慧尤溪"APP 不断进行技术革新,拓展社会服务功能,上线了智慧食堂、扫码支付、公交来了、预约挂号以及求职招聘、房屋出租、二手交易、教育培训等便民服务、社保卡挂失、养老保险、住房公积金查询等公共服务,近 40 个应用为市民提供随时随地高效便捷的服务。

县级融媒体中心建设的目标是联系群众、服务人民,为了实现"更好引导群众、服务群众",需将媒体服务、政务服务、民生服务融为一体,向基层群众提供用得上、用得起、用得好的服务。某种意义上说，县级融媒体中心作为综合服务平台，它应该从单一的新闻传播功能逐步拓展到综合服务功能，发挥融媒体平台服务百姓的桥梁作用，调动电视、广播、网站、微博、微信、APP 等全媒体有机配合，密切联动，高效互动，有效聚合和运营在各地的政务服务、公共服务和便民服务资源。如此，县级融媒体中心传播能力大大增强，最终形成广播、电视、报纸、新媒体一体化，用户交互体验优化，各类媒介同频共振的融媒体传播格局，进一步扩大主流媒体宣传能量，抢占舆论新高地，切实提升县级媒体的传播力、引导力、影响力、公信力。

尤溪县融媒体中心运营管理：人才队伍建设以及体制机制运行

史　宇

摘要： 在提升基层媒体传播力的过程之中，许多县级地区开始积极加强对融媒体中心的人才队伍建设工作，以提升基层媒体工作质量及水准为依据，实现对群众的有效引导，充分体现为群众服务的工作理念及工作要求。对于尤溪县来说，在融媒体中心运营管理的过程之中，人才队伍扮演着重要的角色。尤溪县开始着眼于目前融媒体中心的运营现状，不断加大对人才队伍建设工作的投入及支持力度，促进整个机制体制的稳定运行，充分彰显融媒体中心的运营价值及作用，为推动区域信息的有效传播、促进区域的稳定建设及发展提供更多的借鉴及依据。

关键词： 融媒体中心；运营管理；队伍建设；机制体制

一、引　言

在信息时代之下，许多地区着眼于时代发展趋势，加大对融媒体中心的建设。融媒体中心直接影响着媒体转型改革与创新等深层次问题，为了实现区域经济的稳定发展，县级区域需要将政治经济文化结合，加大对融媒体中心的管理力度，坚持该中心的利益管理要求，在调整发展战略目标及发展方略的过程之中组建一支适应融媒体发展的权威人才团队。但是，从目前来看，有的县级区域在推动融媒体中心运营管理工作创新的过程中，出现了许多方向上的偏差，无法抓住人才队伍和建设以及机制体制运行的中心要求，最终导致工作质量和工作效率不容乐观。对于尤溪县来说，在推动融媒体中心运营管理工作改革的过程中，开始意识到了人才队伍建设工作以及机制体制运行工作的重要价值，主动调整自身的发展战略目标及方略，结合人才队伍建设工作的现实条件，在简要分析和深入探讨的过程之中促进整个机制体制的稳定运行。

120

二、尤溪县融媒体中心运营管理中人才队伍建设以及机制体制运行所面临的问题

（一）缺乏管理人才

在媒介融合的背景之下，新闻管理工作人员所面临的工作环境及工作要求产生了较大变化，工作人员必须要注重新闻业务知识的学习及技能提升，保障自身的工作能力和经验能够适合融媒体发展的相关要求，掌握专业管理技巧，实现自身的稳定建设及发展。其中融媒体领域的行家较少，有的县级媒体中心还没有构建完善的新闻业务管理机制，尽管一直以来尤溪县十分注重新闻管理及传播建设工作，但是这一工作还未适应融媒体的发展要求。目前的新闻管理队伍中，由于一直从事传统媒体新闻业务管理工作人员的知识结构比较老化，同时出现了年龄断层的问题，难以很好地促进融媒体业务的进一步调整及改革。

在信息时代背景下，融媒体产品的专业化水平和程度越来越高，各种新兴媒体也如雨后春笋般应运而生。传统媒体管理队伍的管理思想和管理理念落后于时代，不符合新媒体时代的发展要求，因此需要结合目前的发展现状及发展规律进行有效的转型及改革。对于电视台等传统媒体的管理工作人员来说，自身的工作方式以及工作经验难以适应融媒体建设发展的核心需要，尤溪县需要关注融媒体中心的建设，以培养复合型人才为重点及目标，加强对这一类人才的管理及引进。

（二）缺乏技术人才

学者在对县级融媒体中心建设工作进行分析时明确提出，这一工作实质上是技术转型，技术工作人员需要积极整合不同的技术手段，促进报纸、两微一端、网站以及广播电视等媒体资源的优化利用及配置，确保媒体数据的互联互通。融媒体中央厨房以及采编发系统等平台的建设离不开信息技术，信息技术对推动融媒体的发展作出了巨大贡献，其中信息驱动已经开始倒逼融媒体采编队伍的进一步融合，运行机制的完善备受关注，比如中央广播电视总台开始启用机器人记者参与两会报道，另外人民日报社也构建了中央厨房指挥平台，这些都以现代信息技术为强有力的支撑。但是，对于尤溪县来说，在加强融媒体中心运营管理工作的过程之中，缺乏对应的技术人才，难以真正促进网络直播以及其他现代传播方式的有效落实。目前，尤溪县融媒体中心运营管理工作只能够停留于办好广播、电视台、报纸以及新闻网站等基本业务，融

媒体技术转型工作备受阻碍，缺乏优秀的技术人才，现有的技术力量只能够维持基本业务，无法实现融媒体技术工作的深层次发展。

（三）缺乏全媒记者队伍

目前，媒体融合的趋势越来越明显，并且朝着多元化的方向发展，不同媒体实现了紧密的融合，全媒体记者这一概念备受关注。这一类型的记者的工作能力较强，对基本业务非常熟悉，具备突破传统媒体界限的思维与能力，能够有效适应媒体岗位的互动及交流要求。但是对于尤溪县来说，在加强融媒体中心管理工作的过程中，缺乏全媒记者队伍，难以更好地实现这一工作的有效改革及创新，工作质量和工作效率与前期的工作目标存在较为明显的差距。

三、尤溪县融媒体中心运营管理中人才队伍建设以及机制体制运行的策略

针对上文中所提出的各类不足以及现存问题，尤溪县融媒体中心需要重新调整运营管理思路及方向，加强中心人才队伍的建设，确保整个机制体制的稳定运行。与其他管理工作相比，融媒体中心运营管理工作的内容及形式更为复杂，是一个实践性和综合性较强的工作。人才队伍建设工作以及机制体制的运行工作最为关键，技术工作人员及新闻从业者必须要着眼于融媒体中心运营管理工作的核心要求，在不断学习及提升的过程之中提升自身的综合能力，掌握融媒体中心的管理要求及运营策略，进而实现对症下药。

（一）加强本地人才的培养

对于尤溪县融媒体中心运营管理工作来说，人才队伍建设工作最为关键，其中培养好、使用好本地人才是核心。只有加强对这一工作的投入力度，才能够更好地体现该工作的针对性和有效性。有的地区开始引进外地高级人才，所取得的效果较为明显，但是投入的成本较高。相比之下，本地人才的使用及培养既能够确保这一工作的可持续性，还能够实现成本的高效控制，性价比较高，外加上本地专业人才对自己的家乡生活非常的熟悉，能够了解本地区的风土人情，留在本地的意愿较强，因此在留住人才、培养人才的过程中也非常的方便。融媒体中心需要着眼于信息时代背景下运营管理工作的核心要求，制订科学合理的人才培养方略，关注本土人才的培养，给予其更多锻炼自我的机会，从整体上提升本土人才的综合能力和素养，让人才队伍本土化比例不断提升。

（二）创新人才引进方式

人才引进方式比较丰富及多元，不同方式取得的效果存在差异，在融媒体时代背景之下，媒体转型工作备受关注，其中创新人才引进能够有效促进媒体转型。尤溪县融媒体中心需要着眼于自身对专业人才的实质需求，加强与人事部门以及组织部门之间的联系和沟通，共同研讨制订人才引进方案。其中新媒体采编工作、技术工作以及经营管理工作复杂，管理工作人员需要加大对这三大工作环节的投入及支持力度，在不断调整及优化升级的过程中促进管理资源的合理配置。为了真正留住人才，促进当地人才资源的合理配置，管理层还需要给予高端人才相应的特殊政策及补贴，其中住房补贴和解决编制问题最为常见。管理层可以设置具有一定吸引力的岗位以及福利制度，让更多优秀的人才能够参与融媒体中心运营管理工作，为这一工作的稳定落实及改革作出自身相应的贡献，只有这样才能够更好地体现人才队伍建设工作以及机制体制运行工作的核心要求，促进人力资源的合理配置。

（三）制定人才激励机制

融媒体中心运营管理工作离不开工作人员的努力，工作人员的工作积极性以及工作经验会直接影响最终的工作效率以及新闻信息的传播质量。管理层需要制定良好的人才激励管理机制，调动人才队伍的工作积极性，保障其能够主动留在单位，贡献出个人的作用和力量，进一步提升媒体的影响力，确保融媒体中心的稳定健康发展。尤溪县融媒体中心的激励机制比较复杂，管理层可以以同岗同酬、按岗定薪以及量化考核、多劳多得为依据，积极丰富分配模式以及管理策略，关注对员工的引导以及教育，保障员工能够主动意识到自身工作的重要价值。

其中传统的档案工资制度已经落后于时代，同时存在许多突出的问题，管理层需要将绩效薪酬取代档案公司，明确工作绩效的考核标准及要求，注重正向激励，给予突出贡献人才更多的政策扶持。在完善职称激励机制时，尤溪县融媒体中心管理运营队伍还需要积极借鉴医院以及学校等事业单位的管理工作要求，给予优秀人才更多向上晋升的机会，提升这些人才的实际收入。另外，在人员身份上也需要积极打破编制的限制，促进身份管理向岗位管理的有效过渡，积极体现人才结构的优化升级要求，坚持实事求是的工作原则，促进不同部门和不同工作岗位之间的稳定联系及互动。

（四）培育传媒型人才队伍

人才队伍建设工作以及机制体制运行工作都非常复杂，直接影响着融媒体中心运营管理工作的质量及效率。在媒体融合的大背景之下,媒体从业人员不再是传统意义上的采编人员,而是具有多种功能及多种性能的全能性人才,其中全面性人才队伍的建设最为关键。尤溪县融媒体中心在落实各项管理工作以及运营工作的过程之中必须要关注权威性人才队伍的培育,注重人才培养观念的有效转变,促进采编人员的多元化发展,保障其能够在掌握某一领域采编专长的同时,也非常熟悉其他的采编方式以及技巧,深入了解媒体的运作规范以及流程,从整体上提升个人的工作能力。另外,管理层还需要注重合理分工及合作,处理好两者之间的相关性,加强不同团队之间的对接,只有这样才能够提升整个人才队伍的凝聚力和向心力,保障专业人才的通力合作,共同创作出更具有一定影响力以及社会引导力的作品。

四、结　语

尤溪县融媒体中心运营管理人才的管理能力及管理水平非常重要,管理层需要以人才队伍建设工作为重点,结合机制体制的运行要求,在不断调整的过程中促进管理机制的进一步优化升级,充分彰显融媒体中心运营管理工作的优势及价值,确保新闻传播的质量和效率。

加强基层主流媒体建设的"尤溪模式"

张　敏

摘要：为贯彻落实习近平总书记在全国宣传思想工作会议上的重要讲话精神和中央、省、市关于推进媒体融合发展的决策部署，尤溪县广播电视台在多年探索传统媒体和新兴媒体融合发展路径的基础上，积极推进县级融媒体中心建设，开创了基层主流媒体建设的"尤溪模式"。县级广电媒体融合发展的"尤溪模式"其实很简单，那就是立足实际，练好内功，做好自己的主业和专业。最关键的就是做好"内容生产"的融合，实现"更好地引导群众"。一方面在技术上联合研发、自主攻关，另一方面在人才上培养全能型专业采编队伍。在做好"内容生产"融合的基础上，力争做好"服务功能"的融合，比如政务服务、便民服务，实现"更好地服务群众"。

关键词：县级融媒体中心；基层主流媒体；媒体融合

一、尤溪县广播电视台的"融媒体"样式

近年来，尤溪县全力落实党中央关于推动媒体融合发展、建设新型主流媒体的战略部署，打造新型主流媒体阵地，在探索融媒体发展的道路上积累了宝贵的经验。2005 年，尤溪县广播电视台与广电局、网络公司分离，是福建省最早独立运作的县级广播电视台。秉承"敬业、博学、求真、创新"的办台理念，提出了"新闻立台、影视兴台、人才强台、产业活台"的创新发展思路，打破常规，敢于改革，勇于创新，在全省乃至全国开创了一条县级台的融合发展新路子。在做好新闻立台、正确导向的基础上，加快融媒体发展步伐，朝着影视化、综艺化、产业化方向发展。每年都有大量作品在全国和本省各类影视作品评选中获大奖，成为福建省一支影视新生力量，得到各级领导专家及同行的好评。

《光明日报》以"县级媒体融合改革的'报春花'"为标题，并配评论员文章"融合探索要经得起时间检验"，整版报道尤溪县融媒体中心建设做法；《中国新闻出版广电报》以"县级台也有春天"和"闯出县级台融合新天地"为标题，对尤溪台融媒体做法进行了报道；《文艺报》在评价尤溪台时说：作为县级电视

台,他们在"敢于担当,勇于作为"的信念下,创造了"小舞台、大故事"的奇迹。2018年7月1日,中国电视艺术家协会在北京召开尤溪电视台精品节目研讨会,尤溪台的发展路径在全国得以推广,这也是中视协首次为县级台召开的研讨会。国家广播电视总局《监管周报》以"精耕内容,融合传播,尤溪广播电视台创新发展令人瞩目"为题做了报道,"尤溪路径"引起业界广泛关注和研究。

(一)尤溪县融媒体中心指挥平台

媒体融合作为国家战略正在向纵深发展,无论对传播界还是政务界都是一个很重大的挑战。目前,尤溪县域内的主流媒体,以县广播电视台为核心,整合县政府网、各乡镇县直机关网站、县委报道组、手机客户端、微博、微信等所有尤溪县域公共媒体资源,以此建成融媒体中心。

2018年9月21日,尤溪县融媒体中心正式揭牌成立。中心不仅融合了机构、人员、业务、平台,而且将媒体资源有效"融合"到具体工作环节中。通过"线上+线下、政务+服务、互动+联动"的运营模式,形成"一体策划、线索汇聚、一次采集、多元生成、多端发布"的运行格局,打造以新技术、新应用为引领,以融媒体采编中心为核心,把电视台、广播电台、"智慧尤溪"APP、网站、微博、微信融合起来,充分发挥"两台一端一网两微"的资源优势,运用大数据、云计算构建一体化融媒体中心,打造"思想工厂"的媒体智库。

1. 平台机构合而为一

尤溪县融媒体中心集采、编、播(发)于一体,多媒体统筹协调、多元化服务民生的中央厨房式矩阵发布平台,打造多位一体的新时代宣传新格局。

2. 内容生产融为一体

整合后的尤溪县融媒体中心,全力培养全媒体记者,每一个记者的采访,都需要根据新闻表达的不同要求为多个分发平台提供内容生产,在不同工作站完成编辑后的音视频、图文产品经过审核后,按照平台需要进行分发。

3. 指挥调度一键多发

尤溪县融媒体中心指挥平台,除固定设置了内容生产流程图外,还设置了"采访任务安排""平台数据监测""本周值班轮次"等动态调度内容,既利于流程管理,也促进各工作站对标进度。

4. 延伸发布渠道整合

尤溪县融媒体中心建设,还统筹谋划将县域内延伸的发布渠道进行整合,包括数字电视、农村广播、户外LED屏等资源的综合利用。同时,还以全媒体中央厨房为基础,将发布渠道延伸到县级部门、各乡镇、村(社区),充分聚合本地发布资源,实现传播效力最大化。

5. 创新引领产品之变

创新报道内容、报道方式和手段,将传统深度与新媒灵动相结合,打通短视频、H5、图表、直播、VR等各种传播介质,让直播化、移动化和产品化成为尤溪融媒体报道新趋势。

尤溪县融媒体中心着力打造"智慧城市"服务,在"智慧尤溪"手机客户端推出了"智慧党建""智慧政务""智慧环保"等服务版块,打造掌上移动政务办事大厅;开通生活服务、移动支付、医疗养老等民生服务。此外,还开辟短视频等影视窗口。尤溪电视台还成功入驻"央视新闻+"APP,打造以移动直播和微视频为主要内容的移动融媒体新闻资讯"央媒平台"。

(二)融媒体平台的特色做法

围绕组织机构一体化、内容生产一体化、传播体系一体化的目标,尤溪县融媒体中心立足本土、着眼实际,在实践和探索中做出了自己的特色。

1. 体制机制灵活

打破原先各个平台各自为战的模式,实现平台、部门、人员、素材、资源的充分融合。一方面要"打通",按照工作实际需要,全盘打通所有部门和岗位,进行重新定位,将传统媒体和新兴媒体"合二为一"。另一方面要"分开",通过顶层设计,推动"事企分开"、采编经营"两分开",逐步实现人员、岗位、业务资产、经费来源、日常管理等"五分开",严格执行采编和经营分离制度。

2. 生产流程再造

改变生产流程的关键是重新再造新闻采编的整个流程,优化采编平台,通过融媒体中心指挥平台的统一调度,实现采访任务、记者队伍、稿件素材等的统一管理和运作,一次采集,多元生成,多平台分发。以县广播电视台为基础,整合县政府网、各乡镇县直机关网站、客户端、微信微博等所有尤溪县域公共媒体资源,建立集采、编、播(发)于一体,多媒体统筹协调、多元化服务民生的中央厨房式矩阵发布平台。融媒体中心,既是调度指令发布平台,也是内容生产发布平台。内容生产始终是媒体持续发展的核心。要在融媒体中心独立完成新闻、专题内容生产的基础上,再造内容生产流程,创新生产方式,建立一次采集、多元生成、多渠道传播的融媒体采编流程。

3. 人才队伍优化

为适应融媒体中心建设需要,在人才配备上,要不断拓宽渠道:一是选一位有担当、敢创新、懂专业、能战斗的台长；二是在用人机制上必须打破身份的限制。不拘一格降人才，用能力和实力去衡量人才，而不是用所谓的"身份"衡量人才。优化人才结构，在岗位调配上，务求人尽其才、适应发展，采取专职、兼职、协同等多种组织形式；三是启动人才引进机制。根据平台专业的具体需要，加大对新媒体编辑策划人才、专业运营人才、技术研发人才、经营管理人才等的引进力度，优待高级特优人才，给予最大的实惠政策。同时，加强人才的考核和激励制度。通过实实在在的绩效来对人才进行统一考核，做到有奖有罚、奖惩分明，大力支持和鼓励人才创新发展，吸引更多的优秀人才加入县级融媒体中心；四是加强人才培养提升，成立全能型人才学习兴趣小组，培养一支能采访、会写稿、懂编辑、善制作的全媒体人才队伍。

4. 技术核心攻关

融媒体中心要顺利地运转，技术是一大关键支撑。尤溪县融媒体中心是以县域综合智慧平台为建设目标，在本县域搭建一个综合性、智慧型平台，通过这个平台连接政府、县域各行业、县域各用户。指挥平台是根据县域的实际情况，根据我们行业的特点，由尤溪电视台的技术人员、业务骨干与技术公司共同研发，这是一套可操作、实用又有中长期规划的融媒体平台，真正符合了县级融媒体中心的实际需要。为此，我们专门成立了技术攻关小组，研发设计融媒体指挥系统具有声话、视频和生产任务可视化的三维通信功能，可实现多屏互动、全流程实时掌控、调度以及云数据统计、分析等强大功能，在调度指挥、线索汇聚、内容生产、平台分发等方面皆进行统一管理和共享，为融合生产业务提供强大的技术支撑。

5. 绩效分配提升

一线采编人员实行灵活的绩效工资制，革除"干多干少一个样"、吃"大锅饭"的痼疾。传统媒体由于传播渠道的原因，不能实现传播效果的数据采集，在绩效考评上难以充分考核生产的质量。融媒体中心建设突出的是新媒体，这为实施绩效评估提供了量化条件，通过组织全流程的质量评估，也进一步提升了媒体生产者的积极性，体现全员生产链的融媒体考评目标。为此，经尤溪县委县政府同意，尤溪县融媒体中心设立了专项人才奖励基金，拟对全能型的记者、编辑予以 2 万元/年的奖励。

二、县级媒体融合存在的几大问题

融合发展是融媒体中心建设的基本要义。首先是机构、人员、业务、平台的合并，这也是融合发展的前提；其次是将媒体资源有效"融合"到具体工作环节，即生产运营过程中的"融合"。真正的融合不是不同媒介的简单相加，而是不同部门、平台、资源、内容、人才等各方面的科学融合、有机融合，这对县级广播电视媒体而言，并不容易，它既是机遇，又是挑战，面临着诸多问题和困难。主要有以下几个方面。

1. 认知不足，一知半解

媒体融合，必须要认识到的一点是：不论是哪一层次、哪一级别的融合，并不是简单的机构整合，或者合署办公，首先应该是各类新闻资源的融合。因为只有新闻资源实现了融合，才能够为舆论传播、媒介运营、应用功能等的融合提供基础。但是，事实上，目前不少地方所谓的媒体融合只是不同部门、机构的合署办公，挂上一块牌子，就摇身一变成了融媒体中心。这种融合往往是单纯地依靠行政指令形成一种"相加"的物理堆砌，其内部恐怕很难产生"1+1>2"的化学效应，甚至还有可能会影响各个机构原来的正常运转，对媒体融合并没有好处。

2. 一哄而上，不切实际

不少地方的普遍现象就是一哄而上，大上快上。即使是一些省市中央级媒体的融媒体中心建设，也出现以"高大上"作为追求，在硬件上必须到位的问题。要有一个"大屏"，还要有一个面积很大的"中央办公区"。宣传思想工作会议的精神是很明确的："要更好引导群众，服务群众。""要把握正确舆论导向，提高新闻舆论传播力、引导力、影响力、公信力，巩固壮大主流思想舆论。"

3. 人才不足，队伍不稳

近几年，传统媒体培养的骨干人才开始大量流失，一部分加盟民营企业，一部分到压力相对较小的国有企业从事公关、宣传等工作，还有一些选择自主创业。对于县级媒体而言，人才流失、人才队伍流动性大的问题则更为突出，除了上述原因外，县级媒体由于地域、经济、薪资等方面的弱势，还面临着省市等媒体、互联网媒体的人才竞争压力。在县级融媒体中心的建设中人才是第一要素，没有人才，没有稳定的队伍，恐怕即使融媒体中心建设起来了，也难以运转。

4. 技术不均，难以使用

对于处在最基层的主流媒体而言，不论是内部还是外部，在技术布局上依然是很薄弱，存在技术人员、技术资金及技术创新观念等方面的弱势，一些低层次的技术问题以及产品性能不稳定，打不开、用不了等低级问题时常出现。

就拿建设县级融媒体中心来说,大多数的县级还只能依靠第三方技术公司,以此来购买"大屏",设计"中央办公区",在技术上完全依靠他人,完全是"拿来主义",甚至融媒体中心建立起来了,连自己都搞不清楚什么是融媒体,融媒体如何运转、如何使用、未来如何发展。

三、推进县级融媒体中心建设的几点建议

1. 加强认识完善顶层设计

要充分发挥"党管媒体"的特性,充分释放主流媒体的政治优势,让懂媒体、懂宣传、懂业务的人来管媒体,在官方的新闻信息来源、稳定的新闻通讯队伍、特定的新闻资质和独家的采访权限等方面予以倾斜。鼓励一些有能力的媒体巨头通过资本运作在"主战场"做大做强,对一些目前处于弱势的小众主流媒体也应给予适当扶持。

2. 着眼实际贴地飞行

县级广播电视媒体开展媒体融合,应探索适合本地实际和本部门特色的组织体系,无论是把新媒体单独设置部门,还是将其融入新闻编辑部门,都应做到能与传统媒体采访、编辑有机结合,拥有广泛的新闻源和线索资源。县级融媒体中心建设最应该着力的是如何从自身的实际情况出发,发挥自身的优势,提升媒体传播力、引导力、影响力、公信力,真正贴地飞行,为政府服务的同时,也为群众服务。

3. 建立科学的人才选拔制度

在媒体融合的条件下,县级媒体需要培养能写、能说、能拍摄视频和照片的全能记者,适应广播、电视、微信、微博、APP等平台的不同需要,可以说对人才的要求更高、更综合、更全面。在人才选拔上,必须要打破人才的身份界限,实行竞争上岗,任人唯优,对表现特别优异的员工,破格提升,对表现不佳的,则适时调岗让位,形成"有进有出,能上能下"的良性循环。通过人才退出机制,对绩效持续不理想的员工,进行内部调岗后仍然不适合岗位工作的,则果断进行劝退。同时,实行自主轮岗、换岗制度。

4. 打造技术领先型主流媒体

主流媒体应主动加强技术力量,结合自身发展规划,注入技术改革活力。注重优化生产流程,加强数据新闻生产、用户数据库建设,提高内容制作和信息处理的能力,为内容生产提供有效支撑。注重产品端的研发,通过大数据技

术,更敏锐地把握用户需求,不断提高内容与受众的匹配性。有针对性地生产特色信息产品,做到量身定做、精准传播。

总之,县级媒体融合建设一定要以广电为主,要切合实际,不能盲目跟风,也不一定每个地方都要建大屏。县级广电媒体融合发展的"尤溪模式"其实很简单,那就是立足实际,练好内功,做好自己的主业和专业。最关键的就是做好"内容生产"的融合,实现"更好地引导群众"。一方面在技术上联合研发、自主攻关,另一方面在人才上培养全能型专业采编队伍。在做好"内容生产"融合的基础上,力争做好"服务功能"的融合,比如政务服务、便民服务,实现"更好地服务群众"。只有这样,才能承担起"举旗帜、聚民心、育新人、兴文化、展形象"的使命。

(原发表于《中国广播电视学刊》2019年第3期)

县级融媒体中心如何做好节目片、专题片、形象宣传片全员全程绩效考核

林　青

摘要：科技是第一生产力，而随着通信技术的不断提升，微博、微信和各种应用客户端层出不穷。当第一代门户网站都已经悄然转型，甚至沦为夕阳产业的时候，不得不承认互联网更新换代的速度已经远远超出了人们的预期。

而由自媒体所带来的多渠道、多内容的媒体环境，已经同电视、广播和报纸、杂志等传统媒体相互融合，共同构建出当下一个"融媒体"的传播环境。本文通过分析节目片、专题片、形象宣传片中全程绩效考核意识的重要性，对节目片、专题片、形象宣传片中全程绩效考核的策划意识进行了分析，并提出了节目片、专题片、形象宣传片中的全程绩效考核策略。

关键词：融合传播；节目片；专题片；绩效考核

一、节目片、专题片、形象宣传片全程绩效考核意识的增强趋势

一个优秀的节目片、专题片、形象宣传片往往是依托于策划的全程绩效考核意识，在节目片、专题片、形象宣传片中，有新意的策划往往能吸引更多的受众，从而增强广播节目片、专题片、形象宣传片的竞争力。

传统媒体的受众本位主要是针对内容设计与制作，预设媒体服务的最大规模的目标受众群体，以求最大限度地贴近这一群体的价值取向和信息需求。受众观点很大程度上基于经验和主观判断，在一个长周期内研发和设计产品，通过大规模标准化的生产来服务对象。而"用户为本"则更多地针对媒体的运营结构设计，它体现的是媒体平台与使用者在互动中形成的依存关系。电视新闻节目主持人融媒体意识的转变是决胜重点，而强调"用户"的价值是重点中的重点。"主持人在融媒体背景下，信息从单一流动方式向多向、立体、全方位的互动转变，实现了跨媒体、跨终端的节目分发和传播，在这个过程中主持

人要从传统的播报读稿意识中转换到驾驭掌握和即时与受众互动交流的意识中。"[1]融媒体从表面上看是技术革新,但其背后却是用户需求方式的深刻变化。

(一)电视生态的深层变化

媒介融合既是技术与渠道的融合,也是传统媒体与新媒体的融合。在这一传媒转型的洪流中,业界达成的共识是,不能仅以传统媒体的延伸发展来以旧融新,而是要以互联网思维为底层架构来进行全方位的革命性转变。于电视主持人而言,则要重新认识融媒体时代的电视生态,从而在新生态中找准自身的位置,扮演好新的角色。

首先,电视的观众转变为媒介用户。网络视频分流传统电视受众已成事实,"电视受众网络化"已经成为网络大数据时代电视受众的重要特征。来自艾瑞咨询的数据显示,早在 2012 年,中国在线视频用户规模就已经首次超越搜索服务跃居第一,在线视频成为互联网第一大应用,国内视频网站迈入高速增长时代。有人断言:"从现在开始的 10 年内……网络将会吞并电视,并且今天的节目将会变成网络上的另一个应用。"随之而来的是,电视观众转变为用户,"电视频道转变为产品,也就是转变为视频 APP。类似于移动互联网的各种 APP,以用户为中心,不断迭代,不断完善,提升 UI(用户界面)、UE(用户体验)设计,提供最好的用户体验"。

其次,电视节目的传播格局由生产者中心转变为消费者中心。有学者对此进行了形象描述,认为传统意义上的电视台以及由之衍生而来的视频网站往往采用"家长制"的定位与生产方式,官方授权或把关,面向公众,注重节目的社会教育与文化职能。而民营和外资背景的网站更倾向于采用"消费者制"的生产逻辑,面向消费者,注重节目的娱乐趋向。当然,新型的电视节目生产不一定都是以娱乐为价值取向的,但生产者与消费者这一对关系的定位无疑将从根本上改变传统的传受关系与格局,电视节目必将更加注重受众的收视体验。

(二)电视节目主持人进入后竞争时代

电视生态的深刻变化,使得节目主持人的生存环境也发生了巨大的震荡。在电视发展的初期,节目主持人处于供不应求的稀缺状态;在电视的繁荣时期,由于媒介平台的相对有限,拥有平台的主持人在某种程度上就获得了近乎

---

〔1〕 董淑玲,王冉,丹红.社工人才建设的现状与路径[J].教育观察(上半月),2017,6(01):82-83.

垄断性的保护,这一时期可谓主持人的前竞争时代;而在融媒体时代,所有来自平台的保护将消失殆尽,所有源于专业、学历、资历的优势几近荡然无存,主持人进入"无门槛"的海量竞争格局,"人人可以当主持人"已在理论上得以成立。这些变革推动着节目主持人步入了后竞争时代。具体而言,主持人的后竞争时代有如下三方面特征值得关注。

第一,"无保护""无门槛"的海量竞争。在传统电视事业的繁荣期,节目主持人的竞争已经比较激烈。融媒体时代则会让主持人队伍的竞争更趋白热化,且发生了性质上的重大改变。网络与新媒体使得人人都可做节目上传,人人都有机会成为节目主持人,任何符合互联网口味的人和节目都有机会得到广泛传播。这就意味着主持人需要和无数潜在的对手竞争,任何人都无法得到垄断性平台的保护。

第二,平民角色回归后的个性竞争。传统的电视节目主持人,基本都供职于某家电视台,在不同程度上受到所在电视台的媒介角色的制约,肩负有不同程度的媒介责任和义务,往往不能代表个人说话,而是要更多考虑所在媒体赋予的使命和要求。对于传统平台的电视节目主持人而言,如何平衡好与生俱来的"官方"角色与受众期待的"平民"角色之间的关系,历来是一件颇具考验性的事情,对于新闻节目主持人而言尤其如此。而网络与新媒体平台上的主持人所主持的节目与节目播出平台的关系相对松散,主持人承担的角色较为单纯,无需背负诸多"官方"职责,可以更率性地表现自己,在平民风格的建构上具有先天优势。因此,融媒体时代的主持人将更彻底的"平民化",而彼此间的竞争,则必然走向平民化后的个性化。同样是"平民",谁更有个性魅力,谁就能获得更多的拥趸。

二、节目片、专题片、形象宣传片全程绩效考核下的策划意识

(一)节目策划意识的主体性

主体性就是要确定、承认、重视其主体在一定范围的地位和作用。而节目片、专题片、形象宣传片的主体无疑就是观众了,而当策划节目时我们就应该将观众作为主体的意识时刻贯彻在节目中。现在策划的节目片、专题片、形象宣传片应包括以下三个方面:[1](1)观众业已存在的收视趣味——已经被证

---

[1] 张元元.关于社会工作人才队伍建设的思考——基于CNKI社会工作人才队伍的文献综述[J].劳动保障世界,2015(S1):191-192.

明深受欢迎的节目片、专题片、形象宣传片。（2）观众正在形成的收视趣味——日益受到观众欢迎的节目片、专题片、形象宣传片。（3）观众可能发展的收视趣味——可能在未来受到观众欢迎的节目。可见，在节目策划中，无论是对已形成特色的节目还是即将创作的节目，观众始终都处在我们策划意识中的主体地位。

当前大多数的节目片、专题片、形象宣传片的定位往往是只针对某一特定的观众群体，而会忽视一些可能成为其观众的那些潜在群体。所以在策划时，我们应该从不同方面去考虑主体，既然确定了主体，那就应该让这个主体变得更加广泛些。在 2009 年《快乐女声》节目中，一个唱红歌的山村女孩黄英夺得了季军，多少让人感到意外。在《快乐女声》这样一个以年轻人为主体的选秀赛中，一个唱老歌的选手能够取得如此好的成绩，无疑说明了《快乐女声》的创作团队抓住了策划意识中主体的广泛性，将一些 60 后、70 后的中年人拉到了这个群体中。

（二）节目策划意识的特立性

特立，就是要不同于他人，要放弃一些旧的观点、旧的方法和旧的理论，形成自己独特的意识，善于提出不同凡俗的新观点和超常构思，善于抓住特点，善于到无人涉足的领域中去寻觅主题和角度，异中求新、新中求变，多角度、多层次、多侧面创作出具有自身特色的精品。

特立性策划意识要求节目策划摆脱旧观念的束缚，善于"异中出彩""特立独行"，有自己的特色和视角，要敢于将自己的观点表露出来，做到先声夺人，给人耳目一新的感觉。我们在策划节目中都有这样的体会，许多新颖、独特的创作题材就在我们身边、眼皮底下，但却经常被我们忽视，可有的策划人却能把他们找出来，变成一个个独特的创作视角。例如齐鲁电视台的《拉呱》节目，本来做的是新闻节目，但策划者却把它变成了生活艺术片，或者是电视剧故事会。它不再是空乏的新闻，也不是枯燥的报道，它是通过一个个具体的人，一个个有血有肉的故事，反映生活，表达百姓的喜怒哀乐、愿望与要求。虽然是说新闻，但却有着许多不同于他人的特性，也难怪在短短的时间内《拉呱》就获得观众的欢迎与喜爱。[1]

（三）节目策划意识的开放性

开放性就是要扩大策划意识的时空范围，要打破固定的思维定势，不断加

---

〔1〕 甄炳亮.加强社工人才队伍建设,发展社会工作意味着什么[J].中国民政,2008(07):30-31.

大思维的开放程度,努力使我们的思维由封闭型向开放型转变,做到善于全程绩效考核,善于鉴别,兼收并蓄。节目策划者就要注重锻炼和培养发散式、逆向性、超前性的意识,拓展自己的视角,创造节目的多样性。

一方面电视策划者思想意识要具有开放性,使他们能够也乐于探索和接受新观念、新思路、新方法;另一方面则要求电视媒介的开放性,使得无论哪一家电视台都无法将新观念、新思路、新方法作为永久的"看家本领"而独占,除非不用它们指导节目生产,生产出节目也不公开播出。只有这样,才能发现新问题、接受新事物,集纳事物的各种有利因素,策划出独具特色、富有创意的节目。就像近几年省台办的春节晚会一样,几个省联合在一起,集中自己的特点、优势去办一场晚会,而不再像以前各干各的,这样就扩大了时空范围,观众也更加喜爱这样的晚会。

策划是节目片、专题片、形象宣传片生产和运作取得成功的奠基石。节目片、专题片、形象宣传片不仅仅在于升华作品的主题,提高作品的社会价值和审美价值,更在于确保了这次创作的成功。所以说我们在节目创作中要时刻保持这种策划意识,为观众做出更多、更好的节目。

三、节目片、专题片、形象宣传片的全程绩效考核策略

（一）巧妙立意,彰显独家的媒体视点

节目片、专题片、形象宣传片的巧妙立意是增强其独特魅力的重要路径,全程绩效考核能力对于增强艺术的感染力有着重要的作用。节目片、专题片、形象宣传片的全程绩效考核魅力在于让观众在熟悉的陌生感中更好地感受节目所带来的新视点和新的艺术气息,从而增强观众对节目的认可度和接受度。

《南京零距离》是江苏电视台在城市频道创办的一个别具特色的新闻类节目。这个节目之所以从开办以来就受到众多观众的喜爱,就在于其抛弃了以往电视新闻节目贵族化的模式,而是以平民化的视角来进行节目内容的选取和制作,并且在节目的录制过程中还加入了与观众之间的互动。通过这种巧妙的立意方式,不仅增强了观众的亲切感和认可度,同时,其倡导和弘扬的"民生新闻"理念也能更深入人心,从而得到了业界与学界的广泛认同和赞许。

（二）立异求新,有效地凸显其形式风格的变化

对于成功的节目片、专题片、形象宣传片而言,其不仅要在立意上有巧妙的全程绩效考核,还需要在实施的过程中从表达方式和风格样式上来进行创造性的突破。这就要求节目片、专题片、形象宣传片在制作的过程中,要通过

浓郁的人文关怀来形成节目和观众之间的对接,从而产生一种强烈的张力和艺术撞击力。节目片、专题片、形象宣传片的全程绩效考核不仅需要有主观上的全程绩效考核,还需要不断发掘客观条件中的积极因素,并将它们综合起来加以利用,从而为创造独具新意的节目提供可能。

如《阿六头说新闻》是杭州电视台在其西湖明珠频道制作的一档新闻节目。这档新闻节目的独特之处在于其运用当地的方言来讲述新闻,并且在播报新闻的过程中会穿插一些杭州当地的民间传说、典故、俗语和俚语等,土味浓郁,极大地增强了节目本身的趣味性和亲切感。在内容的选取上,该档节目主要关注的是百姓身边的新闻,风格包装和形式等也更注重与百姓生活的贴近。同时,节目在关注社会中的热点、亮点和焦点之外,还关注生活中的一些奇闻、趣闻和珍闻,且主持人也化身成爱管闲事但又正义善良的"阿六头",通过这样的角色化演绎可以让观众在轻松愉悦的氛围中来更好地了解身边的时事,把看新闻当作休闲和放松的有效方式。

(三)重视主体,扩大节目片、专题片、形象宣传片的认可度和影响力

主体意识是节目片、专题片、形象宣传片进行全程绩效考核制作的基础和根源,观众是电视节目的主体,制作者在进行节目片、专题片、形象宣传片的策划过程中,要树立主体性意识,将观众作为节目全程绩效考核的核心和围绕点。当前的许多节目片、专题片、形象宣传片在进行策划制作时常常把节目的观众定位在某一特定的受众群体中,可能会导致对一些潜在受众群体的忽视。因此,在进行节目策划时,策划者要注意从不同的方面和角度去考虑受众主体,并努力使受众主体的范围扩大化和广泛化。

如 2013 年收视率最高的综艺类节目《爸爸去哪儿》是由湖南卫视参考韩国的一档亲子真人秀节目制作而成的。该节目作为一档另类的亲子类节目,其受众群体不仅是广大的儿童朋友,更是在快节奏都市中生活的新时代父母。通过这样的形式可以给平时因忙于工作而无法顾及孩子的父母敲响警钟,并提醒他们加强与孩子们的交流,更多地去关注他们的内心世界和成长问题。

移动互联时代下县级媒体怎样走向深度融合

吴振湖

摘要：随着科技的不断创新，人民生活水平的不断提高，"新社会的主要矛盾是人民日益增长的美好生活需要和不平衡不充分的发展之间的矛盾。"这种矛盾在精神文化生活需要方面表现得尤为突出，用户对信息的阅读、获取变得更加多元化和移动化。因此，县级媒体融合是否真正走向深度融合显得很是关键。如果只是将原本分散的几个新闻单位整合起来合署办公，并不一定能够做到深度融合，达到融合发展的最终目的。只有真正建立以内容建设为根本、先进技术为支撑、创新管理为保障的全媒体传播体系后，才能让原本各自为战的新闻单位产生化学效应，真正融合，发挥更大的社会效益。

关键词：媒体融合；深耕内容；打造平台；优化管理

根据第 45 次《中国互联网络发展状况统计报告》，截至 2020 年 3 月，中国网民规模达 9.04 亿，手机网民超 8.97 亿，网络新闻用户达到 7.37 亿，其中手机网络新闻用户规模达到 7.26 亿。伴随 5G 业务的推出，手机网民规模将继续保持良好的增长态势，手机继续保持第一大上网终端的地位，中国互联网已正式进入移动互联网时代。在移动互联时代，人们的时间分配、注意力分配方式发生了急剧的改变，阅读收看新闻的习惯也随之改变，新一代受众已经很少通过电视获取信息，移动智能终端成了他们的首选，互联网媒体甚至也变得传统起来。这也预示着报纸、电视等传统媒体必须与时俱进，新闻移动化势在必行。

《关于推动传统媒体和新兴媒体融合发展的指导意见》发布以来，不论是大型传媒，还是地方媒体，都在求新求变，积极探索媒体融合。2020 年 6 月 30 日，中央全面深化改革委员会第十四次会议审议通过《关于加快推进媒体深度融合发展的指导意见》，会议强调：推动媒体融合向纵深发展，要深化体制机制改革，加大全媒体人才培养力度，打造一批具有强大影响力和竞争力的新型主流媒体，加快构建网上网下一体、内宣外宣联动的主流舆论格局，建立以内容建设为根本、先进技术为支撑、创新管理为保障的全媒体传播体系，牢牢占据舆论引导、思想引领、文化传承、服务人民的传播制高点。截至 2019 年 6 月，全国各省份的绝大部分县市都建立了各自的融媒体中心,仅福建省就有84个县级融媒体中心建成,尤溪县融媒体中心也于2018年9月建成并投入使用。作为先行先试的一批,尤溪县融媒体中心的革新理念和《关于加快推进媒体深度融合发展的指导意见》不谋而合,2020年3月,尤溪县融媒体中心媒体融合案例获得了国家广播电视总局"2019年度全国广播电视媒体融合典型案例"的殊荣。几年来,我们正是通过深耕新闻内容、创新融合技术、优化人才管理才取得一些融合的经验的。

一、深耕新闻内容,讲好尤溪故事

一直以来,尤溪县融媒体中心(改制前分别为尤溪县广播电视台、尤溪新闻网、尤溪县委报道组)立足本土资源创作接地气、有温度的作品,讲尤溪人自己的故事,让百姓想看、爱看。

一是通过新闻资讯讲尤溪故事。在坚持正确舆论导向,聚焦习近平新时代中国特色社会主义思想和党的十九大精神,紧扣民生、把准热点的大前提下,《尤溪新闻》就通过实实在在的尤溪事例来讲述对中央大政策的贯彻执行成果,比如《走向我们的小康生活》专栏,就把镜头对准脱贫对象,让他们当"主角"细说发展故事、畅谈体会感想,不仅对正在脱贫的贫困户有很大的借鉴意义,对整个脱贫攻坚工作都有指导意义。此外还采用大量的海采,把更多的镜头留给群众身边熟悉的人,让他们来谈看法,说出自己的感受,增加亲和力和感染力。

二是通过原创栏目讲尤溪故事。推出《说古道今话尤溪》《天南地北尤溪人》等10多档原创栏目来讲述尤溪人自己的故事。《说古道今话尤溪》栏目聘请尤溪最地道的民俗专家来讲述尤溪的风土民情、生活习俗、民间礼仪。《天南地北尤溪人》讲述的是尤溪人在外闯拼的经常创业故事,把尤溪人敢于创新、勇于拼搏的精神通过不同的领域不同的事例精彩呈现。此外还有《我的脱贫故事》《艾说故事》《一碗乡味》《玩转尤溪》《守摊人》等等讲述尤溪人自己的故事,乡土味十足,广受群众好评。

三是通过精影视作品讲尤溪故事。媒体融合之后加大了媒体融合产品的创意研发,我们尝试运用4K技术创作各类宣传片、专题片、微电影、音乐电视、电视散文、微纪录片等。制作了《幸福花开》《金柑情缘》《遇见桂峰》《归来尤溪》《ONE DAY尤溪》等一系列宣传尤溪的优秀作品,提高了尤溪的美誉度。2018年以来创作的40多件广播电视作品在各类艺术节、盛典等活动评选中均获佳绩。

二、创新移动技术，打造融合平台

媒体融合以来，为进一步深化融合成果，发挥融合效应，尤溪县融媒体中心创新移动技术，通过架构指挥决策平台、优化采编播流程、提升各平台服务能力等，实现各种媒介资源、生产要素有效整合，实现更好引导群众、服务群众的目标。

一是架构个性化的融媒体指挥决策平台。融媒体指挥决策平台以新闻的媒体融合生产和统一指挥为目标，以大数据分析为基础，以可视化引擎技术为支撑。全面系统地呈现和控制全媒体信息生产流程的各重要环节，辅助总编辑决策、全媒体记者执行、各平台编辑后期制作，实现新闻生产和发布的完美融合，实现对重大突发事件的策划、组织指挥、采访调度，实现全媒体报道指挥管理一体化。通过建立重大、突发事件应急报道机制，安排专人实时监控、随时调度，第一时间进行融合采集、加工、生产和传播。可综合实现指挥调度、选题策划、事件分析、民生热点分析、传播效果分析、舆情监测、融媒体运行监控、媒体矩阵数据分析等场景。使舆情监控、信息汇聚、指挥调度、生产发布、传播影响力分析等各类数据视图能够被直观、动态、高效地展示、监控和查看，为决策者进行直观的决策判断提供了重要依据。

二是规范新闻信息生产流程。有了融媒体指挥决策平台以后就要改变以往的"单兵作战"或"小组作战"的新闻采访方式，采用更加讲究整体协同的"团队作战"，而这个"团队"是整个中心各部门相互配合的大团队，包括总编辑、全媒体记者、各平台编辑，这样就做到了"牵一发而动全身"。以"指挥决策平台"为中心，统一布置产品"菜单"、统一调配各端资源，更好地实现总编辑策划意图。此外在平台建立资源数据库，存放一线记者采编的信息、图片、视频等"原材料"，由各平台编辑按照各自媒体特点、受众群体需求，自行选择"原材料"进行再打磨和深加工，制作适合不同受众"口味"的作品，形成"一体策划、线索汇聚、一次采集、多元生成、多端发布"的全新采编播发体系，实现渠道共享、内容共享、技术共享、人员共享的采编播融合，产品的生产效率和质量大大提高。

三是做优各个平台，更好地引导服务群众。经营好尤溪新闻网、微信公众号"福建微尤溪"以及官方微博，入驻抖音、火山、快手等短视频平台，开发"智慧尤溪"APP，提高新闻信息服务水平，完善功能，增加政务服务、便民服务等功能，着力打造"指尖上的政务服务中心"，开通掌上政务、预约挂号、求职就业、智慧旅游、文明实践、尤溪特产铺等多项服务功能，设置建言献策、随手拍、公益求助、民生速递等版块，让群众办事"最多跑一趟"成为现实。加强策划直播活动,疫情以来,用直播的形式助农扶贫成为一种很有效的方式,尤溪县融媒体中心与农村农业局、商务局合作推进电商公益扶贫项目,精心策划、精准扶贫,开展了 20 多场直播活动,助农 50 多户,销售山地鸡、蜂蜜、香菇等 100 多种农特产品,销售额近 300 万元。值得注意的是主持人带货、地方领导带货能够取得较好的效果,比如 5 月 24 日洋中镇镇长带货专场,在短短 2 个小时内,全网观看达 50 多万人次,互动留言 10 万多条,上架的近 20 种洋中农特产品都售卖得十分火爆,总计成交 3491 单,销售额达 143838.7 元。

三、优化机制体制,加强人才管理

尤溪县融媒体中心在融合过程中力求在机制上创新,始终坚持"融为一体、合而为一"的理念,将"合"与"融"同步策划、同步推进。

一是最大限度争取政策扶持。《关于推动传统媒体和新兴媒体融合发展的指导意见》发布后,各地加大力度建设县级融媒体中心,为促进县级媒体更好地融合,在资金政策等各方面给予支持。我县也将县融媒体中心列为县委直属正科级事业单位,归口县委宣传部管理,县财政投入资金,购置办公用房、升级采编播等软硬件设施,建成全媒体采编中心、演播中心、运营中心,并在人员经费上予以充分保障。

二是充分整合媒体资源。将原县委报道组、县广播电视台、尤溪新闻网的机构、编制、职能、人员、设施,以及政府各部门、乡镇、村(社区)网站、户外 LED 屏等县域公共资源,全部一次性划转给融媒体中心,形成传统媒体、新兴媒体、社会宣传资源"多端一体"的融媒体矩阵。明确由融媒体中心优先承建和参与智慧政务、智慧城市建设,为融媒体中心的可持续发展注入活力、动力。

三是优化人才管理。未来的竞争是人才的竞争,人才是发展的前提,尤溪县融媒体中心改革引才机制,采用"上门求""进校招""社会聘"等多种灵活的方式,与中国传媒大学和浙江、山西、吉林等传媒院校互设产学研实践基地,引进新闻采编、播音主持、影视制作等专业人才,提升采编播各方面人才档次,为媒体融合发展奠定人才基础;改革用人机制,不论文凭、职称高低,以实际能力和工作绩效作为最终考评标准,管理和特定岗位实行"能上能下"的原则,能者上,庸者下;加强人才培训,采用"走出去""请进来""跟班学习"等多种方式,提升员工"脚力、眼力、脑力、笔力",尤其鼓励和培养全媒型记者,制定培训计划,如果通过专家组考核,就给予一定的岗位津贴;改革薪酬制度,打破身份、职位、职称限制,按"同工同酬、优劳优酬"原则,制定操作性强的绩效考评机制,鼓励付出,鼓励创新,充分调动员工积极性、创造性。

尤溪县融媒体中心建设机制研究

黄苒苒

摘要：在融媒体快速发展的背景下，加强县级融媒体中心建设的发展是促进县级传媒发展的重要渠道，只有加强融媒体中心的发展，才能带动传统媒体的转型和发展。县级融媒体中心建设在一定程度上推动着主流媒体的创新，对提高主流媒体影响力具有重要意义。

关键词：融媒体；融媒体中心；运行机制

前　言

尤溪县融媒体中心下设新闻中心、节目中心、新媒体中心三大中心、10个部室；汇集1个指挥中心平台、2个高标清电视频道（新闻综合频道、城市生活频道）、广播电台（FM106.6）、尤溪新闻网、尤溪政府网及多个新媒体平台（"福建微尤溪"微信公众号、"尤溪头条"微信公众号、"智慧尤溪"APP以及头条号、企鹅号、微博、抖音等）。

作为尤溪县融媒体中心的中枢核心的尤溪县广播电视台，早在2005年就与广电局、网络公司分离，是福建省最早独立运作的县级广播电视台。2011年，合并尤溪新闻网，并开通了微信、微博等新媒体平台，确立了以"新闻立台、影视兴台、人才强台、产业活台"为发展思路，尝试探索县级媒体融合改革路径。2016年6月，尤溪县政府注资5000万元，注册成立台管国有独资企业福建省朱子文化传媒有限公司。在此基础上，尤溪广播电视台紧抓机遇，趁势而上，不断加快推动媒体融合发展，构建全媒体传播格局，全力推进县级融媒体中心建设。2018年9月21日，尤溪县融媒体中心正式挂牌成立。融媒体中心成立后，从"技术创新、机制创活、内容创优、产业创效"四个方面入手，在全省乃至全国开辟了一条县级媒体融合改革发展的新路子，开创了独特的"尤溪模式"。2019年7月3日，福建省媒体深度融合暨县级融媒体中心建设现场推进会在尤溪召开，其经验被中宣部和国家广电总局列为典型案例。

一、融媒体发展概况

（一）媒体融合的背景分析

1.技术原因。移动互联网技术的发展令手机从最初只有短信通话服务发展为 2G、3G 时代的自由上网，再到现在 4G、5G 时代的移动智能终端。受众可随时随地阅览网上信息，产品成为媒介，牢牢抓住受众眼球，把受众目光从纸和大屏聚焦到智能小屏上。大数据作为网络虚拟资源地，通过对用户数据进行收集、管理、分析和应用，准确界定用户身份特征，给用户提供个性化的信息图谱。VR、AR、人工智能等技术的发展使产品形态更加丰富多样，短视频、音频、动漫、H5、沉浸式新闻等信息形式满足了不同用户的信息需求，用户体验感上升，对媒体的黏度增强。无人机、机器人的出现简化了新闻采集、制作流程，优化了产品质量，提高了新闻生产效率。社交媒体的发展改变了原来的话语权结构，人人拥有麦克风，受众参与到信息的生产制作和传播过程中，在社交网站随时随地发布自己的所见所闻。意见领袖分布于各阶层，极大影响着舆论导向，传统媒体的影响力日渐式微，媒体融合是大势所趋。

2.受众信息需求。智能终端尤其是智能手机的普及使媒介生态发生剧变，依托移动端生存的自媒体和新媒体冲击着传统媒体，造成传统媒体话语权旁落，受众被不断细分，传媒进入分众时代。互联网海量的信息通过移动端涌向受众，受众获取信息的便捷性和选择性大大增加，对各类信息的关注度各不相同，而部分媒体仍固执地传播自以为受众都关注的信息，忽视传媒生态的改变和受众的不同需求，导致受众严重流失。同时，互联网让传统新闻受众的身份发生转变，受众既是信息接受者，又是信息生产者，还是传播者，PUGC 和UGC 成为常态。另外，随着互联网和数字信息技术的发展，用户对信息质量和产品形态有了更高要求，图文结合、音频、视频、H5、VR、AR 等产品形态被受众广泛接受和传播。用户阅读习惯的改变倒逼媒体进行改革，主动与新媒体融合，生产受众喜欢的内容，创新产品形态，适应并满足用户的个性化信息需求。

（二）媒体融合现状

目前，媒体融合已进入纵深加速阶段，各地区基本形成"网站＋两微一端"的融合模式。产品形态和智能接收终端越来越多元；产品投放日趋精准，注重用户的体验效果；内容上，政务服务成为媒体融合的新蓝海；战略上，省级媒体强势嵌入市县级媒体进行整合。经过 2017—2018 年攻坚克难的关键期发展，媒体融合进入3.0时代。但是,媒体融合发展还存在诸多问题。首先,各地区综合发展水平差异很大,经济发达地区资金、技术、人才和政策都比贫困落后地区拥有得天独厚的优势,中央的比地方的先进,省级的比县级的先进。比如,《人民日报》的"中央厨房"和部分地区主流媒体建设的"中央厨房"模式取得显著成效,而有的地方媒体盲目跟风,导致"中央厨房"模式流于形式,造成资源浪费,主要原因在于没有深刻理解融媒体到底融的是什么、怎么融。其次,媒体融合面临人才短缺、版权掣肘、考核评级体系缺位、融资困难、技术依赖和传媒体制等方面的限制,尤其体现在县域媒体融合过程中。因此,要打通从中央到地方思想宣传体系,媒体融合发展依然任重道远。

二、融媒体中心体制融合内容

(一)资源通融

人力资源和摄制设备是地方电视台最重要的资源,地方广播电视台的融合不仅仅是汲取新媒体内容生产和传播方式,也要改变自身传统的生产方式和组织构架。在地方广播电视台中,每当有突发性新闻事件发生时,会有广播和电视台的多个记者冲锋陷阵,甚至发生抢采新闻的现象,是极大的人力成本浪费。

可以大刀阔斧进行整改,成立广播电视台新闻中心,统一外派新闻记者和摄像。资源通融的关键是人力的"通融",除了体制机制的改革,更要重视"人的改革",要在"通"字上做文章,要培养编辑记者的十八般武艺,要会采访,会使用录音机、摄像机、照相机,会用网络软件制作相关的网络专题、页面;要会写消息、通讯、小评论;要会面对镜头,拿起话筒就可以现场报道。

(二)内容兼容

新闻信息和综艺节目都是广播电视台的内容产品,地方广播电视台的融媒体归根结底还是内容为王。内容的"融"建设要求广播、电视内容产品兼容不同的传播渠道、不同的传播终端,适应广播、电视、IPTV、视频网站等多个渠道的传播。这就不得不提到人民日报的"中央厨房"超级编辑平台。"中央厨房"式超级编辑部是扁平化、开放式的内容生产分发平台。电视新闻记者和新媒体工作者可以在平台共享内容资源和技术资源。"中央厨房"融合了传统电视新闻的文字排版工具、音频视频处理软件,也有数据新闻、VR(虚拟现实)新闻、机器人新闻、H5页面等富有表现力的融媒体新闻生产工具,传统新闻编辑工作者可以快速上手制作融媒体新闻产品。所以说"中央厨房"既是共享内容、共享技术的平台,也是造就新闻人才的平台。

（三）宣传互融

宣传互融是利用广播、电视、纸媒、互联网的长板,譬如广播的短平快、纸媒的物态留存性、电视的直观可视、互联网的互动性和方便快捷。如果将传统媒介与新媒介的长板拼接在一起,就具有了排山倒海的力量,实现了"1+1>2"的效果,互联网在内容生产、内容消费、内容传播等方面的全新特点会促使传统媒体进行自我改革,集中多媒介优势,打造属于自己的媒介品牌。

（四）整体融合

网络信息时代对县级电视台提出发展新要求,县级电视台应不断拓宽传播渠道,促进单向传播平台成功转变成融平台,充分发挥自身的服务功能。在很长一段时间里,县级电视台都处于一家独大的局面,在宣传报道上存在高高在上、单向传播、宣教色彩浓厚等弊端,导致很多受众在网络信息时代都不爱看县级电视台,群众参与性严重不足。在网络信息时代,经济日益繁荣,社会事业蓬勃发展,群众思维越来越活跃,不同的言论与思潮逐步进入大众视野,受众通过微博与微信等新平台就能轻松、快速地获取更多的资讯。

这就需要县级电视台清楚地认识到时差竞争的主要形式,这样就可以利用网络思维,将原本的过程贯通,通过创新思维来挖掘群众所喜欢的素材,在报道上面狠下功夫。例如,县级电视台需要坚持以人为本的理念,能够对节目报道的语态进行相对应的转换,直接将电视台和微信等结合起来,让其包含更多的信息,如直播节目、采制新闻、售卖商品等,并且重点挖掘小屏幕传播的能量,将原本的单向平台转移到融合平台上,这样就可以实现平台的共享,也能够积极地搭建信息咨询发布的平台,用平民化的视角弘扬主旋律,正确引导基层社会舆论,更好地为县域经济与社会的发展提供服务。

三、融媒体中心与运行机制建设策略与思考

（一）地方电视台融媒体建设的"顶层设计"

地方电视台融媒体建设要做好"顶层设计",始终要有媒体的互联网思维和把握互联网传播规律。融合是一场涉及思想观念、生产形式、管理模式、运行机制的深刻变革,最终的目的是实现"让信息流动产生价值"。地方台要做好融媒体建设必须做好三个坚持:一是坚定不移实行移动优先战略、强化移动优先意识,充分运用好大数据发展成果,发挥好本地互联网信息化发展优势,大力推动移动新媒体建设,推出多形态的移动新闻产品,在"准、新、微、快"上

下功夫,推动形成载体多样、渠道丰富、覆盖广泛的移动传播矩阵。二是坚持创新发展。坚持把改革创新作为媒体深度融合发展的主线,强化互联网思维,积极推进理念观念、体制机制、管理方式创新,创新新闻传播业态,使媒体发展活力得到充分激发,新闻生产力得到极大释放。三是坚持一体化发展,坚持传统媒体和新兴媒体优势互补,全面融合,有效整合各种媒介资源、生产要素,共享融通信息内容、技术应用、平台终端、人才队伍,形成一体化的组织结构、传播体系和管理体制。

(二)建设好中央厨房

融媒体建设,"中央厨房"是标配,建立完善以内容生产传播为主线的中央厨房。设立统一的新闻信息采集中心、编辑中心,建立全媒体内容管理系统,建设完善稿库、数据库,新闻素材上传至数据库供各类终端加工使用。必须建立融媒体指挥调度机制,对内部各平台实行开放、扁平化、双向可控的系统化管理,以畅通连接渠道、组织、人员的新型管理机制,实现一次采集、多种产品、多媒体、多渠道、多平台传播;建立起移动端首发、电视解读、网络互动的信息发布平台为第一落点,建立传播力、影响力的正导向考核机制,对传播时效进行跟踪监测、实施动态管理。创新采、编(制)、播、管流程。推动采、编(制)、播、控流程集约化、可视化改造,形成前端一次多媒体采集,中端多次融合集成加工,后端向各类平台、终端适配分发的新型采编流程。

(三)匹配相应的运行体制机制

融媒体建设从总体上看,似乎是一场媒体发展的技术革新,但没有匹配与之相适应的运行体制机制,再好的融媒体"顶层设计",再好的"中央厨房"也只是摆设。建立起适应融合媒体发展运行的体制机制,一是要研究制定融媒体岗位设置方案,坚持双向选择、竞聘上岗、按岗取酬。充分发挥绩效工资分配的导向和激励作用,实现人员管理从"身份管理"向"岗位管理"的转变。二是要建立媒体的收入分配激励机制,打破"干多干少一个样""干与不干一个样"的吃大锅饭老体制,要确保绩效工资分配的自主权,科学考核,按劳分配,建立自主灵活、符合广电工作特点的分配激励机制,实现"档案工资"向"绩效薪酬"的转变。三是要推行以量化考核为主的绩效考核制度。优化分配激励机制,根据职责分工合理设置岗位数量和管理层级,将各项工作任务量化到岗到人,并确定每个岗位的绩效标准,实现"主观评价"向"量化考评"的转变。

四、小　结

在国家政策的不断支持下,县级融媒体中心建设作为新兴事物正在全国遍地开花。县级融媒体是时代发展的必然产物,是国家治理体系的向下延伸,是宣传传播系统的结构完善,关乎基层主流舆论阵地建设和党的新闻舆论效果,其重要性和必要性不言而喻。总之,随着互联网技术的不断发展,传统媒体的关注度影响力逐渐下降,"渠道产生价值"向"跑道碾压价值"转换,在融媒体的改革发展进程中,唯有实行机制创新、技术先进、人才提升、保障有力的整体转型升级,才能在未来前进的道路上立于不败之地。

县级电视台如何融入"新媒体时代"？

陈增伟

摘要：随着互联网的飞速发展，微博、微信等新媒体借助强大的技术优势不断渗透到传统媒体中，在"三网"融合趋势下，广电等"旧媒体"已经进入"新媒体"时代，受众开始习惯点击鼠标纵览新闻，动动拇指看遍天下事。在新闻产业的链条上，新的产业方式、产业格局、产业环节正在猛烈冲击传统的思维。作为我国四级广电中最基层的县级电视台受资金、技术、人才等因素的限制，逐渐呈现发展滞后的困境。不过，在新媒体的浪潮中，县级电视台既迎来了发展的挑战，同时也遇到了发展的机遇。

关键词：新媒体时代；县级电视台；最大化传播；媒体融合

一、倍受青睐，"新媒体"时代已到来

仔细计算下，不难得知，一种传播媒介要普及 5000 万人，广播用了 38 年，电视用了 13 年，互联网用了 4 年，而微博仅用了 14 个月，微信用了不到 11 个月。微博、微信以其平民化、简单化的特点，吸引了大批网民的关注，成为时下越来越多网民沟通和交流的重要工具。据中国互联网络信息中心（CNNIC）发布的第 33 次《中国互联网络发展状况统计报告》显示，截至 2013 年 12 月，我国微博用户规模为 2.81 亿，在移动端的推动下，整体即时通信用户规模提升了 13.8%，已至 5.32 亿。同时，据媒体报道，腾讯内部人士透露微信用户数已经突破 6 亿！以微博、微信等新媒体形式为代表的掌上平台对传统媒体的冲击不可小觑。据统计，截至 2013 年 12 月，我国网民总数达 6.18 亿，其中，手机网民总数 5 亿，农村网民 1.77 亿，增速 13.5%。艾媒咨询（iiMedia Research）数据显示，截至 2012 年底，中国三四线城市手机网民规模达 1.63 亿。其中 41.4% 和 38.2% 的网民使用手机上网的主要用途是浏览新闻和搜索。手机已经成为三四线城市网民接入互联网的主要方式之一。随着互联网技术的不断发展，新媒体已经广泛应用于受众生活的方方面面，其数字化、互动性、个性化的特点满足了受众日益多元化的需求。

二、受制于己，"旧"媒体劣势亟待改变

迅猛发展的新媒体究竟给传统媒体带来了怎样的冲击呢？单单对电视行业而言，已经很明显了。电视观众在收看电视节目时不再仅仅依赖于电视机，同时大量应用电脑和手机等其他终端。"使用电脑收看过电视节目的观众比例达到 46.61％，使用手机收看过电视节目的观众比例为 21.61％，都达到了较高的水平。"[1]新媒体通过"内容的无限性"和"传播的交互性"的天然优势，轻松打破了电视播出时限和节目时序播放的局限，显示出了强大的力量。新媒体环境下，县级电视台在电视新闻报道中的问题和劣势暴露无遗，主要表现在以下几个方面。

首先，许多县级电视台只是履行任务式地播报新闻信息，缺乏与群众的互动，对于一些热点议题，也没有挖掘出具有深度的新闻点。新媒体就不同了，它可以通过手机、iPad 等移动终端，随时随地与受众进行互动交流。

其次，县级电视台播报新闻耗时较长。对于县级电视台来说，播报一条新闻的过程环节比较多，需要一定的时间制作。然而对新媒体而言，能在较短的时间内与广大群众进行交流探讨，互联网用户只要有网络就可以发表自己的观点、看法。

再次，县级电视台新闻的传递方式和内容较为单一。面对县级电视台的新闻信息传播，观众只能在时间和内容上被动接受，无权选择。而对新媒体来说，群众可根据自己的喜好、兴趣等进行自由的选择。

三、立足实际，在主动作为中借势出力

新媒体的迅猛发展，对县级电视台来说更是一种新的挑战，所以，县级电视台要做的不是逃避，而是面对。尽管县级电视台身处广播电视系统的最基层，有一定的局限性，但是作为一个传播窗口，它仍然是人们获取信息的重要工具，同样担负着传播新闻的重任。例如尤溪县电视台，作为尤溪县对内外宣传的主流媒体，目前开办的节目有新闻资讯类栏目《尤溪新闻》和民生类栏目等 10 多个，自办栏目和广告节目每天播出时间达 4 个多小时，全县 40 多万人口都能收看到尤溪台的自办节目。但是遗憾的是，和多数县级电视台一样，尤溪台大量的本土节目资源通常在一次播出之后就被放进资料库，失去了多次

---

〔1〕 周小普，解立群.新媒体冲击下的电视观众行为变化[J].新闻记者,2013(3):45-49.

传播的机会,信息的价值没有得到最大化传播。

"媒介总是以叠加的方式向前发展的,新的媒介的出现并不代表旧媒介的消亡。"[1]传统媒体和新兴媒体的边界正在模糊和逐步消失,媒体融合无处不在。与此同时,电视与网络、手机等为媒介的新媒体相比,自身优势仍在。一是公信力高。电视播发的新闻可信度高,而网络中的东西虚假的多。二是"内容为王"。在生产、制作内容产品方面,电视依然有着强大的技术和人才优势。三是机制完善。由于长期的严格管理,县级电视台的管理体制、用人机制都比较完善,保障了能够做到坚持正确的舆论导向,确保节目的播出安全。当然,电视拥有强大的内容资源与制作优势,但决不是长期性和决定性的优势。在数字化和网络化的今天,电视为了生存发展必须进行改革和创新,只有积极拥抱新技术,实现与新媒体的融合,才能在未来的媒体格局中继续保持优势地位。与网络、手机、微博的融合、互动是电视发展的趋势。近年来,不少县级电视台已经开始了这方面的探索和尝试。

本土化新媒体成功最重要的一点就是,谁最贴近当地百姓的生活,谁就是百姓心中最权威最可信的。早在 2006 年,尤溪电视台就借助尤溪县政府网站这一平台,链接了《尤溪新闻》及其他自办栏目。2013 年,为满足受众要求,该电视台还专门开辟了本台新闻门户网站 http://www.yxxww.cn,为受众提供要闻浏览、新闻点播等功能。而在此基础上,经过仔细的论证和研究,2014年 1 月,尤溪电视台几乎在同一个时间开通了新浪微博、腾讯微博以及微信等新媒体平台,以全新的面貌与广大受众见面,在新媒体领域发出自己的声音。此后,为了整合微博、微信等新媒体平台,尤溪电视台作为一家县级电视台可谓下了功夫,并把打造最本土化的新媒体平台作为县级电视台拓展和前进的重要方向。

首先,从记者编辑队伍中,抽调 2 名专职人员负责微博、微信平台的日常运作,满足本地百姓的网络信息需求。县域居民对网络信息的需求有两个群体特征。一是对身边发生的新闻存在极大的需求。二是对外部新闻需要了解重点、热点,不需要过于深入和细致。因此,2 名专职人员每日通过对新华网、人民网、中新网、央广网等全国新闻门户网站以及东南网、海都网、东快网、今日三明等省市新闻门户网站的"地毯式"浏览,选取社会热点、焦点新闻资讯,发布在新媒体平台上。同时,对于本土的新闻资讯的处理上,并不是完全照搬电视播出的版本,而是挑选最新鲜、网友最关心、适合网络传播的新闻,经过网

---

〔1〕 束凌燕,耿磊.麦克卢汉媒介理论在网络时代的新发展[J].新闻世界,2010〔1〕:124-125.

络编辑的重新编排，发布在微博、微信等新媒体平台上，并及时收集、反馈与网友的互动情况。

其次，要求每个记者都开通微博、微信，通过建立自己的微博、微信等，更敏锐地捕捉当前的新闻热点，随时与身边人分享最新的信息，让自己置身于流动的信息源之中，提升自己的新闻敏感度。

最后，为了增强新闻传播的效率、加强新闻报道的互动性、提高新闻工作的积极性，2014年2月，尤溪电视台首次在《尤溪新闻》的片尾贴出官方微博、微信的二维码，改变了《尤溪新闻》以往严肃、刻板的形象。同时制订了《本台记者发布微博的奖励办法》。如在新闻拍摄现场，通过新浪微博实时发布报道性微博，@福建尤溪电视台，并得到"福建尤溪电视台"转发的、所发布的微博得到省市媒体官方微博有益的转发、评论及私信的，均给予一定奖励。

经过半年多的实践，尤溪电视台官方微博、微信等新媒体平台发挥了以下几个主要的作用。

第一，传播渠道更宽了。有了新媒体之后，电视台借助新的媒介渠道，利用网络新技术，由专人对节目资源进行集中处理，把所有的历史资料和新闻进行在线包装，通过"关键词""要闻""单图编辑""多图编辑"等方式，进行多种形态的节目开发，衍生出不同形式的信息产品。除了原有的新闻网站外，还通过微博、微信平台每日实时更新、发布本土的最新信息，使节目的信息价值达到最大化传播。

第二，新闻来源更广了。在新闻线索来源方面，除了原有的电话、短信、网站留言等方式外，还有了微博、微信的新方式。不少年轻的记者，常常能在微博和微信中发现和捕捉到新闻线索，给新闻报道题材注入了源源不断的新活力。

第三，受众互动更深了。可以经常在官方微博和微信中与受众展开话题讨论，例如，我们就"3·15"的消费陷阱的话题展开讨论，得到了许多网民的关注，收到了不错的效果。

第四，节目形式更多了。电视台在日常新闻中，尤其是和本土百姓生活密切相关的民生新闻中，开始引用官方微博、微信平台上信息，为受众提供就在身边的、新鲜出炉的"观点"。

四、改革创新，把握好利用好新媒体

新媒体时代的到来，给县级电视台带来了无限的想象空间，电视台应抓住这千载难逢的发展机遇，在改革中不断创新、不断进步，拓展自己的生存空间。

1. 积极"触网",消化吸收"新媒体"节目

广电媒体可以引入网络媒体的大量内容,借助网络新媒体的形式和手段,开发出更为精彩的节目内容。在这方面,国内一些地方媒体已经有了成功的实践。"2008年,吴江电台新闻综合频率开设了《播客总动员》直播节目。2011年,《969随身听》节目中设置了《一网搜天下》版块,借助网络平台,每天为受众搜索全球网络信息,包括来自网站的独家信息。"[1]这一类的节目还可以建立QQ群、微信群等,与观众进行网上互动、无线互动,让受众加入到节目话题的讨论中来,使电视通过网络更大范围地和受众实现良性互动,增强电视的影响力。就像早期电视台的读报节目一样,读网节目、播客节目较好地实现了对网络信息资源的整合和利用,实现了对网络信息的深加工和二次传播,也是对传统广电节目的一种补充和丰富。当然,网络信息浩瀚如海,网友观点也是五花八门,如何选取有价值的新闻信息,如何选取具有代表性和恰当的网友评论,对于这类节目的制作者们是一个不小的考验。

2. 培养"融合型"记者,打造新媒体采编队伍

新媒体时代是一个传播技术日新月异、受众个性多样、价值理念多元的时代。因此,新媒体时代对采编队伍素质提出了更高的要求,需要集采、写、摄、录、编、网络技能运用及现代设备操作等多种能力于一身的人才。新媒体记者不仅要为受众真实客观公正地提供信息,还要做个网络达人,要有网络思维,如在内容制作上要注意适应网络的语境,符合网友的胃口,便于网友理解消化信息,通过论坛等加强与受众的互动,通过种种方式将信息服务延伸化,帮助受众释疑解惑,提炼观点。不但要有很强的写稿能力,更要研究思考大格局,是自己报道范围内的"专家"。面对海量信息,内容竞争往往是策划力的较量,不管是重大突发性事件、日常新闻报道,还是深度报道、典型报道,都要事先做功课,寻找新闻的角度,采用与众不同的表达方式进行报道。面对新媒体时代,县级广电媒体要把强势的本土性、原创性、权威性内容与新媒体传播方式有机结合,这样,才能达到新媒体和传统媒体"1+1>2"的理想效果。

3. "线上"+"线下"尝试,做电视领域的"OTO"

目前,不少县级电视台也在做家装购物、啤酒节、汽车等落地活动,主持人、编导、记者、摄像等各个岗位的工种走出演播室、走出电视机,与受众进行面对面、零距离的交流和互动。例如,2014年6月14日,尤溪电视台经过为

---

〔1〕 朱林珍.县级广电媒体如何面对全媒体时代[J].视听界,2012(3):113-115.

期一个多月的筹备,如期举办了"为爱向前冲——尤溪县首届大型公益相亲会",当天,活动全程历时超过 12 个小时,吸引了数万人次到场。活动一共吸引了 1650 多名单身男女报名,当天成功约会的达到了 150 多对,现场成功牵手 12 对。电视台举办如此大规模的活动,在当地是史无前例的。相亲会成为了全城百姓街头巷尾津津乐道的热门话题。在这样的大规模活动中,就是借助了新媒体的力量并取得实效。如,在活动前期的报名,在微信、微博中开通专栏,与百姓进行互动交流,让更多人知道相亲会。在活动举行期间,在微博、微信中开设"我在相亲会现场"等栏目,发动网友晒出现场百态,讲述自己的相亲遭遇和感受,同时还收集群众对相亲会的意见和建议,更好地为民服务。活动结束后,进行了"议题设置",设置相关的话题讨论,引发人们对相亲这个普遍的社会现象的思考等等。这样做的成效体现在首先通过对新媒体的应用,电视新闻的来源更多了,形式也更丰富了,而且还非常贴近百姓、贴近实际。其次,新媒体也得到了更大范围的推广,吸引更多"粉丝"加入到电视台的新媒体平台中。总之,电视台应该借用一切可能实现"线下"落地活动与"线上"新媒体平台的融合互动。借用消费领域的 OTO 概念("OTO"是"Online To Offline"的简写,即"线上到线下"。OTO 商业模式的核心很简单,就是把线上的消费者带到现实的商店中去,在线支付购买线下的商品和服务,再到线下去享受服务,从而实现线上与线下的良性互动),笔者认为,这就是电视领域的 OTO。

4. 做"内容运营商",实现盈利模式的创新

说到对新媒体的应用,目前,不少县级广电媒体只是改变了传播模式,并没有改变盈利模式。事实上,县级电视台在当地除了是新闻媒体外,其实还是信息内容的供应商、视频生产商,这也是电视台的一大优势。在新媒体互动平台的支撑下,县级广电媒体可以对自己已有的视频、音频内容进行再加工,实时化、互动化、精品化、俱乐部化,根据不同的终端,不同受众的多元需求,进行节目的定制生产实验,研究制作面向多种媒体的发布形式和播出形式,实现节目资源的增值。如把最新新闻、交通信息、天气信息、商业信息等打包分派,接受定制,形成新的盈利模式,最终实现从广告收入为主向终端收费、多元化收费的转换,成为适应新媒体播出需求的内容提供商和运营商,获得"内容产业"的发展机遇。

总之,信息传播技术的飞速发展以及各种新媒体的不断涌现,为县级电视台改善传统业务、开发新兴业务、扩大受众范围、拓展市场空间提供了新的发展方向。县级广电媒体加速完善自身平台,与新媒体进行深度融合,可以有效

克服自身的不足,实现转型升级,借助新媒体流动的信息能力,为自身的发展找到新的立足点。在媒体融合过程中,我们更应该注重传统媒体的内容资源建设,突出核心资源,借助新媒体的传播渠道优势,资源由多个载体共享,为核心内容打造不同的载体模式,发挥集约效应,从而达到节约成本、科学运营的目的,以实现双方的共同发展。在竞争中求创新,在创新中求发展,这是新媒体时代新旧媒体共生共荣的发展之道。

创新服务能力,构建服务型媒体
推进尤溪媒体融合行稳致远

曾惠辉

摘要:近年来,新媒体技术发展迅速,对传统媒体行业产生了巨大的冲击。然而,机遇与挑战并存,传统媒体与新媒体融合发展已经成为必然趋势,县市区媒体除了要及时转变自身观念之外,还必须将现代化信息技术同自身优势相融合,注重公益传播,构建服务型媒体,以助推媒体融合行稳致远。本文以尤溪县融媒体中心积极整合县域资源,创新服务能力,践行公益传播责任的生动实践为具体案例,对地方媒体如何利用新媒体做好公益传播,推进媒体融合进行思考。

关键词:县级融媒体;媒体融合;服务型媒体;公益传播

尤溪县融媒体中心在传统媒体与新媒体融合方面大胆尝试,勇于创新,积极努力构建服务型媒体,以打造新时代的新型主流媒体为目标。

一、融合传播手段,创新服务能力

"服务"并不是对媒体提出的新要求,而是媒体本质属性的固有之意。传统媒体服务方式相对单一,服务能力较弱。随着媒体融合时代的到来和互联网技术的高速发展,网站、微博、微信、抖音等新媒体平台的融合,使信息传播的手段越来越丰富。

尤溪县融媒体中心的官方微信公众号"福建微尤溪"于 2015 年 1 月正式上线,提出了"从这里,看尤溪"的口号,以"关注民生,服务百姓"为原则,定位用亲民化的交流方式与主流媒体形象刚柔并济。"福建微尤溪"通过线上、线下多种渠道,以多样化的形式拉近与粉丝的距离,吸引了一批青年群体,提升了尤溪县融媒体中心的知名度与关注度。

随着互联网技术的快速发展和智能手机的普及应用,移动直播技术的运用为媒体的融合与转型带来了新的契机。2016 年 3 月 15 日,尤溪县融媒体中心率先在全省开通微信视频直播功能,实现用手机同步观看尤溪电视台节目,把电视装进了口袋里,得到了广大微友的好评,达到了很好的互动、传播效果。此外,尤溪县融媒体中心敢于打破传统的纯文字与图片相结合的编辑模式,新融入了 H5、抖音短视频以及动漫视频等新媒体内容,为市民打造了视听上的双重享受。

尤溪县融媒体中心整合新闻、服务、应用等资源推出的融媒体平台"智慧尤溪"APP 于 2018 年 11 月试运营,2019 年 3 月正式推广,目前下载量已 13 万＋。"智慧尤溪"整合县域各部门、乡镇资源,全力打造集新闻资讯、政务信息和服务、便民服务、活动直播、视频点播、网上商城等功能于一体的"智慧城市"载体。

当下,短视频以其直观、生动、及时的优势,越来越受大众的欢迎。尤溪县融媒体中心顺应时代潮流,适时调整策略,培养和提升员工业务技能,组建短视频制作团队,运用手绘板绘制各类图片,通过动画形式展示给市民,不少原创短视频获得了新华社等主流媒体的关注与称赞。今年以来就有《一名尤溪援鄂护士的武汉日记》《距离一米 因为爱你》《成长》等系列"透着温度"的抗疫故事在微信朋友圈、短视频等社交平台上广泛传播。

尤溪融媒体中心融合文字、图片、视频等多种形式,"一次采集、多次生成、多元发布",实现了多管齐下。全媒体时代,主流媒体要旗帜鲜明坚持正确的政治方向、舆论导向、价值取向,大胆运用新技能,融合传播手段,创新服务能力,不断加快融合发展步伐。

二、注重公益传播,践行媒体责任

媒体平台在弘扬社会主义核心价值观、传播正能量、倡导良好道德风尚、提高公民文明素质和社会文明程度、维护国家和社会公共利益等方面,发挥着重要作用。新媒体时代下,社会群体愈发注重公益问题,也积极投身于公益事业中。在此环境下,媒体平台更要积极传播公益理念,真正发挥新媒体平台在公益传播中的作用,践行媒体的社会责任。尤溪县融媒体中心坚持传播正能量,制作发布公益助农、公益寻人、见义勇为等专题内容,营造互帮互助的良好社会氛围。

1. 公益助农

公益项目是国家精准扶贫、决战脱贫攻坚工作的重要一步,而媒体主导的公益项目在推广中独具传播优势。随着媒体融合的深入,公益助农不断尝试直播,从深挖内容到更加注重传播效果,体现了媒体公益的生命力和发展方向。

"福建微尤溪"自上线以来，聚焦农村，关注农业，为农民发声，发布农村发展、农业生产、农民动态以及农特产滞销等新闻。近年来，"福建微尤溪"坚持服务"三农"，为农户拓展农产品销路，增加农民收入，助力精准脱贫，成效显著。例如，《【快看】尤溪老农的地瓜成了"抢手货"！义卖活动火热进行中，一起来帮帮他！》帮助汤川乡白际村75岁贫困老人林观平销售4000多斤滞销地瓜；《【快来】尤溪人一起来帮帮他！瓜农带着两个孩子在卖西瓜……》帮助城关镇星明村瓜农邱盛语销售西瓜，文章发出后立即引发社会高度关注，两三万斤的西瓜销售一空；《【急急急】尤溪10万多斤农产品滞销！农户心急如焚，帮帮他们！》帮助新阳镇上井村果农急寻柚子销路，这条消息一发出就获得社会的广泛关注，市民们积极响应，果农们滞销的农产品很快也销售一空。

还有今年受新冠肺炎疫情影响，农产品滞销、停工停产停课……突如其来的疫情给民众的生产生活带来不同程度的影响。尤溪县融媒体中心充分发挥全媒体优势，精准发声，融合传播，探索推出多元化、特色化的服务，成为引导群众、服务群众的好帮手。《镇长推荐 主播带货》《"鸡"善成德 为爱助力 贫困户3000只山地鸡急寻销路》……5月1日起，尤溪县融媒体中心在抖音、快手、微信看点等多个平台，通过"尤品汇"用户号常态化开播，拓宽农特产品销售渠道。《尤溪：主播成网红 直播带货忙》及时报道了尤溪县融媒体中心搭建农产品信息交流平台，助力解决农产品滞销等问题。直播带货活动，得到广泛点赞。主流媒体直播带货，与电商平台强强联手，扩大了影响，也创新了媒体的传播方式，助推脱贫攻坚和乡村振兴，让媒体公益传播更出彩。

2. 公益寻人

"福建微尤溪"充分发挥新媒体的公信力和影响力，为市民提供了一个简单、快速、有效的公益帮助平台。聚焦寻人、寻亲、救灾、救急、求助、扶贫等公益活动。

例如，微信发布《【紧急寻人】28年前被抱养，莆田女子希望能与尤溪团结的生身父母相认！快帮帮她！》的文章，帮助莆田女子在尤溪寻亲。文章一经发出，便得到众多微友的支持关注。阅读量达到2万＋，消息发布后10天，女子在尤溪寻亲成功，"福建微尤溪"跟踪报道题为《【喜讯】分离28年，女子终于找到尤溪的生身父母！感动全城，幸福满满！》的文章。通过跟踪报道女子寻亲过程，感谢微友助力转发和有心人提供相关寻亲资讯，进而升华寻人接力，传达出了尤溪人满满的爱心与社会的正能量。再如，一则《【紧急寻人】尤溪一小学生失联已超24个小时，恳请全城帮忙寻找！》的消息，牵动了无数尤溪人的心，引发广大市民积极转发，爱心接力寻人。这条寻人信息的阅读量近8

万,收到了100多条微友们的关心留言。在"福建微尤溪"发出寻人启事后一个多小时后,便接到了家属发来的消息,称一位热心市民打电话给他,说看到了"福建微尤溪"发布的失联小学生,孩子已找到。《【跟踪报道】尤溪失联小学生回家了!到底发生了什么?家属说……》的消息,向广大热心微友告知孩子平安寻回,并感谢微友的支持与助力转发,弘扬社会正能量。无独有偶,一则《【紧急寻人】尤溪一小学生失联近50个小时,恳请全城帮忙寻找!》的消息发布,阅读量近10万。而后又发布《【最新消息】尤溪失联小学生回家了!到底发生了什么?家属说……》的跟踪报道。这正是尤溪县融媒体中心积极弘扬社会正能量,倡导社会公益理念的最直接体现。

公益理念的传播往往以其润物细无声的独特优势,给人们以美的熏陶,达到入脑入心的宣传效果。新媒体应该充分重视并做好公益传播,使其在社会主义精神文明建设中发挥作用。

融媒体时代的公益传播手段迎来了进一步的革新:不仅在内容创作、传播媒介、分发机制上得到了发展,更促进了新的交互方式的出现。公益传播手段从自上而下的垂直传播转变为基于互联网平台的互动传播,传播效果也以陪伴性互动、沉浸感体验、碎片化接受作为关键要素,以更贴近受众情感的方式达到传播公益价值观的效果。

三、构建服务型媒体,推进融合行稳致远

随着媒体融合的不断深入,尤溪县融媒体中心认识到必须拓展自身功能、加强特色化服务、满足差异化需求,才能在深度融合的新生态中找准位置、发挥效能。为此,尤溪县融媒体中心进一步探索强化用户思维,明确自身所面向的用户需要何种服务、如何为其提供高质量服务等。

尤溪县融媒体中心做到切实关注民生,真诚服务群众。"福建微尤溪"上线以来除了筛选本土新闻,为市民提供生活资讯,还相继开设了《微拍尤溪》《拍客秀》《乡村振兴》《尤溪警"曝"》等民生专栏。反映尤溪民生诉求,以引起相关部门的重视,起到上传下达之效;传播乡村的美,讴歌基层群众伟大创造,展现农业农村发展成就,让百姓感受振兴力量,为推进乡村振兴战略凝聚强大正能量;曝光不文明行为,教育引导群众遵纪守法、文明出行等。

在"福建微尤溪"公众号的主页菜单栏搭建《微尤溪便民服务平台》这一便民通道。以"便民、利民、惠民"为宗旨,致力于为大家提供最便捷的服务。市民通过该平台免费发布招聘求职、房屋租售、寻人寻物、二手转让、教育培训、商家优惠等信息。也助农销售滞销农产品,例如后楼脐橙、苦柑、管前金柑、农

家茶籽油、土鸡土鸭、山羊肉、土鸡蛋、葛根粉等，为农村农产品销售搭建了有力平台。

"智慧尤溪"APP更是一个拥有一站式社会服务的管理平台，功能包括：交管查询、公交来了、预约挂号、快递查询、发票查询等实用工具，求职招聘、房屋出租、二手交易、教育培训等便民服务，以及社保卡挂失、养老保险、住房公积金查询等公共服务，近40个应用为市民提供随时随地高效便捷的服务。

"扑下身子、沉下心来，扎根基层，把来自一线的、最鲜活的报道呈献给受众，推出有思想、有温度、有品质、有乡土气息的融媒体产品，全面展示农业乡村发展新变化。"尤溪县融媒体中心正是照着这样的标准要求，努力为群众提供民生、民情服务，为社会大众的发展诉求表达、精神文化生活、社会交往需要等提供传递通道、讨论空间、纾解平台，服务于人民福祉的保障与增进。

立足公益性，突出服务性，坚持贴近性，服务农民生产生活，创新服务能力，构建服务型媒体，方能推进尤溪媒体融合行稳致远！

六、特色频道、重点栏目打造

浅析媒体融合发展背景下访谈节目的创新

——以《鲁豫有约大咖一日行》为例

高佳颖

摘要:《鲁豫有约》曾是凤凰卫视王牌节目,被《时代周刊》评为"15 年来中国最有价值电视节目之一"。在开播 15 年后,2016 年,《鲁豫有约》正式转型,从演播室访谈转变为真人秀 VLOG 式谈话节目《鲁豫有约大咖一日行》。主持人陈鲁豫走出演播室,与嘉宾零距离互动的新访谈模式无疑成为该节目的最大亮点。本文即从媒体融合角度出发,分析电视谈话类栏目《鲁豫有约大咖一日行》的融合创新之处。

关键词:鲁豫有约;访谈节目;创新

如今,在这个媒体融合且多元发展的时代,传统的访谈节目面临着两方面的压力:一方面,互联网自媒体百花齐放,令受众获取信息的渠道变得更多元,传统的访谈形式已经无法满足观众的精神文化需求;另一方面,真人秀节目的迅速崛起令观众对节目形式有了更高的要求,此时,访谈节目如果仍旧保持传统模式,那么显而易见,节目将难以生存。为了适应新的媒介环境和格局,老牌经典访谈节目《鲁豫有约》选择转型,成功打造子品牌《鲁豫有约大咖一日行》。该档节目一经推出即引起观众、媒体的强烈关注,也引发了关于电视谈话类节目创新的思考。

一、创新访谈模式,突破采访局限

从《鲁豫有约》转型而来的《鲁豫有约大咖一日行》借助真人秀 VLOG 的形式,迅速跳出了以往传统刻板的电视访谈节目模式:嘉宾与主持人在演播厅对坐,以提前写好的脚本为主,保守地提问、回答、交谈。《鲁豫有约大咖一日行》无论是节目场地选择还是嘉宾与主持人之间的互动,都着重于体现"真实感"和"现场感"。节目大量采用手持跟拍画面,即使拍摄时主持人出画面、构图不佳或不够稳定也选择保留,因为这样的画面更有现场感,能够更好地将观众引入主持人的主观视角,这与如今自媒体最火的视频形式"VLOG"(Video

Blog)有着异曲同工之妙,极大地打破了传统访谈节目的画面表达、空间限制和表现形态,给观众一种前所未有的代入感和新鲜感。

其实在某种程度上,谈话节目本身已经具备了一定的"真人秀"特质,而《鲁豫有约大咖一日行》在嘉宾与主持人的交谈之外,还融入了嘉宾的日常生活、出席活动的后台实拍等相关内容,不仅满足了观众的好奇心,更展示了明星嘉宾们最真实的生活状态,使嘉宾们能够在与朋友聊天般轻松平和的状态下回应有关于他们的热点话题,这样的内容设置使节目更接地气,也让节目充满了亮点、新意和趣味,更符合当今媒体融合形式下的受众选择。

以《鲁豫有约大咖一日行》第一季第一期采访王健林为例,王健林的那句"先定一个能达到的小目标,比如先挣它 1 个亿"迅速发酵成一个微信朋友圈抵达率达 4 亿 7 千多万人次、微博信息总阅读量达到 3 亿 5 千多万人次、全网相关报道共计 158937 篇次,覆盖人群保守估计超过 9 亿 5 千多万人的全网社会话题。[1]

无脚本、打破人物脸谱化、消除刻板印象的创新访谈模式,乃融媒体时代电视谈话节目的大势所趋。

二、画面元素丰富,人物形象生动

相比以往传统且单调的演播室访谈画面,《鲁豫有约大咖一日行》打破了传统访谈节目的空间和时间,将采访地点从演播室搬到世界各地,主持人与受访嘉宾同吃同行,参与到他们每天的工作生活中。拍摄手法也由原来的定时定点录制变成了全天移动跟拍,大量的外景拍摄镜头能够呈现出更多访谈无法体现的细节,使节目更加丰富多彩,也能让观众更容易把握嘉宾的人物性格,使其形象的刻画更为真实。

所谓电视人物专访,就必须着力刻画人物的深刻形象,使其具体、可感。而在传统的访谈节目中,拍摄空间仅仅局限于演播室内,录制时间也十分有限,嘉宾和主持人在紧凑的录制过程里保持着各自的"人设",按照节目脚本进行固有的对话,这既无法刻画出嘉宾生动的形象,也无法深入观众人心,在融媒体时代,更难以形成节目的良性传播。而《鲁豫有约大咖一日行》则将触角延伸到嘉宾的工作和生活场景之中,嘉宾们在熟悉的环境中,就更容易"放下身段",也更愿意讲述自己过往的经历,表达自己的思想和态度。

---

〔1〕 李强华.从《鲁豫有约大咖一日行》看访谈节目 3.0 时代到来[J].东南传播,2017(10):56.

例如,第一季第一期节目中嘉宾王健林在万达食堂钟情于韭菜盒子、在私人飞机上打牌时还会"耍赖";第二季第七期节目中主持人陈鲁豫到访嘉宾杨丽萍的私宅月亮宫,杨丽萍说自己"天不怕,地不怕,就怕我老妈";第五季第一期节目中嘉宾周润发与妻子带领主持人陈鲁豫和摄制组一行走街串巷品尝最地道的香港街头美食,热情地招待大家;第七季第八期节目中,主持人陈鲁豫飞往台湾,与嘉宾贾静雯坐在车上时途经一个街心花园,贾静雯不由自主地回忆起了童年在花园游玩的趣事等等……节目打破空间、时间的限制之后,既收获了更生动的嘉宾形象,也打破了观众对嘉宾的刻板印象,使观众看到了一个个真实、丰满而立体的受访嘉宾形象,而非遥不可及的企业家、舞蹈家、演员等等,这些围绕在被采访者身边的人、事、物,往往在无意间将人物刻画得更加形象、饱满。

同时,为了创新节目风格,营造出轻松、自然、欢乐、和谐的节目氛围,《鲁豫有约大咖一日行》的后期制作也颇为用心。在节目中加入了许多时下流行的字幕条,字幕条中精准"吐槽"、诙谐风趣的文字为节目增加了许多"笑果",极大丰富了观众的收看感受。此外,还加入了动漫人物造型,让"高端大气上档次"的受访嘉宾变得可亲可爱起来,访谈节目也因此接了地气,满足了受众的收视习惯。

丰富的画面元素使得《鲁豫有约大咖一日行》的媒体融合传播更为广泛,节目在上星卫视、视频 APP 进行首播,在短视频平台、社交平台(微博、微信)截取精华片段进行二次传播,这些都为节目带来了更广阔的收视群体,为高收视和高点击率奠定了基础。

三、媒体融合时代,节目内容为王

过去,访谈节目选题大多以明星、娱乐、八卦为主,节目内容显得不够深入,观众也基本以明星粉丝为主,而这样的节目内容很难给观众带来深层次的心灵体验。但在媒体融合发展的传播环境下,观众对信息的摄取越发精简,沉闷冗长的传统访谈节目不再是观众了解信息的首选途径。如果访谈节目还是仅仅围绕着"家长里短"的话题展开,就无法进入观众的内心,节目的结局注定是走向隐没。时代的变化、媒体的融合、观众的选择,都在要求访谈节目不仅要创新节目形式,更要革新节目选题,节目内容要以具备时效性和关注度为原则,要从娱乐至上转变为文化沉淀。

以《鲁豫有约大咖一日行》第七季节目为例:在直播带货正红的当下,第七季节目连播了两期"带货一哥"李佳琦的专访,在紧扣风口行业和热门话题的同时,带着观众们走入李佳琦直播背后的工作和生活,感受到当红人物的不易和对直播品质的坚守;在倡导保护传统文化的如今,第六期节目鲁豫专访老艺术家牛犇,到上海电影演员剧团追根溯源,让剧团的老艺术家们带观众翻开那些尘封许久的记忆;医患关系越发紧张的今天,第九期节目和抗疫特别节目分别拍摄了陶勇医生和贾娜护士,直击社会的痛点和堵点,感受抗疫的汗水与泪水,冷暖交替,直抵人心。

除了这些紧扣社会热点的选题,《鲁豫有约大咖一日行》还将主持人陈鲁豫在采访后的独白剪切成小段,贴在每期采访的结尾,构成了"鲁豫说"版块。在以往的访谈节目中很少有这样的版块设置,而该环节设计的巧妙之处就在于,不论是作为嘉宾工作和生活全程参与的亲历者身份,还是与嘉宾进行对话交流的采访者身份,主持人的体会都是最真切也是最有发言权的。因此,融入"鲁豫说"版块,改变了传统访谈节目主持人"高高在上"的角色定位,拉近了主持人与观众之间的距离,不仅能将观众对节目的思考引向正确的方向,也能让节目的整体内容呈现得更加完满。

例如在第四季第八期节目中,嘉宾梁安琪对子女十分严厉,甚至不顾拍摄团队在场,大声斥责姗姗来迟的女儿何超盈,一度让拍摄现场气氛紧张。在当时的情况下,主持人陈鲁豫跟梁安琪、何超盈身处同一环境中,然而当采访结束后,鲁豫可以从更加客观、公正的角度,跳出事件本身,讲述她自己对梁安琪的认识:"很多时候真的要粗一点,强悍一点,她就是这样的那种女性。"从而达到了深度刻画嘉宾人物形象的效果。

四、创设媒介融合环境,遵循媒体传播规律

人,是真人秀的核心。美国著名电视制片人唐·修伊特曾说:"人永远比话题来得重要。"《鲁豫有约大咖一日行》之所以大热,能够连拍 7 季不停歇,其中名人因素占据了很重的分量。不谈主持人陈鲁豫自带的金字招牌,第一季开播时,王健林、董明珠、周鸿祎等知名企业家参加真人秀访谈节目可以说是破天荒头一回。他们作为行业代表的同时也充满了话题性:"生活中的董明珠是否也一样强悍?""首富的工作、生活环境如何?""作为互联网企业的老板是否一样是 996 工作模式?"这些之前从未向大众揭开的谜底,对电视机前观众有着极强的吸引力。

因此,这样充满了新鲜感的嘉宾选择让节目还未播出就自带声势和话题。同时,在融媒时代,新媒体与传统媒体融合发展,灵活运用微博等新媒体平台进行节目推广成为了电视节目最重要、最不可或缺的宣传手段。《鲁豫有约大

咖一日行》的官方微博在节目外宣上就发挥了不少作用："如果人生有剧本,发给贾静雯的一定是部台湾八点档连续剧""有态度! 阿米尔汗:发誓不接烂片,哪怕断送职业生涯""鲁豫飞赴深圳专访乒坛大满贯男神张继科,'我愿拿命换冠军'霸气藏獒展露真性情"等,这些前期宣传微博,不仅收获了网友们的点赞和转发,还频上微博热搜,为节目的播出造足了声势。

在当前全媒体融合和信息碎片化环境下,微博、微信等社交平台,抖音、快手等短视频平台,都已成为电视节目营销的重要平台。传统媒体以单调的线性模式进行传播,受众有限,而互联网新媒体以丰富的过程模式进行传播,具有受众多、速度快、范围广等特点,使传统电视节目也能与时俱进,既能获得电视荧屏的高收视率,又能获得网络平台的高点击率,从而实现双赢的传播效果。

节目在社交平台上,通过节目自身的官方媒体或明星与粉丝的互动进行"圈内传播",对节目及相关内容进行二级甚至多级传播,"形成新的注意力聚集与影响力扩散效应,由此产生传播内容的被关注度及被解读度螺旋式上升的互动传播效应"。[1]《鲁豫有约大咖一日行》在媒体融合发展的情境下,通过微博、微信、抖音、快手等平台,不定期推送节目消息,注重制造多级话题,让受众对节目的关注更加持久。

而除了节目视频在上星卫视和视频 APP 同时播出以外,节目音频也在"喜马拉雅"等音频 APP 以成品节目的形式播放,这些多元媒介载体为节目进一步创造了多管齐下的盈利模式,在原有的《鲁豫有约》品牌基础上进一步提升了文化传播力和市场竞争力,这无疑将《鲁豫有约大咖一日行》强有力地推向媒体融合的市场,成为了电视谈话节目一次成功的自我创新和救赎。

五、结　语

《鲁豫有约大咖一日行》的成功转型,无疑是给处于低谷期的电视谈话类节目打了一剂强心剂。然而,要想长期保持高收视和高关注,节目要坚持以"内容为王",弘扬优秀文化,传播正能量,同时,在媒体融合的大背景下,要借助媒介融合积极扩展传播平台,创新节目形式,结合时代特色,从而实现社会效益与经济效益的双赢。

---

〔1〕 周军杰,左美云.线上线下互动、群体分化与知识共享的关系研究——基于虚拟社区的实证分析[J].中国管理科学,2012(6):185.

浅谈电视节目守正创新
践行"四力"打造精品节目

谢章辉

摘要：媒体进入新时代，新闻宣传工作面临着新挑战。习近平总书记提出的增强"四力"要求，既阐明了新闻舆论工作者本领能力的重要内容，也为我们当好新时代新闻媒体人提供了方法路径。只有不断增强"脚力""眼力""脑力""笔力"，植根于新闻实践，加强调查研究，才能写出不负时代的好新闻，提高新闻的传播力、影响力，让新闻贴近人民群众，服务于人民群众。

关键词：融合传播；提升"四力"；打造精品

尤溪县融媒体中心建设是在尤溪县委、县政府高度重视下和市委宣传部的关心指导下，于9月21日正式揭牌成立。在多年探索推动媒体融合发展的基础上，打造新时代的新型主流媒体，加快推进县级融媒体中心建设，开创了独特的"尤溪模式"。秉承"敬业、博学、求真、创新"的办台理念，提出了"新闻立台、影视兴台、人才强台、产业活台"的创新发展思路，打破常规，敢于改革，勇于创新，在全省乃至全国开创了一条县级台的融合发展新路子。

一、增强脚力，就是要深入基层、深入现场，在"脚力"上下功夫

媒体行业作为文化产业的重要力量，媒体节目创作过程自然不可脱离实践与人民群众，增强脚力，其实就是要增强群众思维和实践思维，践行党的宗旨、坚持实践第一，大行调查研究之风，做到走得正、走得实、走得久。优秀的节目作品是靠"脚力"跑出来的，用脚步丈量大地，走到源头才知活水从何而来，走得再远也不能忘记为什么出发；节目在现场，记者是行者，要往基层去，到基层心里才有群众；要在现场，在现场心里才有感动，才能查实情、动真情。要在路上，在路上才能有底气，到基层才能找到好课堂。老前辈穆青六访兰考、八下扶沟、四去宁陵、八进辉县，才写出《县委书记的榜样——焦裕禄》等名篇佳作。在一次做乡村振兴栏目报道中，我积极走访多个乡村，迈开双腿，走近田埂，访农家，走近农户与他们畅聊，带着责任和感情，深入基层"找感觉"，深入现场看发展，用镜头记录时代发展变迁、乡村的美丽嬗变。最终我呈现的

作品生动鲜活地展现出了一个个产业兴旺、生态宜居、乡风文明的美丽乡村风貌。实践证明,好作品是"跑"出来的,是"挖"出来的。作品的根来自基层、来自社会生活,"涉浅水者见虾,其颇深者察鱼鳖,其尤甚者观蛟龙"。练好"脚力",就是要俯下身子沉下心、挖掘节目富矿,发扬"脚底板下出精品"的好传统,把节目的视线和群众的衣食住行紧密相连,要始终保持"在路上"的工作状态,把更多有生活气息、充满情感的精品节目呈现给读者。

二、增强眼力,就是要能判断、会辨别,挖掘新闻、节目背后的新闻

眼力就是观察力、发现力,眼力的背后是判断力、辨别力。舆论工作者的"眼力",就是要站在国家发展的高度,善于用眼发现,面对纷繁复杂情况时,对问题有及时的发现力,有准确的辨别力和判断力。眼睛要时刻对准时代的亮点、社会的热点、民众的关注点。不仅要增强节目敏感,还要有发现好素材、好节目的慧眼。从微观中把握宏观,从当下看未来,透过事件的表象,由表及里地去洞察更深层次的社会意义和节目价值,采写更多"沾泥土""冒热气"的文章。练眼力的目的就是要知你我、辨是非、分真假、断美丑。在实践过程中,我主动下基层,永远在路上,敏锐洞察事物,积极开动脑筋深入思考,坚持群众思维、政治思维、辩证思维和受众思维。善于观察,善于发现,要立足大局,拓展节目视角,汲取节目养分,仔细感受社会发展的点滴,从实践生活中发现节目的源头。眼力是记者专业素养的外化表现,有了好"眼力",就能看到节目背后透露出的意义,正确判断节目的价值。炼就一双去伪存真、去粗取精的"火眼金睛"。习近平总书记曾生动地表达:面对生活之树,我们既要像小鸟一样在每个枝丫上跳跃鸣叫,也要像雄鹰一样从高空翱翔俯视。

三、增强脑力,就是要善于思考问题、分析问题,守正创新

打造精品节目工作既是一项体力劳动,也是一项纷繁复杂的脑力劳动。需要我们深入、全面、深刻、透彻地去认知、思考,分析问题,回答问题,去粗取精,去伪存真。自觉遵循节目传播规律,善于把握时、度、效,才能采写更多有思想、有温度、有品质的精品节目。什么时候报道、以多大力度报道、通过什么形势报道才能达到最好的效果,都需要认真揣摩、深入研究,用高质量的"思想精品"来吸引人、感染人、影响人。做好新时代传播工作,必须坚持辩证思维,善于透过现象看本质,这些需要我们厘清新闻素材,更好地实现守正创新,体现出心中有群众、胸中有大局。

169

提升脑力，不仅要提升理论修养，还要在众声喧哗、乱云飞渡中坚定政治坐标和价值取向，开动脑筋想问题，真正做到学思践悟、深思熟虑、三思后行，使我们的节目更具思想性、针对性、有效性。始终保持思维活力、思想创造力，赋予作品与时俱进的品质。承载的是思想，表达的是价值。正如习近平总书记所说：辩证思维、综合分析判断，坚决纠正"四风"特别是形式主义、官僚主义，警惕高级黑、低级红，坚决防止正面宣传产生负面效果。

四、增强笔力，就是要锤炼文风，写好、写活新时代故事

独特的"笔力"是做好新闻舆论工作的"播音器"，无论"脚力"上的奔波，还是"眼力"上的洞察、"脑力"上的思考，如果没有"笔力"上的表达，就一切归于空、等于零。优秀的节目工作者是人民的讴歌者、时代的唱响者、舆论的引导者，是要靠"笔力"来表达呈现，引导传播，"笔力"就是表达力、感染力。"笔力"就是要紧扣主旋律，谋篇布局，把"脚力"的勤快深入、"眼力"的广大精微、"脑力"的深思熟虑都诉诸笔端，创作出题材丰富、形式多样、内容充实、语言朴实的好作品，让节目作品更富时代性、更有实效性。笔下自有千斤力。笔力要有真实的表达，是平实的体现。宣传思想工作者要严守真、平、情、活的准则，不虚不假，不冒不夸。只有这样，宣传思想工作才能更有凝聚力、引领力、感召力和穿透力。

宝剑锋从磨砺出，梅花香自苦寒来。练好"笔杆子"，需要宣传思想工作者实事求是，需要宣传思想工作者多思多写多动笔，笔头上的功夫不是与生俱来的。"笔力"足，才能让人耳目一新，文章才能更有感染力、打动人，传得开、传得远，从而经得住时代考验。牢固树立创新意识，开拓思路，转变视角，努力把新闻宣传工作的视点对准现实生活，聚焦丰富多彩的生活场景，挖掘生动事实，汲取新鲜营养，使我们的新闻宣传更加入情入理，富有生活色彩，充满生活气息，赋予正确舆论导向以鲜活的生命力。

县级媒体的基本定位：第一是传达政令，政治上的需求；第二是贯彻落实，包括宣传当地的政策法规；第三是为老百姓服务；第四是提供文化娱乐。本土化、贴近性、乡土人情、深耕本土文化是县级融媒体的最大优势。要立足实际，练好内功，做好自己的主业和专业，最关键的就是做好"内容生产"的融合，实现"更好地引导群众"。迎难而行必伴有阵痛，蜕变才能获得重生。在风生水起的全媒体时代，创新精品节目发展是传统媒体再造新优势的必要手段，尽管屡遭挑战，但也遍地生机。

"四力"环环相扣、相辅相成、紧密联系。宣传工作者要牢记嘱托、勇担使

命,要以永远在路上的韧劲,持之以恒,久久为功,在增强"四力"实践中学在前、走在前,以"脚力"深入基层、以"眼力"明辨真伪、以"脑力"深入思考、以"笔力"呈现作品。只有"四力"共同发力,用手中的笔记录时代的发展,用精品力作展示节目的力量,才能写出有思想、有温度、有品质的精品节目,当好新时代的媒体人。

网络扶贫：授人以"网"，还要"授之以渔"

胡素琴

摘要：随着我国信息技术的不断进步，人们逐渐地步入"互联网＋"的时代，进而使得网络扶贫成为当前实现精准扶贫的重要手段之一。利用网络覆盖范围广、使用率高的特点实现精准扶贫为我国贫困地区以及贫困人口发展带来了新的希望，但是在如今经济发展的形势之下也遇到了各种困难与瓶颈，例如基础设备不健全、资金不充足等。为了可以进一步推动我国贫困地区有效、平稳、和谐的发展，需要政府和相关部门予以一定的帮助，不断地优化与完善农村电商基础设备，进而在一定程度上推动贫困地区和贫困人口的发展，从而为更好地落实精准扶贫打下坚实的基础。

关键词：网络扶贫；精准扶贫；媒体责任

目前，网络扶贫是实现贫困地区精准扶贫的重要方式之一，是打赢脱贫攻坚战，帮助贫困人口实现盈利与丰收，共同走向小康社会的重要保障。让贫困地区的贫困人口用得起网络、用得好网络是当今带领他们走向富裕，共享数字红利的必由之路，因此网络扶贫成为贫困地区早日摆脱贫困不可或缺的一部分。最近一段时间，中国有关部门公布了 2019 年度网络扶贫的案例名单，阿里巴巴集团的"淘宝村"、京东新模式下推动产业扶贫等 10 余个扶贫项目赫然在目，由此可以看出网络扶贫为实现精准扶贫提供了新思路与新理念，在脱贫攻坚这场持久战中发挥了至关重要的作用。为了可以让网络扶贫尽快地进入贫困地区，为贫困人民所用，要尽可能地对影响网络扶贫开展的各项因素进行总结归纳与分析，从而通过科学的方式方法加快贫困地区网络的普及，为尽早实现精准扶贫奠定良好的基础。

一、实现网络扶贫的重要意义

（一）调动贫困人口创业积极性，创造就业机会

在我国，每到各类节日前后，众多在外务工的贫困人口在全国范围之内开始进行大规模的流动，进一步给社会经济和交通运输带来重大的压力。与此

同时,部分务工人员在异地就业以及成家之后,带来了众多的社会问题,例如:子女教育、农村孤寡老人的安置、社会保障等,而这些都成为了实现精准扶贫以及全面建设小康社会亟需解决的主要问题。由于网络营销前期的投入资金较低以及无创业门槛,因此将信息技术以及互联网引入到贫困地区并通过网络的形式进行商品营销无疑是实现精准脱贫的最好方法。通过网络营销,人们可以使用有限的资金实现自主的创业,如果在整个村镇中有多数贫困人家都利用网络进行了创业,那么就可以实现规模和协同的网商集群效应,进而在一定程度上可以形成一个网络销售产业链,为村镇带来可观的经济收益,进一步改善当前贫困地区的经济。此外,网络扶贫可以有效地带动通信、电脑、运输、维修等配套产业的进步与发展,在最大限度上为农村带来一定的就业机会。在 2016 年初,阿里巴巴研究院发表了一份《中国淘宝村研究报告》,据报告显示通过网络营销的方式,淘宝村平均新增 1 个活跃网店,可创造 2.8 个直接就业机会。由此可以看出网络扶贫对贫困地区经济的发展以及贫困地区的就业起到了推动的作用。如果贫困地区都可以引入网络,人们学会使用网络,那么就可以创造就业机会,在最大限度上带动贫困地区的经济,从而可以有效地解决当前贫困地区所面临的留守儿童、孤寡老人等各类问题。

(二)帮助贫困地区实现增收

所谓的网络扶贫就是指在各个地域的贫困地区通过引入网络并且使用网络方式开展各项有效的经济活动,此活动涵盖人们在网络上售卖当地特产以及购买外地相关产品等。此活动的开展首先是为了帮助贫困地区构建一个商品网购平台,进一步让人们学会如何使用网络,并通过网络丰富和增加人们购物的选择,有效地协助人们购买到既廉价又有质量保证的商品。根据资料显示,截至 2019 年上半年,832 个国家级贫困地区在引入网络之后网售交易额高达 1110 亿元。在前一段时间,阿里巴巴集团开启了一项名为"千县万村"计划,贫困地区的淘宝村镇已经累计覆盖全国的 29 个省份 700 个县域的 3 万多个村点。其次,在网络在贫困地区得到大范围推广背景之下,各个贫困地区出现了连带效应,逐渐地开始出现了淘宝镇,这些淘宝镇的出现打开了贫困地区的市场,有效缓解了产品滞销的问题,进而为人们带来了可观的收益。由此可以看出网络扶贫在最大程度上帮助贫困地区实现了增收,推动了贫困地区的经济发展。

(三)推动贫困地区的城镇化发展

贫困地区网络的普及为贫困地区的城镇化发展带来了新思路与新理念。

通过网络可以让人们不离乡、不离家就实现稳定的收入,进一步地摆脱贫困。那些外出务工的人们看到自己的亲朋好友通过网络营销的方式发家致富,便纷纷回到自己的家乡并参与其中。

在刚开始接触网络时,由于不懂其运营机制,通常情况下都是先给其他略懂网络的人们打工,在赚钱的同时学习其中运营原理,在掌握一定的知识之后,就可以实现独立的网络销售。网络再被引入到贫困地区,进一步改变了贫困地区的经济情况以及生活水准,让社会中出现的各类问题都逐渐迎刃而解,使人们获得幸福感以及满足感。此外,推动贫困地区网络的发展可以在一定程度上提高人们的综合素养,进而为实现精准扶贫以及社会经济的发展提供强有力的支持。

二、网络扶贫背景下贫困地区的发展策略

(一)通过全媒体直播解决老百姓产品销路问题——以尤溪县为例

受新冠肺炎疫情影响,不少农户的农产品出现滞销难题。尤溪县新阳镇建档立卡贫困户于宗基家养殖的 3000 多只早该出栏的山地鸡面临滞销,得知这一情况后,尤溪县信息化建设及电子商务项目指挥部、尤溪县农村农业局、尤溪县商务局启动电商公益扶贫活动,联合尤溪县融媒体中心策划并开展了扶贫助农全媒体直播活动。

2020 年 4 月 2 日,尤溪县融媒体中心工作人员来到新阳镇中心村建档立卡贫困户于宗基家的养殖场,从山地鸡的养殖数量、生长环境、滞销情况到销售渠道、定制服务等多方面深入了解,通过直播帮助贫困户更好地打开了销路,解决了实际难题。并在直播中设置有奖环节,与众多网友互动,让贫困群众共建共享网络,实现授人以"网"、"授人以渔",最终促进经济发展。

(二)构建贫困地区物流配送架构

物流配送是网络营销发展过程中的重要环节之一。根据贫困地区物流的覆盖程度,政府和相关部门可以制定相关的政策,不断地构建与完善贫困地区的物流配送架构,进而在一定程度上充分地发挥出配送商的服务优势,提升配送的速度。同时,要在贫困地区存在的配送网基础上加大与物流商的合作力度,延伸贫困地区配送的覆盖面,从而为贫困地区网络及网络营销的发展提供强有力的支持。

(三)提高贫困地区网络营销的意识

对于贫困地区的养殖大户、种植大户等,要培育、提高他们使用网络、用网

络进行营销的意识。由于我国网络营销发展水平远不及其他农业经济大国，再加上受到传统经营方式思想的束缚，以至于贫困地区的人们主观意识不足，不愿意学习网络技术以及使用网络营销方式。基于此，要及时转变养殖大户、种植大户等涉农经营者的思想观念，循序渐进地引导他们产生网络营销的意识，从而为更好地实现精准扶贫做好铺垫。

（四）提高对农村电子商务人才的培训

首先，当地政府、网络专家、网络营销企业要积极地发挥出自身的作用，加强对养殖大户、种植大户、农村合作社、青年带头人、返乡创业者、大学生村官等的网络知识培训力度，不断提高他们使用信息技术进行网络营销的能力与水平，进而在一定程度上为我国贫困地区网络营销的发展储备专业性人才。其次，当地的职业院校要依据如今的形势开设有针对性的网络营销专业，进而培养出适应目前情况的复合型电子商务人才。

（五）积极打造适合贫困地区发展的品牌

在进行网络营销的过程之中，贫困地区村镇要依据当地的情况选择适宜的农产品进行网销，进一步地打造高质量、高水准、具有品牌价值的网货。同时，在网络平台上展示网货时，可以利用文字描述、图片策划、评价等多样化形式进行合理的包装，进而在一定程度上吸引网购者，推动贫困地区经济的发展。

（六）继续加快提升网络覆盖领域

支持贫困地区信息基础设施建设，提升宽带用户接入速率和普及水平；支持实用移动终端研发和应用，满足贫困地区群众使用需求；支持开发网络扶贫移动应用程序，推广民族语音、视频技术研发。

深化拓展产业扶贫。支持推广互联网、大数据、物联网、人工智能在农业生产经营管理中的运用，促进新一代信息技术与农村生产生活、农产品加工、农业装备制造以及特色农业深度融合。支持因地制宜发展数字农业、智慧农业、绿色农业等长效扶贫产业，激发贫困地区和贫困群众自我发展的内生动力。

扎实推进农村电商。支持"互联网＋"农产品出村进城工程，建立完善适应农产品网络销售的供应链体系、运营服务体系和物流、仓储等支撑保障体系，推动贫困地区农产品上网销售，实现优质优价，助推脱贫攻坚。支持电商企业采取多种方式拓宽贫困地区农产品销售渠道。支持农村物流配送体系建设，进一步提升贫困地区快递网点乡镇覆盖率。

着力推动涉农服务。支持发展适应"三农"特点的信息终端、技术产品,推动偏远农村地区远程医疗设施设备普及。推进移动互联网应用,提升为农综合服务能力。运用互联网手段,推动社会服务在线对接、线上线下深度融合,着力解决贫困地区教育、医疗资源不足的问题,支持发展在线教育培训、远程医疗服务等,提升贫困地区教育、医疗等领域的信息化水平。

三、结　语

综上所述,在步入新时代之后,我们需要对未来进行深切的展望,在振兴乡镇企业的同时要实现贫困地区的网络扶贫,使得贫困地区的人们可以尽早地摆脱贫困,真正地富裕起来。与此同时,也要不断加快网络营销在贫困地区的发展进程,通过优化与完善贫困地区信息基础设施建设、构建贫困地区物流配送架构、提高贫困地区网络营销的意识等各种方式提高贫困地区经济的增长,从而为实现网络扶贫和全面小康社会打下坚实的基础。

如何打造县级电视台影视精品

周铭华

摘要：近年来，一些县级电视台在精心办好节目、努力奉献优秀作品方面做了许多探索和努力，取得了不错的效果。但是，由于种种原因，县级电视台普遍存在着办公经费不足、人才队伍整体素质不高等问题，很大程度上制约了电视节目的质量。如何充分利用现有条件创新开展工作，进一步办好县级电视节目？本文对此展开论述。

关键词：区域电视；影视创作；融合创新

一、引　言

一个地方电视台的节目办得成功与否，直接影响着收视率，也在一定程度上制约着电视台能否与时俱进、可持续发展。作为县级电视台，尤其是身处经济欠发达地区，如何在大众媒体百花齐放的今天，办好、办活、办出有特色的电视节目来吸引大众、提高收视率，以求得自身的生存和发展，成了县级电视台必须思考的问题。

无可否认，作为中国最基层的广播电视机构——县级电视台，由于起步晚，受资金、技术、人才等多种因素影响，目前，大多数，尤其是不发达地区县(市)级电视台始终在困境中艰难地维系生存。但唯物辩证法认为，事物总是一分为二的、有双重性的。只要我们始终立足本土实际，坚持"贴近实际、贴近群众、贴近生括"即"三贴近"方针，扬长避短、错位发展，把节目办得本土化、特色化、大众化，重点在"节目趣味性、栏目品牌性、内容服务性"三方面下足功夫，就能把节目办成集思想性、指导性、观赏性和娱乐性于一体的群众喜闻乐见的节目。

二、如何打造县级电视台影视精品

(一)节目本土化，凸显趣味性

办好县级电视节目，关键要从本土化出发，立足当地的民俗风情，敢于创新、谋求发展。目前,县级广播台开办的节目大多数以新闻为主,因此,只有根据自身情况,多构思、多开办一些题材新颖,节目独特,反映当地风土民俗、社情民意的栏目,增加新闻、专栏节目的趣味性、娱乐性。通过节目多样化,不断丰富电视荧屏,以此激发大众的兴趣,提高收视率。

在开办电视节目时,我们不妨着重从理解当地大众的心理、迎合大众的口味入手,多办一些通俗、易懂、有趣味、健康向上、喜闻乐见的节目,这样更容易让群众产生情感、快速融入。要知道,随着社会的不断进步,当代人面临的工作压力越来越大,人们在工作之余均有放松身心、讲究情趣的心理特征。通过举办这些趣味性的节目,不但可以让人缓解工作压力,还可以让群众踊跃参与互动,提高电视节目的知名度和收视率。

本台在"尤溪新闻"中开辟"今日话题""主播带你游"等栏目,受众喜闻乐见;以栏目为特色,《天南地北尤溪人》《小沈郎》等十几档原创栏目,每晚18:00轮番上映;以影视为新业,创作了《空中看尤溪》《遇见桂峰》等本土宣传片、微电影《云来云往》《金柑情缘》和微纪录片《守摊人》等一系列影视精品,拍摄组足迹遍及全国多数省份,作品多次获奖;以活动为合力,举办春晚、"为爱向前冲"等活动,组织群众参与。

这些栏目办得很不错,深受大众的喜爱,有较高的收视率。因此,尤溪电视台被评为全国县级 10 佳电视台、福建省 10 佳影视创作机构、中国传媒大学培训学院融媒体内容生产实践基地;"智慧尤溪"APP、新浪微博等平台日浏览量突破 20 万;"微尤溪"公众号在排行榜上为福建第一、全国前十。

(二)找准融合点,打响栏目品牌

实践证明,任何一个企业要想在激烈的竞争中站稳脚跟,都会费尽心机打响自己的品牌,有一张响亮的"名片"。作为一个地方电视台要持续发展也不例外,就如何打响地方电视台的品牌,提高知名度,一直以来每个地方电视台都在暗中较劲,也一直在创新与发展中探索前进。

当前,随着新一届中央领导集体和政府把解决民生问题放在突出重要位置,尤其是强调要"加快推进以改善民生为重点的社会主义建设",越来越多的电视台已从办民生新闻、栏目入手打造品牌,提高收视率。无可否认,现阶段,办好民生新闻、专栏节目已经成为各地方电视台打造品牌的重要手段,民生类栏目也成为最受群众关注的节目之一。

县级电视台想要以民生类为题材作节目,通过采访关、领导关、人情关、解决问题关等并非易事,打响民生精品栏目时机也还不是很成熟。就目前而言,民生新闻、专栏类节目在市级以上电视台已做强做大、做深做透,相对采访道路畅通得多,而且它们具有更大的监督力,其中也不缺乏成功的典范。那么,县级电视台要如何做出精品影视,打响品牌呢?我们不妨避众多地方电视台一味打造民生精品栏目的锋芒,不再单纯从解决民生问题入手,而是找准时政与民生紧密融合这个结合点。即是说,要把民生问题与当地的人文资源优势等有机结合起来综合考虑开辟栏目,试想,"最基层"的特点,虽是县级台的一大劣势,但也可以看作一种优势。县级台虽地处基层,信息量不如省市台,但当地的特色如地方文化、风土人情、风俗习惯、人文景观等都能成为竞争的筹码。因此,立足本土,打造出富有乡土气息的影视精品,是提高县级电视台竞争力和吸引力的一种不错的选择。这样,也许会达到柳暗花明、别开生面的效果。

尤溪县广播电视台创作的《守摊人》就是当地百姓很喜欢看的影视作品。2018年以来,尤溪县广播电视台将目光锁定尤溪本地,拍摄了微纪录片《守摊人》第一季共8集,前后耗时一年,历经春夏秋冬,把镜头对准尤溪本土濒临消失的蓑衣、木雕、弹棉、灯笼、陶瓷、皮鼓、小腔戏、造纸等8种不同的手艺,重现了这些颇具时代烙印的传统手艺,诠释了手艺人的独到匠心,分别于2018年2月、5月起在福建电视台综合频道、尤溪电视台新闻综合频道播出。

该作品在播出后社会反响很大,收到了良好的传播效应和社会效应,每一个匠人、每一颗匠心、每一项手艺,都使人深受感动并由衷尊敬。《守摊人》成为尤溪台一个响当当的新兴影视作品。

(三)增强服务性,影显人文关怀

以关注百姓生活、倾听群众呼声、帮助提高百姓生活质量等为题材的栏目,已成为各地电视台提高收视率的有效途径。在经济相对较为薄弱的县级电视台,如果能在加强服务群众方面花费更多的功夫做好做活这类节目,更能彰显出人文关怀。县级电视台作为最基层的媒体,服务对象主要是农民,农民又是最广大的受众群体。因此,办好农村节目对一个县级电视台来说显得极其重要。一方面,电视台作为党和政府的喉舌,要充分发挥媒体的舆论监督功能,敢于鞭挞社会丑恶现象,既为政府分忧,也为百姓解难,真正成为群众和党委政府加强联络沟通的桥梁和纽带。另一方面,服务百姓应多从受众的心理需求入手,适度开辟一些反映助教助学、为人处世、社会新风尚、健康情趣等老百姓密切关注的栏目,以此扩大栏目的影响。

如脱贫节目,2020年是全面建成小康社会目标实现之年,是全面打赢脱贫攻坚战收官之年。为了全面落实中央省市及县委、县政府的决策部署,展现我县精准扶贫举措和成果,尤溪县融媒体中心与尤溪县农业农村局计划联合摄制微纪录片《我的脱贫故事》,立足于讲好脱贫故事,传播脱贫攻坚正能量。每期从全县各乡镇中选取一位有典型意义的贫困户进行跟踪拍摄,介绍他们的生产生活情况及受帮扶情况,侧重突出其中真实动人的细节,讲述贫困户用顽强的意志和勤劳的双手摆脱贫困的感人故事。

栏目既深耕本土文化又紧扣时代背景,《天南地北尤溪人》《爱学习》《小沈郎》《玩转尤溪》《阅读时光》等十几档原创栏目轮番上映,形成连贯的节目带。活动是增强用户黏度的合力之策,《乡村大舞台》《融媒体宣传服务队进基层》等一系列接地气、平民化的活动相继推出,成为百姓津津乐道的话题。

三、开拓创新,用内容打响电视台品牌

(一)开拓创新

1. 栏目特色化

在栏目创新上,重创新、细策划、精包装,实行一栏目一特色、一栏目一品牌。人物类栏目《天南地北尤溪人》,五年如一日,足迹遍及全国;时政类栏目的《爱学习》《党员说》,深入学习宣传贯彻党的十九大精神;廉政栏目《习习清风》,带您品读习近平十大廉政用典;文化类节目《阅读时光》《说古道今话尤溪》《艾说故事》掀起全民读书讲故事热潮;综艺类栏目《乡村大舞台》推动乡村文化发展;真人秀栏目《玩转尤溪》推进全域旅游建设;少儿类栏目《小沈郎》真人与动漫融合;扶贫类栏目《乡村振兴》《我的脱贫故事》,致力于精准扶贫;美食类栏目《美味尤溪》,用微视频记录乡味;服务类栏目的《农业新时空》《林业直通车》《健康尤溪》《法治在线》等,成为服务百姓的窗口。

据统计,国内有3000多个电视频道,上万个电视栏目,却少有让观者能够牢记的栏目,栏目数量的增加与收视人群形成了鲜明对比,众多栏目的呈现形式换汤不换药,毫无新意。所以说创新才是每个栏目的灵魂,拥有新意的栏目才能更贴近人心,从而获得观众的认可,成为一个成功的栏目。

2. 影视精品化

在影视作品创作上,坚持把每一个作品当精品来对待。一是小屏作品重创意。不断加大微视频短片创作力度,采用VLOG、动漫等形式,创作了《ONE DAY尤溪》《朱熹孝廉》等20多部优秀微短视频作品,在"福建微尤溪"、抖音平台等播放量超2亿人次。二是大屏作品重创优。应邀到新疆、四川等地拍摄,众多作品在全国、全省各类影视作品评选中屡屡获奖,2019年主要作品有《归来尤溪》《我和我的祖国》系列快闪,扬州仪征《把人民放心上》,三

明纪委《初心使命》,云南《爨氏情缘》,新疆《绿洲上的玛纳斯》等专题宣传片;尤耳、辣椒酱等商业广告;《ONE DAY 尤溪》等短视频。尤其是《守摊人》已创作第三季,脚步从尤溪扩大到全省乃至全国各地,随着范围的扩大,节目也收到了良好的传播效应和社会效应。节目先后在央视纪录频道、央视新闻频道、央视新闻移动网、福建电视台经济频道、福建电视台新闻频道中播出,获得了收视和口碑双丰收。

(二)扎根本土,打造尤溪广电品牌

扎根本土,将尤溪特色推向更广。一个地方的形象是发展的主要竞争力之一,本土影视作品作为尤溪形象的重要传播方式,担负着宣传尤溪的重任。《天南地北尤溪人》《小沈郎》《遇见桂峰》等影视作品生动地展现了尤溪的历史名人、桂峰古民居等最富有尤溪特色的文化,让观众流连忘返,记住了尤溪。

四、总 结

在信息大爆炸的时代,视听媒介无处不在,影视文化的体验成为了寻常百姓的日常需求,随之显现出影视从业人员的多元化,影视民营成分的扩大化,这给影视行业带来了机遇,也带来了全新的挑战。在新旧媒体融合的新时代下,把握时代脉搏,坚持正确导向,本着一纯真的心,以虔诚的态度投身于影视事业之中,不断改变影视创作思维,革新"内容为王"理念,开拓针对影视创意的新型服务业,培养更多优秀的人才,才能制作出更具深度和影响力的影视作品。

浅谈普法类电视节目制作

周贤亮

摘要：1985 年上海电视台《法律与道德》节目的开播，标志着我国法制电视节目以独立的形式登上了荧屏，电视法制节目不仅宣传了我国的法律法规，而且也为我国法治国家的建设提供了良好的条件。近年来，随着社会经济的快速发展，以及电视节目制作效果的不断提高，法制节目也进入了繁荣发展的时期，现如今经广电总局批准开办的法制频道也在不断增加，从而深深地影响了人民群众的生活。但我国法制节目理论建设相对薄弱，这使得法制节目在制作的过程中依旧存在着许多的问题，因此在法制节目制作的过程中必须要加强节目的理论建设，提高节目的质量。文章从现如今法制节目制作中存在的问题出发，详细地分析和研究问题，并提出有效的解决措施，以期提高电视法制类节目的质量。

关键词：电视；法制；节目；制作；展望

一、引　言

我国电视法制节目是在特殊的历史阶段产生的，其主要是通过电视的表现形式对法律相关的案件进行阐析，对我国的法律知识进行普及，从而提高人们的法律意识，并培养人民群众的法律情感，以及弘扬法律精神。电视法制节目的诞生不仅是我国建设法治国家的需要，也是我国法制建设的重要成果，因此，我国的电视法制类节目要想得到健康、良好的发展，就必须要坚持法制教育，并大力宣传我国的法律法规，提高节目的质量，让人民群众在日常的生活中树立正确的法律观念，知法懂法，从而减少犯罪现象。电视人辛勤的耕耘换来了电视法制节目的蓬勃发展，与其他电视节目不同，法制节目需要一定的理论性。近年来的法制节目为了追求收视率，剑走偏锋，出现节目制作低俗化的发展趋势，这与国家对法制节目制作传播的要求完全相悖，亟需进行整顿。

二、现如今我国电视法制节目制作过程中存在的问题

随着电视娱乐节目的快速发展，法制节目的收视受到了娱乐节目的严重

冲击,面对这种现象,就需要电视节目的制作人在法制节目的创作中不断地创新和优化。自1985年法制节目诞生至今,其一直承担着我国法治国家建设的重任,但是由于我国法制节目建设理论的薄弱,使其在建设的过程中存在着许多的问题,具体表现在以下三个方面。

(一)节目选材比较狭窄

现今某些法制节目中,节目制作者为了片面地追求收视率,在选题过程中并没有选取身边的小事件,而是为了吸引观众的眼球,无论是在题材的选择上,还是编辑的剪裁中,都选取完全不需要展示色情、暴力的案件加以展示,从而使得严肃的法制节目成为了案件再现的过程,不仅没有对我国的法律法规进行大力的宣传,还引起了人民群众的反感,从而拉低了电视法制节目的档次,降低了节目的质量,使得法制节目很难在电视节目的竞争市场中占据重要的地位。法制节目选材比例不均衡,不具备广泛性。目前国内播出的法制节目主要以刑事案件为主,对于民商类案件以及行政类案件的关注较少。虽然目前国内的民商类案件较多,但是广大媒体狂抓收视率,海量制作公众感兴趣且富有故事性的刑事案件,对民商类案件和行政类案件淡然处之,出现厚此薄彼的主要原因是报道民商类和行政类的案件比较麻烦,压力大,媒体为讨巧博取收视率避重就轻。此外,现阶段的法制节目对于农民以及未成年人的关注不足,较少有涉及农民和未成年人的案件制作播出。这种法制节目的制作生态应引起业内人士的高度重视。

(二)我国电视法制节目的政治色彩较强

我国电视法制节目的不断发展,不仅推进了我国法治国家的建设,而且对基本法律法规的宣传也起到了重要的作用,具有非常浓厚的政治色彩。但是随着电视节目的不断改革和深入,我国电视法制节目较强的政治色彩已经无法适应电视节目的变化和需求,使得电视法制节目在创作的过程中受到自身的限制。如在许多的法制电视节目中,所播放的内容与受众的需要并没有多大的关系,但是在节目播放的过程中法律法规的宣传色彩是非常明显的,主持人的态度也是盛气凌人的,使得电视节目非常的同质化和狭隘,从而引起人民群众的反感。

(三)我国电视法制节目重法律轻维权

目前,在许多的电视法制节目中,都是传达犯罪分子受到了什么样的处罚,重点强调的是法律的惩戒功能,而对人民群众权利的维护方面电视法制节目并没有进行详细的讲解和分析,也没有宣传人民群众所需求的法律法规,从而使得人们认为法律的作用就是用来惩戒违法的犯罪分子,使得人民群众片面地认识法律法规,认为观看法制节目对自身的利益并没有帮助,这导致电视法制节目的收视率不断下降。

三、我国电视法制节目的创新

(一)法制节目题材的选择由权威叙事转变为人文叙事

现如今,我国许多的电视法制节目都是以报道民事、刑事案件为主,这些案件由于画面的可视性以及现场的还原,使得节目充满了悬疑,满足了部分群众猎奇的心理,从而增加了节目的收视率,该种电视法制节目使用的是权威的叙事方法。但是随着电视节目的不断改革和深入,以及日益激烈的竞争,这种传统的权威叙事方法已经无法适应现代群众的需要。因此,面对这种情况,就需要电视法制节目制作人在节目制作的过程中,对案件的叙事视角和立场进行不断的变化和更新,将权威叙事以及常规叙事的手法进行弱化,加强人文的叙事手法。也就是在电视法制节目制作的过程中,制作人不需要对案件的侦破过程进行详细的刻画,不去大幅度地表现民警的破案指挥以及技巧,而是努力探讨犯罪嫌疑人的心理,尽可能多地揭示犯罪嫌疑人扭曲的心理,使得观众在观看之后得到震撼的教育,真正达到报道一个案件、教育一片观众的效果,从而提高电视法制节目的质量和收视率。为保证法制节目得到广大观众的关注和认可,需要保障法制节目内容及形式的丰富性与多样性。目前影视剧是深受广大观众喜爱的形式,但是令人尴尬的是当前阶段出现在影视剧中的法制内容有些镜头过于血腥,出现适得其反的效果。实践证明法制影视剧不宜出现太过血腥的画面,且故事内容应该贴近群众生活实际,使人从千姿百态的现实生活中汲取教训,学到法律知识,自觉守法遵法,构建和谐文明的美好生活和家园。

目前播出的法制节目形式较为单一。为提高法制节目的播出效果,需要对法制节目的内容进行丰富化的发展,促进法制节目形式的多样化发展,同时进行法制节目的创新,这样才能够蓬勃发展。如果不注重创新,必然会失去活力,最终失去所有的观众。欲注重法制节目的质量提升,法制节目相关创作人员要学好新闻知识和基本的技能,并且也应该掌握好专业的法律知识。法制节目需要尊重人权,包括犯罪嫌疑人的人权。制作出来的法制节目应该具备深度,能够有效地传播法律知识。

(二)电视法制节目的形态要多元化

随着电视节目的不断改革和深入,以及电视技术的快速发展,各种电视节目也都在不断地改革和创新中,电视节目与艺术形态也在逐渐地融合,所以电视的法制节目也不例外,必须要根据不断的变化,对节目的制作进行创新和优化,从而适应时代的需求。但我国电视法制节目理论建设相对薄弱,使得我国电视法制节目相对的落后和单一化,较难提高观众的观看热情。因此,电视法制节目制作人在节目制作的过程中可以吸取和借鉴国外相关法制节目的形态,如模拟法庭、法制游戏等形式多样的制作方法,在制作的过程中摒弃传统单一的方法,将枯燥生硬的讲解转变为生动有趣、通俗的表达方式,从而增加电视法制节目的娱乐性,并使得电视法制节目往多元化的方向发展,从而提高电视法制节目的质量。

现在,我国正致力于构建和谐社会,从某种意义上讲法制社会与和谐社会的目标是一致的,法制节目理应在这样的氛围中大有作为,法制节目的创作关键在于用好资源、理清思路、明确方向,调动各种有效方法,努力生产出百姓喜欢、符合社会发展潮流的电视法制新闻作品。法制节目不仅要具有媒体的监督作用,而且更要成为社会稳定的调和剂,为社会的弱势群体打开一扇有冤可诉、寻求公正的大门。我们有理由相信,随着中国法制的不断完善,法制节目会向更深入、更加专业化的方向发展,电视法制节目在创作形态上还有很大的新空间等待我们去开拓。

(三)借鉴国外的法制节目

如今,许多的电视娱乐节目是通过购买其他国家的版权,然后进行翻拍而成的,这不仅限制了我国电视节目的发展,而且使得节目无法持续发展下去。因此,在我国电视法制节目制作的过程中,必须坚持本土化,找出具有中国特色的文化类型,然后根据中国特色的需求,对国外电视法制节目的精华,如拍摄的方法、内容的创新技巧等进行借鉴,并融合到我国的民族特色文化中,从而对电视法制节目的形态进行创新。通过不断地借鉴和学习,强化法制节目的专业性和娱乐性,从而使得我国电视法制节目从传统的宣传形态中蜕变出来,获得快速发展。

四、结 论

我国电视法制节目的起步时间相对较晚,还有很多的问题和不足。为了保证法制节目的蓬勃发展,需要做好法制节目的形式创新并提高法制节目的节目含金量,使法制节目并不只是传播无情的法律,而是让法理和人情之间相互碰撞,这样就可以产生化学反应,保证法制节目有所突破,朝着健康良性的轨道发展,在全面依法治国的大时代中绽放出不一样的光彩,发挥不可替代的作用。

七、书香社会、文化活动、各类大赛、
普法教育

浅谈地方台春晚的尤溪实践

林　婧

摘要：近年来，随着观众审美疲劳出现和选择机会增多，央视春晚也在积极地进行改变，从过去一家独大的情况转变为了如今的百花齐放。鉴于此，本文以尤溪台主办的 2015 羊年春晚为例展开研究，探讨与分析尤溪台办春晚的成功经验以及不足，并有针对性地提出优化与改善建议，以更好地促进其未来举办春晚的有序性以及合理性。

关键词：区域电视；春晚节目；地方特色

中国中央电视台春节联欢晚会（简称央视春晚），是在每年农历大年三十晚 8 点准时播出的一场喜庆祥和的文艺大餐，旨在庆祝农历新年的到来，为举国上下的观众献上一场精美的视觉盛宴。自 1983 年以来，春晚已经陪着大家走过了三十余载，伴随着大家的追捧与质疑不断成长着。一项数据显示，在 2015 年春节期间，全国上星频道自办春晚的省级卫视频道数量达到了 26 家。近年来，伴随着地方台春晚的不断涌现，打破了过去由央视一家独大的局面，并且各个地方电视台利用自己的优势逐步形成了具有地方特色的春晚节目，这些都大大提升了现有春晚的可看性以及趣味性。由尤溪电视台主办的《尤溪羊年春晚——幸福尤溪团圆年》由 285 位演员、39 位幕后工作者合力打造，历时三个多小时，获得了观众的一致好评。整个晚会充分体现了以人民为中心的创作思想，扎根人民、扎根生活的创作宗旨，很好地挖掘利用了当地资源，娱乐并丰富了百姓的文化生活，同时又展示了尤溪县的政治、经济、文化成就。其成功举办，不仅提升了地方电视台举办大型文艺活动的水平，同时也能为其他地方台的春晚举办以及内容编排提供积极的借鉴与参考。基于此，本文以尤溪台主办的 2015 羊年春晚为例展开研究，探讨与分析尤溪台办春晚的成功经验以及不足，并有针对性地提出优化与改善建议，以更好地促进其未来举办的有序性以及合理性。

一、尤溪春晚内容与成果

（一）贴近生活，土味十足

地方台春晚的观众多是当地人，由此也就意味着其整体的节目内容制作必须要与当地群众的生活以及他们日常的所见所闻相契合，要符合以及满足群众的审美需求，要接地气。在地方台春晚的舞台上，只有用心讲好普通人的故事，才能让这档文艺节目站实土壤，更接地气、有人情味、有吸引力。因此，尤溪春晚节目组在最初的节目挑选上充分挖掘地方文艺资源，融汇各乡镇优势，如反响最热烈的本土方言节目群口快板《夸特色 贺新年》，让尤溪人在各乡镇方言中真正找到家乡的味道。本次春晚还大量选用本土草根文艺工作者，并大胆启用新人，真正实现了"开门办春晚"。晚会最终定版的 23 个节目中有 10 个节目是学生群体参演，有 5 个节目是非专业人士主打，让晚会更加亲民，充满了浓浓的尤溪味。

（二）以小见大，升华主题

作为拥有多样文艺表现形式的舞台，春晚的节目要善于挖掘时代精神，善于发现小人物小故事里的大情怀。让观众易于接受，且有很强的认同感，这是节目创作的初衷和关键。

本次语言类节目内容扎根于生活，取材于生活，匠心独运的节目内容中蕴含着人与人、人与社会、人与国家之间小的情愫以及大的情怀。本届春晚的主题是"幸福尤溪团圆年"，小品《团圆饭》算是本届春晚成功的作品之一，虽然不是原创，不过作品本身与群众日常的生活相契合，以小见大，情真意切，讲述了在外打工的孩子与老人之间的情感。而渴望孩子回家过年的两个孤寡老人终于等到孩子们回家团聚，全家人其乐融融，场面感人至深，令人饱含热泪。

（三）独特新颖，增加看点

想要抓住观众的眼球，节目的包装需要突出个性、特色，不仅要做到吸引人，更要打动人。正所谓要抓住观众的"胃"，就要让节目更"有味"。

本次尤溪春晚节目组重拳出击的创新点就是在大力打造的原创节目上，由尤溪台五大名嘴主持表演的《喜说年俗》以说唱的形式将他们家乡的年俗文化喜气呈现，热闹非凡；街舞《工地节奏》用街舞的艺术表现形式，将舞台演变为热火朝天的工地，将改变我们城市面貌的建设者们的心声通过舞蹈的震撼力表现出来，极具舞台效果；尤溪山歌《对面一个妆姆妈》通过对当地古老山歌的改良和重新诠释、包装，让观众有了升级版的视觉享受。

二、尤溪春晚自身存在问题

（一）定位不明确

由于尤溪电视台自身资源配置和人才配置状况，以及政府的关注程度的不同，尤溪电视台春晚在硬软条件等方面有着很大的缺陷。譬如审核节目时春晚主办方在人情前面还是让一些质量不高的节目走上了春晚的舞台。由于人才和时间的紧缺，尤溪地方春晚创办人员没有很好地把握尤溪自己的特色和独有的资源，理念并没有全部放在地方特色和老百姓的春晚上，很多节目并没有体现地方的特色也没有什么特殊含义。21世纪的今天，电视、电影、广播事业不断发展壮大，观众平常能够观赏到的节目多了，观众的接触面广了，鉴赏水平也是突飞猛进，得到了跨越式发展，这也就意味着观众对春晚的期望值提升了，满意的标准也提高了，这种更高的要求也是人之常情。随着观众审美需求的提高，一些低级的没有亮点的节目也就随之得到淘汰，这也就要求尤溪春晚的节目应该精益求精。如果节目不能与时俱进，力求完美，那么这台春晚就不会得到更多观众的认可，慢慢地这便成为春晚发展的困境所在。

（二）人才理念落后

21世纪最贵的是什么？人才。人才的竞争已经至关重要。央视的人才都是来自全国各地的，中传、中戏等知名高校的人才都进入了央视的怀抱，许多创作人才如何庆魁等著名编剧为春晚打造剧本。而尤溪电视台没有这样的专业创作团队，这也就限制了春晚作品的原创水平。创作人员的个人创作水平也限制了春晚作品的质量，这也使得人才的贫瘠在春晚要求原创的时代展现得那么明显。同时，相比央视春晚和卫视春晚，尤溪电视台春晚并没有专门的导演和编剧班子，只是由电视台某个部门的人员来筹划和录制，这就意味着专业度没有那么高，这也多少影响了节目质量和整体效果。

（三）资金投入缺乏

尤溪电视台的资金来源非常单一，仅仅靠当地的广告赞助。尤溪电视台春晚的赞助大多来自广告，而许多企业不想把太多的钱投入到春晚的广告之中。正因如此，尤溪电视台资金有限，无论是在人员还是设备方面相对于央视春晚而言都有着巨大的差距，没有明星的号召力，也没有非常华丽的舞台，这些都会造成现有春晚质量的降低，难以吸引更广泛的观众。

三、地方电视台春晚优化建议与措施

（一）明确定位，高远立意

春节是一个特殊的时刻，而春晚恰恰占据了这段时间，这一特性决定了它必定要承载特殊的精神文化，它必须要传播文化正能量，更好地体现社会主义精神文明下的社会发展以及人们的安居乐业、其乐融融。因此，地方电视台要积极与观众进行沟通，要不断深入群众，了解当下群众的所想以及所求，形成有地方及时代特色的节目群，从而在更好地提升节目质量的基础上，与群众的需求相契合，满足他们的审美要求，创新节目形式与内容。好节目是晚会成功的保障。文艺内容、形式的日益同质使大众审美逐渐疲劳，创意类节目已然成为抓住群众眼球的宠儿，如何在这类节目中下功夫也是吸引更多年轻和高端观众回到电视屏幕前的关键。

在进一步了解观众需要什么节目后，在接地气的同时也要进行合理的创新，与时俱进。在满足观众需求的情况下来兼顾别的需求。只有让观众满意的春晚才是好的春晚。要勇敢地转变观念，做别人不敢想、不敢做的事，多奉献一些好的作品。

（二）注重人才，积蓄力量

从根本上来说，春晚是一种以人为本的文化，具有大众性和娱乐性。而对于地方电视台而言，其未来必须要加强内部人员的培养，积极挖掘内部人才来专门负责电视台的各类晚会。同时，在此基础上可以在每年的春晚举办过程中聘请专业人士进行指导，从而提升整个舞台的魅力以及表现力，提升观众的视觉与观赏体验。

（三）多种形态，竞相亮相

应该鼓励新的节目形态不断出现。传统春晚主要由歌舞、曲艺、戏剧等节目形态构成。其本身虽然有一定的受众，不过因为投入较大，而且对于观众艺术修养要求较高，所以并不适用。因此，地方电视台要积极寻求一些当地的民间艺术资源。同时，在保留并发扬传统节目形态之余，也应该不断推出新的节目形态。在融合传统艺术和现代元素、不同艺术形式相结合等方面进行思索和研究。可以适当引进或移植国外的优秀节目来丰富晚会的内容。

除此之外，随着新媒体技术在人们生活中的不断渗透，微信、微博已经成为新媒体时代的舆论领袖，在晚会过程中，嵌入这两种新媒体技术如微信抢红包、微信、微博点赞抽奖、现场评选最具人气节目或演员、微博图文直播等多屏

实时互动手段,实现荧屏内外、演播大厅与电视机前观众的全民联欢,这也是增强晚会节目的参与感进而提升观众对春晚黏度的法宝。

但是需要认清的是,台网互动早已不再是新现象,网民们深谙微博上吐槽、创建话题、抢红包的套路。如果一成不变,用户只会渐渐觉得索然无味,所以可以利用抖音、快手、B站等另辟蹊径、优势互补。近年来春节的年轻受众群体流失严重,而抖音、快手等的受众群体大多为热爱时尚的年轻人。短小精悍易分发的颗粒式内容,魔性洗脑易复制的病毒式传播,让他们在渠道营销方面占据独特优势。其内容多为UGC,春晚的台前幕后,甚至是花絮都为这些号提供了优质内容源,成为更加专业化的前奏。利用好这些,可以实现更具黏性的互动模式,增强观众的参与度。这些平台的短视频具有很强的时效性,也易于传播。依托人工智能技术,人们不用担心后期加工的问题,即拍即分享的模式也十分适合观看春晚时欢快的心情。

四、结 语

尤溪电视台在题材上与乡土生活相贴近,对地方文化进行深入挖掘,巧用地方语言,擅用草根艺者;在策划上大题小做,以小见大升华主题;内容上追求形式新颖,在有限的资金条件下做出超反响的晚会,通过初次实践取得了很好的效果,若能结合自身累积的经验并不断创新,拓宽举办文艺活动的思路,更值得各地方台推广借鉴。

试论县级电视台举办文艺晚会
如何创新与发展

范　晔

摘要：在我国，文艺晚会由来已久，一直是最受欢迎的电视节目之一，广大群众也有着在重要的节日里观看文艺晚会的习惯。由此可见，文艺晚会在广大群众的心目中有着很高的地位。随着经济社会不断发展和广大群众对文化的需求不断提高，县级电视台也开始纷纷举办各类文艺晚会，但与国家、省、市级电视台不同，县级举办文艺晚会总会面临一些问题，需要创新与发展。因此，本文就当前县级电视台举办文艺晚会的现状和问题进行分析，试论县级电视台文艺晚会的发展和创新。

关键词：县级电视台；文艺晚会；突出问题；创新策略

一、当前县级电视台的文艺晚会现状和所面临问题

（一）一些文艺晚会的节目存在文艺人才不足、艺术水准不高的问题

晚会的举办往往是为了让广大群众能够在节日的时候放松心情，为节日营造更好的气氛，所以在文艺晚会中，广大群众往往对语言类的节目更感兴趣，而相声和小品作为语言类节目的主要内容也一直受到观众的关注。但是一些时候，县级电视台在举办文艺晚会时，受县级地域性限制、文艺人才不足等因素的影响，语言类节目的素材偏少，这样一来，则容易导致语言类节目在内容上缺少艺术性，只是单纯地为了引发观众的笑容而进行创作，节目内容有时也难免过于俗套，明显降低了节目的档次，使晚会的整体水平下降。所以，县级电视台在举办文艺晚会时，要多挖掘县内的文艺人才，节目的选择也需慎重，要对节目的内容进行严格审查，以提高文艺晚会的艺术水准。

（二）传统的文艺晚会受到新媒体的强力冲击

文艺晚会的兴起是伴随着经济发展形势下人们对精神文化的需求日益增长而来的。以前由于条件有限，观看文艺晚会是人们有限的娱乐方式之一，观

众对于能够观看到晚会这件事本身就很期待,所以早期的观众对于文艺晚会更多的是好评。但是近些年来,随着科技的发展,互联网和新媒体的使用已经成为人们的日常,手机和网络就可以满足人们的许多需求。同时,人们利用互联网还可以接收到许多以前没有接触过的东西,正因为如此,越来越多的人就将目光转向了互联网和新媒体。所以,新媒体的分流也是文艺晚会在发展的过程中遇到的比较严重的问题。

(三)文艺晚会中文艺节目的形式单一

虽然我国各级电视台举办文艺晚会已经有几十年的历史,也一直深受广大观众的喜爱,但是纵观这几十年间的文艺晚会就可以发现一个问题,那就是文艺晚会的形式往往大同小异,大多数的晚会都是由几位主持人控制晚会的流程,邀请一些文艺工作者进行表演,然后在表演中穿插一些语言类的节目,例如相声和小品等,有些时候还会加入一些魔术、杂技、舞蹈和戏曲的表演等等。虽然每次的晚会在内容上都不同,但是晚会的形式是相同的,这就很容易让观众产生审美疲劳。

二、如何对县级电视台举办的文艺晚会进行创新

(一)利用现有资源,创新文艺晚会的形式

文艺晚会的形式创新已经是县级文艺晚会发展需要解决的重要问题,因此晚会形式必须进行创新。对于文艺晚会的幕后创作人来说,最难寻找的就是"创意"。例如尤溪县融媒体中心在 2018 年承办的尤溪春节联欢晚会,整体构思是既要有对党的十九大精神的贯彻,对近年来尤溪改革发展成就的讴歌,也要有对跨入新时代、踏上新征程的赞美,更要有老百姓对美好生活向往的传唱。因此,导演团队立足本县实际情况,从节目创作、节目编排、演员阵容、灯光舞美、晚会结构五个方面着手策划 2018 尤溪春晚的形式。

具体来说,在节目创作上,原则上一律使用全新节目和近年尤溪优秀文艺作品;从节目编排上,导演团队抽调了全县最具实力的文艺编导组成节目编导组;从演员阵容上,以年轻化为主,横跨了老、中、青、少各个年龄层;从晚会结构上,考虑各阶层的群众需求;从灯光舞美上,依靠有限的经费,最大化实现舞台效果的炫丽。根据这些基本构思,导演团队将 2018 尤溪春晚主题定为"家在景区,春满尤溪",既宣传了"我家在景区"全域旅游发展口号,又体现了春到尤溪、春满尤溪的新春祝福之意,符合春晚的立意。

此外,整场晚会共分为五个篇章,共 20 个节目,序曲为"春到尤溪",上篇

为"家在尤溪",中篇为"美丽尤溪",下篇为"幸福尤溪",尾声为"魅力尤溪"。其中"春到尤溪"篇章,以年味为主,体现狗年欢乐喜庆;"家在尤溪"篇章以"家"为主题,表现乡愁、乡情、亲情为主,特别着重于呼唤在外尤溪人及尤商们回家过年的情感,同时又把尤溪美食品牌再一次向外推出,唤起大众回忆家的味道;"美丽尤溪"篇章以展示尤溪旅游风光和特色民俗为主,展示尤溪之美;"幸福尤溪"篇章以展示反映尤溪变化发展为主,选择了交通变化发展、精准扶贫这两个内容,并特别创作了《尤溪梦 中国梦》这个节目作为全场压轴,很有分量。"魅力尤溪"篇章,以新时代、新征程、新发展,寄予新希望作为谢幕,寓意美好。

(二)提升晚会节目内容的艺术水平,突显"本土化"的地方特色

一场文艺晚会的成功与否,关键还是要看晚会的内容精不精彩。因此,除了要在形式上进行创新,更重要的是县级电视台在举办文艺晚会时,也同样应该对节目内容的艺术水平进行提升。所以,对文艺晚会的内容一定要进行严格的策划,确保晚会内容是群众喜闻乐见又不失艺术水平的。但是,对于县级电视台来说,要做到这一点还有一定的难度,尤其是现在的观众对于节目内容越来越挑剔,对节目的要求也越来越苛刻,这就给晚会节目的选择带来了很大的困难。因此,文艺晚会的导演和编导要着重把精力放在节目内容的选择和创作上,力争创作出大众喜欢的节目形式,不应只关注舞台效果和高科技的运用,晚会的创办还是要多注重表演的内容。

例如,在尤溪2018春晚整场晚会中,80%的歌曲使用了"我家在景区 歌声满尤溪"优秀原创歌词征集大赛中的获奖作品,这些歌曲基本上在尤溪是第一次登台亮相。同时,晚会中还有不少创意节目,歌曲《梯田》采用不插电民谣形式,街舞《神秘太空人》采用发光服形式,歌曲《船歌俏》采用无伴奏男声重唱形式,陶笛演奏《九阜山晨曲》邀请尤溪籍陶笛大师现场表演,方言小品《尤溪小吃真好吃》采用群口相声加小品、尤溪话加普通话模式,这些都是晚会在节目创意创新上的亮点。

另外,导演团队还邀请文化馆馆长为晚会专门创作了歌曲《天南地北尤溪人》,赞美了尤溪在外乡贤,唱出了尤溪精神,可谓尤商主题曲。近年来,在尤溪洋中、汤川、溪尾等乡镇,许多热心人士组建了民间爱心志愿者服务队,仅洋中就有600多名队员,他们坚持每天捐款、每周开展一次爱心公益活动,已为100多位贫困人员、孤寡老人、残障人士等提供爱心帮助,满是正能量。为弘扬和传播正能量,洋中镇民间爱心志愿者队员们还带来自编自演的歌曲《因为爱》。

（三）充分利用新技术、新媒体平台增强晚会的互动性，提高晚会质量

在近些年举办的文艺晚会中，我们不难发现新技术、新媒体也已经在文艺晚会上开始进入人们的视线。特别是，近几年央视或各卫视台在晚会举办前、直播或播出的时候，主办方总会利用微博或微信等新媒体平台让观众对晚会的内容进行持续关注，并且通过这些手段和观众进行互动，让观众能够积极地参与到晚会的进程中。这样一来，能让观众对晚会的内容进行长时间的讨论，导演团队根据观众所提出的合理化建议，经过严格的会议讨论之后，对晚会进行相应的调整和合理的安排。就这样，在反复的彩排和对舞台效果的改进之后，最终确定适合晚会主题的节目，同时，对节目内容进行不断地改进和完善，力求做出一台完美的晚会。

而县级电视台近年来也开始对举办的文艺晚会采取现场直播的方式，提高了晚会的关注度。尤溪县融媒体中心从 2014 年开始就对自办的各类型综艺活动、文艺晚会采取电视、微信双直播的方式，如大型乡村综艺节目《乡村大舞台》，这是一档以乡镇为单位，以宣传推介美丽乡村为重点，展示发现乡土文化、民间艺术、农民才艺以及旅游特色资源的综艺节目。每场演出现场观众平均 1 万多人，手机观看直播 10 万＋，电视播出受众 300000 多人，备受群众百姓热议和好评，取得了良好的收视效果，树立了良好口碑。又比如 2018 尤溪春晚，这类晚会舞美是在春节这一喜庆节日的背景下进行创作设计，需围绕春节这一主题，渲染春节气氛，间接反映出人们对春节的期盼和欣喜。因此，为了提升春晚的效果，尤溪县融媒体中心在晚会舞美上也下了很大功夫，邀请了福州、厦门多家公司进行设计，但均不满意，最后，定稿使用了南京视野工程公司的设计稿，该公司也是 2018 江苏卫视跨年晚会的舞台工程执行公司。该方案最大的特色就是设计了天屏系统，可以独立控制，更符合现场群众的立体视角，仅 16 平方米的点缀，就让整个舞台变得更华丽更立体，这在尤溪也是绝无仅有的。

三、结束语

文艺晚会虽然在我国已经有几十年的发展历程，但是随着社会的发展，人们的娱乐方式越来越多，审美水平也越来越高，观众对于文艺晚会的要求与以往也大不相同。新时期的形势下，县级电视台举办的文艺晚会也需要不断与时俱进，并且在形式、内容、文艺人才、文艺水平、新技术运用等方面都需要有所创新发展，以满足广大受众日益变化的多方面需求。同时，也应提高观众的

参与度,还应该多听取观众的合理建议,进而不断提高文艺晚会的整体水平,实现其可持续发展。总之,县级电视台在举办文艺晚会的发展过程中,总会面临着各种各样的挑战,怎样对文艺晚会进行创新和发展也是所有文艺晚会的创作人员面临的重要难题,只有正视这些问题,并且着力解决这些问题,才能让县级电视台举办的文艺晚会有更长足的发展。

以《乡村大舞台》为例谈县级融媒体
如何做好大型户外电视综艺直播活动

肖丽娜

摘要:近年来,全国各地市县电视台纷纷成立融媒体中心,不少由县级电视台转变而来的县级融媒体中心依然承担着基层媒体宣传工作的主要任务。在新形势下,如何做好创新报道形式、挖掘新的点子、做有创意的节目是当代融媒体需要关心和深入思考的话题。尤溪县融媒体中心充分发挥和利用自身优势,自2015年以来,坚持每年在各乡镇举办大型户外直播活动暨电视综艺栏目《乡村大舞台》,通过该活动的举办,既有效推动了农村宣传思想文化的进度,也为今后相关的电视综艺直播工作积累了不少经验。

关键词:乡村大舞台;电视节目;有效传播

一、传统的电视宣传报道模式已不适应当代农村的发展步伐

多年来,农村基层的宣传思想文化工作都是简单的单向灌输,直接影响了正面宣传的说服力,总结起来形式不外乎以下几种:开大会、发传单、听广播。

长期以来,你讲我听的会议式宣传教育和强制的报告式理论灌输仍然是主流途径。但事实上,不管大会小会,会议式、表态式、活动式的宣传报道都是大同小异,难以让人信服。连篇累牍式的宣传方式也显得不合时宜;典型宣传缺乏生命力,群众认为不太真实;不分层次,不分行业,"上下一般粗"式地宣传教育,缺乏针对性,难以收到效果。而随着时代的发展,部分农民群众早已不再满足于以往的听广播、看电视等传统娱乐方式,特别是在城乡一些特殊群体中文化供需矛盾更加突出。

以福建省三明市幅员最广、人口最多的农业大县尤溪县为例,2015年末常住人口35.5万人,城镇化率41.8%,比上年提高1.3个百分点,其中城镇人口14.8万人,农村人口20.7万人。据悉,尤溪县每年有10多万农村农民进城和外出务工,造成农村大规模的人口流动,部分农村流动人口甚至长期脱离党组织管理,扩大了思想政治教育盲区。传统的农村宣传思想工作方式早

已脱离实际,成为束缚农村群众思想进步的桎梏,难以适应新要求。

二、《乡村大舞台》在大型户外电视综艺直播活动中的试水

新形势下的农村思想文化宣传,要从群众切身利益、思想文化需求出发,既要关注民生物质水平,更要创新思想文化宣传载体,在精神文化层面为民众办好事、办实事;同时强化传承农村文化的理念,取其精华,去其糟粕,充分挖掘优秀的农村文化资源,并加以整理和传承,一来积极培育有特色的农村文化,二来使群众在优秀文化中受到感染和熏陶,利于强化思想文化宣传效果。

在此基础上,尤溪县创新传播思路,网罗基层文艺骨干,组织各乡镇力量,结合尤溪电视台实力,一档以乡镇为重点,展示乡村文化、民间艺术、农民才艺以及乡镇特色为主的电视综艺节目《乡村大舞台》应运而生。自2015年12月起,尤溪县融媒体中心(当时还是尤溪县电视台),策划推出的《乡村大舞台》采用大型文艺演出活动现场微信、电视双直播,同时制作出精良的电视栏目长期循环播出的方式,将各乡镇思想文化宣传工作推向了高潮。

(一)节目策划充分融入乡镇特色

《乡村大舞台》是一档以乡镇为单位,以宣传推介美丽乡村为重点,以展示发现乡土文化、民间艺术、农民才艺以及旅游特色资源为主的电视大型乡村综艺节目。活动诞生之初就已经定位分明,针对全县15个乡镇的文艺演出,节目组在策划每一场演出的活动内容时,将目光牢牢锁定乡村,将需要宣传的农村思想文化融入其中。节目设计突出乡镇特色,展现各乡镇的多姿风采,乡镇的每场活动都邀请当地各行业优秀代表、最美人物、人大政协代表等现场观看,力求给观众献上一场最原汁原味的文化大餐。

以洋中场《乡村大舞台》为例,节目组在策划初期充分挖掘洋中的地理人文特点,从节目选送、设置、安排,再到主持词的撰写,每一个环节在策划时都充分考虑了洋中的每一个因素。洋中,被称为"闽中山海对接第一镇",位于福银高速互通口的区位优势让这个山区小镇的发展变得更加独特和迅速,因此节目组在策划第一个节目时考虑了歌舞《推开幸福门》,意喻洋中这座小镇在新时代发展进程中,充分利用区位优势这道大门提高农村经济发展水平,使人民安乐、生活幸福。"中国历史文化名村"桂峰村是洋中乃至整个尤溪的一张名片,节目组在策划时考虑桂峰素有飞凤衔书的美丽传说,因此第二个节目《凤凰飞来》就此诞生。在诸如此类的节目设置之外,节目组还策划了知识问答、土特产推介等极具乡村特色的环节,以及洋中民间工艺制鼓艺人、爱心人

士蔡龙豪基金会代表的现场访谈,由洋中民间自发组织的爱心志愿者服务队的歌舞表演等。所有的内容在策划之初就以农村新风尚、新时代农民等宣传要素为主题,以平等的理念、大众的角度、互动的形式策划活动内容,达到与"民"同乐的效果。

(二)节目环节突出体现特色产业

《乡村大舞台》以当地文艺节目表演为主,县文化部门优秀文艺作品助演为辅,主持人及嘉宾穿插互动,宣传推介当地旅游资源和美食特产,展示乡镇特色文化或商品。节目环节设置根据各乡镇特色产业不同,分别进行主题创意,提炼乡村特色要素,如"茶香台溪、酒乡坂面、银杏故乡"等,以当地的特色产业或特色旅游景区为要点,精选各乡镇的优秀节目,在沈城影院举行年终《乡村大舞台》节目总汇演暨尤溪春晚。各乡镇的每场活动,邀请乡镇主要领导在现场进行本地旅游招商推介或致词。所有流程,从主持人串词、节目内容直至节目形式都与乡镇特色产业充分进行融合,在推介乡镇特色产业与文化的同时也是对乡镇思想文化的又一次良性宣传。

台溪场《乡村大舞台》在节目设置时对特色产业的体现尤为明显,台溪是三明市第一产茶大乡,茶叶产业早已成为当地农民的支柱产业、富民产业,除了茶叶,台溪粉干、红酒同样非常出名,都是当地的特色产业。因此节目组在节目设置上重点考虑了茶叶产业,设置了有关茶叶产业的节目就达四个以上,包括独舞《茶乡行》、舞蹈《采茶舞曲》、小品《电商售茶》以及舞·诗·茶艺表演《馨叶之约》等,为了让观众更加深入地了解台溪茶叶、粉干与红酒等特色产业,节目组还专门设置了现场观众与茶商、粉干合作社、红酒企业的互动环节,让这些特色产业登上舞台展示给现场观众的同时,也展示给了镜头前的千千万万的观众,此外还设置了主要乡镇领导现场推介特色产业环节,从各个角度充分调动发掘推广乡镇的特色产业,令观众在观赏节目的同时也获得有关台溪这个茶香小镇的清晰认知,在润物细无声中将乡镇思想文化宣传工作轻松进行。

(三)邀请主要领导推介 提升节目档次

《乡村大舞台》在全县15个乡镇的每一场演出中,都别出心裁地设置了一个环节,那就是邀请主要领导进行本地特色产业、旅游文化等方面的推介,不仅有效推动了乡村思想文化的宣传,更是极大地提升了节目档次。

旅游方面,洋中场《乡村大舞台》推介了洋中的2个国家3A旅游景区,中国历史文化名村——桂峰村、枕头山省级森林公园,坂面场《乡村大舞台》推介了国家级水利风景区闽湖，风景秀丽的蓬莱山、罗汉山等；文化方面，联合场《乡村大舞台》推介了已列入"全球重要农业文化遗产"的联合梯田所代表的农耕文化，中仙场《乡村大舞台》所推介的民间崇文重教的诗词文化等。这些书记访谈环节在介绍自家特色产业及文化的同时，也将镇里的旅游规划以及相关发展战略通过镜头展示了出来，向观众描绘了一幅幅美好蓝图，既直接简单，又具有权威性，使群众深信的同时也将自家名片通过镜头打了出去，大大增强了农村思想文化宣传的效果。

（四）利用媒体优势 扩大传播范围

电视媒体操作大型活动的最大优势，在于其媒体资源。为了更好地宣传《乡村大舞台》，最大范围地在农村推广思想文化宣传工作，节目组动了很大的脑筋。大型活动推出之前，户外宣传采用了县城交通干道旁大型宣传牌、公共场所易托包、休闲集中场所江滨公园大屏幕等形式，广播、电视、网络同时推出预告、片花、公告等。在活动开始后，尤溪电视台主频道、微信公众号"福建微尤溪"实施全程直播，同时新闻、专题紧密跟进，有海选花絮、选手风采、赛事背后的故事等。活动播出后，节目还继续投放到网站及微信上，观众可实现随时随地收看。如此全方位高密度的多形式宣传，对整个大型活动起到了很好的助推效果。据统计，《乡村大舞台》每期节目播出时长为 1.5 小时，播出 15 天，微信现场直播每场演出现场观众平均 8000 多人，手机观看直播 3000 多人，电视播出受众 300000 多人，备受群众百姓热议和好评，取得了良好的收视效果，树立了良好口碑。

同时，这些通过活动发现和挖掘的人才，也经常受邀参加各种文艺下乡、农民春晚等文艺宣传活动，一方面为尤溪的宣传阵地输送了新鲜血液，另一方面能够到更为广阔的舞台去发挥自己的才能，选手们也为自己找到了一个新的起点。《乡村大舞台》持续举办五年以来，进一步活跃农村群众文化、挖掘农村优秀乡土文艺作品和文艺人才，不断丰富基层文化活动内容，培养基层文化队伍建设，打造尤溪特色文化品牌，积极创建公共文化服务体系建设示范样本。

三、结束语

加强农村宣传思想文化工作既是党的事业发展的内在要求，也是构建新农村的必然选择，因此必须切实把握农村广大群众的实际需求，明确工作重点和难点，并采取行之有效的措施，以此促进宣传工作顺利开展，加快农村思想道德和精神文明建设进程。通过开办《乡村大舞台》这一栏目,既促进了当地文化发展,丰富了群众文化生活,又培养了一批乡村文艺人才,特别是能为当地乡镇提供一个宣传展示平台,营造全民参与文化建设、全民推进全域旅游发展的良好氛围。

对尤溪县融媒体中心自身而言,更重要的是通过长期有效地开展该活动,积累了大量举办大型综艺直播活动的经验跟做法,收获了大量的观众缘跟好感度,这是官媒在完成党和政府的宣传报道任务的同时最应该做的也是最不可多得的益处。目前,《乡村大舞台》还在保持着一年至少一场的频率有序进行中,成为了尤溪百姓口口相传的好节目,尤溪县融媒体中心借此也成为了百姓心中亲和力和权威性并举的媒体。

八、职业情怀　创新追求

聆听音乐，品读声音背后的故事

——记音乐电台节目《声音的故事》创作过程

艾星宇

摘要：本论文结合创作实际，记述了一档网络音乐电台节目从无到有的整个过程。包括前期的策划准备工作，环节流程设计，主持人的语言表达和情感运用，总结收获与不足，力争把在校学到的理论知识和实践创作有机地结合在一起。

关键词：音乐广播；网络传播；文案策划；元素呈现

随着生活水平的不断提高，基本的物质生活已不能满足人们的需求，人们开始更加注重文化生活，使得文化产业迅速发展，并在发展中不断优化自身，以便于为人们提供更好的精神食粮。传媒行业也是如此，随着传统广播和互联网融合的加深，衍生了一种新的广播形态——网络电台。而网络电台的出现也改变了大家收听与参与节目的方式和习惯，甚至让一部分人成为了网络电台节目的创作者和播出者，而如何制作并主持一档成功的网络电台，满足听众的不同需求与喜好，是本文主要的研究方向。

一、节目介绍

《声音的故事》是一档伴随性类型化网络音乐电台节目，每期节目设有一个主题，向大家推荐与主题相关的歌曲，主题则由听众票选结果决定。节目时长为45～50分钟。听众可以通过网络平台私信、留言参与到节目当中，节目内设有听众推荐、主播推荐赏析以及见字如面三个版块。

二、《声音的故事》策划及创作

（一）节目的名称

节目名字是给听众的第一直观印象，所以在名称设置上，应尽量以简单明了为主，避免过于文艺或复杂冗长的节目名。除具有创意外，名字应符合节目的定位，还应该具有好记、上口的特性，这样才能让听众在短时间内对这档节目有最简单和直观的认识与判断。例如上海动感101的《音乐爱张罗》或台湾飞碟电台的《音乐路边摊》这些节目名都可以让听众在第一次听到时对节目的内容和类型有大致上的判断,在日常生活中提及和谈论时也并不会觉得晦涩拗口,最重要的是方便听众记忆。而《声音的故事》则是把这个节目的主旨与内容凝练成两个词,一是声音,这包括主持人、听众和歌曲的声音。二是故事,指的是在这些声音背后发生的插曲及故事。一档成功的节目是需要被人们记住的。因为当下的电台收听人群除了APP平台和收音机上的收听用户,其余大部分是从公共交通上的车载电台收听,这部分听众具有相当大的流动性,且收听时长也有相当大的不稳定性,可能一两个站点后就会下车。所以一个好记且上口的节目名字,就成了能否被人们记住的关键,这样也方便人们在搜索引擎上二次查找节目。所以节目的片花和飞标设计也应遵循这一原则,用高度凝练的概括语言,引出节目名称。

（二）节目定位、平台选择

要制作一个成功的电台节目,类型的选择很重要,例如可以用标签式的定位语来阐释自己的节目,如果一个节目可以用一个标签或者一个词一句话来表达清楚自己是什么,这样的节目距离成功就迈进了一大步。如EDGE电台,是一个以14岁以下年轻人为目标人群的流行音乐电台,其定位语为"Hits That Move You",意思是能带动你的流行金曲,这样的定位明了直接,把电台最核心的主题展现给了受众。

我接到制作任务的时候已经对节目的定位有了大致的方向,在我看来,类似经典情歌、民谣金曲这一类的类型化电台节目音乐风格偏于单一,音乐传达的是创作人的某种情感与情绪,而不同的创作人表达同一种情感的方式是不同的,不应该被音乐风格所限制。所以在节目定位上我选择了主题型的音乐电台,围绕某一个主题,听众可以感受不同风格、不同歌手在表达同一种情感的时候会运用怎样的旋律与声音,使节目音乐风格更为多元化。这样就可以适当地照顾到各个年龄段的潜在受众,一定程度上增加受众面。播出时长我设定在45至50分钟之间,录播节目与直播节目不同,没有直播节目即时的互动性,所以要考虑到听众的感受,节目时间过长会使听众产生疲劳感,而收听时段我设定在了晚上9点,但事实上《声音的故事》这档电台可以在受众闲暇独处时的任意时段收听,可以是上下班的途中,也可以是午后,亦或是深夜,只是考虑到最后的读信环节,听众需要一个相对安静的收听环境,才将时段设置在了晚上。

而播出平台,在我国有三大主流的音频分享网络平台,荔枝FM、蜻蜓FM

以及喜马拉雅 FM，这三个平台都有各自的手机客户端，各自的用户群数量也相差无几，但如果选择界面播出平台，我会选择荔枝。因为荔枝 FM 有开放给主播们的 NJ 后台，他有声音自媒体数据管理技术，所以主播可以实时监测到节目相关数据，包括节目播放、订阅、下载等数据，甚至可以查看收听节目的用户的地域、性别、收听时段、转发平台等数据。这就相当于为主播做了一个微型的大数据分析，可以让我根据数据对节目内容进行适当调整。

（三）流程及环节设置

《声音的故事》有三个版块，一是听众推荐环节，时长为 4～5 分钟，由听众根据当期的主题，推荐一首歌曲，听众可以通过留言或私信的方式写下自己的推荐歌曲和推荐理由，亦可以把推荐理由以音频的方式投稿到主持人的播客，这样听众的声音就可以出现在节目当中，和大家分享自己喜欢的歌曲，投稿由编辑进行审核后会在节目里加入听众的推荐原声，若投稿原声因过于嘈杂等原因无法达到播出标准，则由主持人代为转述；二是主播推荐环节，时长在 30 分钟左右，编辑会根据每一期的主题来编排歌单，主持人会在每首歌曲前后穿插推荐理由，或是发生在歌曲背后关于歌手、词曲创作背景的故事，以便于听众更好地感受和理解歌曲。在这一环节中需要注意的是，主持人的话语一定要精简，所占比例不宜太多，杜绝无意义的废话和水词。歌曲与歌曲间的串词应该遵循话少、话好、话精的原则。在有限的言语当中包含一定的信息量，使每一句都有意义、有情怀，做到有的放矢；三是见字如面环节，时长为 5 分钟，这一版块同样由听众参与，主要收集听众收到的信件以及因为各种原因没能或没敢寄出去的信件，听众可以以文字或是照片的方式向节目投稿，这些信件会在主持人筛选后，以每期一封的方式，在节目的最后读给听众。这一版块只需要主持人处理好稿件即可，对于稿件本身不作评论，只做信件的传播者。除主播推荐外，另两个版块都是为听众开设，旨在能让听众更多地参与到节目当中，让听众感觉他们不是单纯的听众，而是节目的参与者。

（四）确定合适的主持人

1. 主持人风格及音乐素养

听觉的想象力就是一种直达思想和情感的意识阶层，它能使每一个字都充满活力，能够深入人心探访其中最原始、平常、最不被注意的部分。作为音乐电台的主持人，我们应当学会去驾驭一档节目，而不是只在节目里充当歌曲的串联者。要知道，大部分的听众在听电台时是处于伴随状态，一边处理手头的事情，一边在听节目，所以如何在三言两语中能够吸引听众来锁定你的节目便成了关键。

音乐电台对于听众来说是一种休闲和消遣，所以主持人在节目当中应注意自己的语言状态与听众的感受，说话时切忌播音腔和朗诵体，轻松亲切的状态和感觉更容易拉近主持人与受众之间的距离感。我们要明确一点，主持人和听众的身份关系应该是平等的朋友，与听众沟通时不能让听众感觉是长辈对晚辈的教育口吻，也不能是晚辈对长辈的客气，更要避免用晦涩难懂的语言与听众沟通，以免听众产生反感、距离感等负面的情绪。我在节目当中会把听众设定为一个人在听节目，所以在称呼听众时我会用"你"而不用"你们"。一个合格的主持人和听众沟通互动时给人的感觉一定是像两个朋友聊天时的说话状态，感觉上轻松自然，而不应该是面对人群演讲的状态。如果能用轻松幽默的情绪感染听众，并让听众在你的言语中有所收获，那就是对主持人更高级别的要求。

除了考虑听众感受，我觉得主持人对于音乐的理解也同样重要，好的主持人一定是个"杂家"，对乐理、乐器或是演唱都有所涉猎再好不过，不过即便没有，也不会影响你成为优秀的音乐电台主持人。其实每一首歌曲都可以从多种角度去解读，例如"词""编曲""创作背景"等等。音乐给人情绪上的感受是很直接的，即便你对乐理这些专业的东西毫无涉猎，你也很容易感受到一段旋律它所要表达的情感是什么，体会这种情感，思考这样的情感让你联想到了什么事、什么人，然后把你所联想和感受到的做一个整理，用简单、口语化的语言表达出来，就可以成为一段歌曲与歌曲之间的串词。音乐电台主持人介绍歌曲时最忌讳的就是直接念搜索引擎上已经归纳好的东西，那也是我个人比较不喜欢的，因为搜索引擎上归纳好的文字只适合大家用眼睛去浏览，它的言辞过于官方，直接在节目里念出来会给听众假大空的感觉。如果歌单里的某一首歌你从来没有听过，对于歌手、作词、作曲都不了解，只能依赖搜索引擎上的资料，那也需要我们把上面现成的文字口语化后再介绍给听众。在《声音的故事》里我除了介绍歌曲之外，更偏爱于去发掘发生在歌曲后鲜为人知的故事。例如我某一期节目的歌单里有一首林俊杰的《修炼爱情》，在播放这首歌时，我向听众介绍这首歌其实是他写给因空难逝世的女友的这样一个故事，而并非是某年收录于某张专辑、该曲某年获得了哪些奖项这样的资料。我觉得这样的故事才是听众想要听的，优秀的音乐电台主持人就是让听众透过你的介绍，让歌曲听起来更有味道，让歌曲表达的情感更加明显和浓烈。

2. 主持人对文字及稿件的情感把控

播音是二度创作，是在文字创作基础上的声音再创作。而电台又是一种依赖于声音，受众作用于听觉的节目形式，所以主持人的播音功底，对文字稿的再度创作与情感表达，就直接决定了这个节目的可听性和审美性。在播读稿件时需要围绕文字作者所想表达的语意来进行创作，否则你的二度创作只是空中楼阁。在此前提下，主持人要让听众听清文章或故事的脉络层次，明晰故事的发展过程，感受故事的真情实感。

以节目《声音的故事》为例，节目中有读取听众来信的环节，在反复的实践过程中，我个人觉得在节目里播读信件时有两点需要注意，一是对稿件的熟悉程度，吃透稿件，明晰这封信讲述的是什么事，写信人与收信人的关系以及把握和体会写信人当时的情感和他想要表达的情感，理清故事脉络，在浏览信件时需要注意有没有语句不通顺或者逻辑不清晰的地方，如果有则在自己可以准确把握作者情感的情况下适当修改，如不能把握作者所要表达的，可以在不影响故事和情感完整度和连续性的情况下适当删减。二是播读稿件时主持人的情感表达，播读听众来信，不同于播新闻稿件和朗诵文艺作品，三者虽都需要情感的外放，需要主持人用自己声音上的情感表达来打动听众，但我个人觉得读信件时需要在表达情感的同时保留一份客观和理性。虽然节目播出时你的听众有多个，但你依旧要设定成听众是一个人，你面对的只有"这一个"听众，所以在情感上就不能像我们在舞台上朗诵文艺作品时那样浓烈和夸张。尽管我们在以第一人称给听众读信，可在情感上我觉得以第三人称的角度更为合适，去向听众娓娓道来一个故事，稍带一点陈述感，这样在读信的时候才不会给听众用力过猛的感觉，不会使听众觉得你读得假和感到尴尬。

（五）节目价值及预期效果

现代人们的生活节奏不断加快，工作也日益繁重，加上双眼被长时间占用，休息和放松的时间越来越少，一天的忙碌与疲惫后只想闭上眼好好休息一下，这个时候网络音乐电台的优势就凸显出来，于是网络音乐电台《声音的故事》应运而生。这是一档伴随性类型化音乐电台节目，人们可以在上下班途中、开车、读书、跑步、休息的时候打开手机 APP、戴上耳机收听节目，它成为听众最方便的一个娱乐放松的方式。每期节目会根据不同的主题向听众推荐相应的歌曲，除了对歌曲的基本介绍和推荐，会着重向听众讲述围绕这首歌曲发生的故事，触动听众的内心，勾起听众与歌曲的内心共鸣，温暖每一个听众的心灵。

三、收获与不足

通过这次创作，让我切实体会到了一个节目从策划到落地、从无到有的整个过程。因为是第一次独立策划节目,我脑海里有很多零碎的想法,但却无法理清它们,抓住头绪,所以在策划开始前我去各大网络电台以及音频分享平台听各种类型的音乐电台,分析它们为什么受欢迎,听众为什么订阅这个电台,喜欢什么想听什么,归纳它们的类型和优点。遇到那些听起来不舒服的电台,我会思考它们的问题出在哪里,为什么听起来不舒服,我在制作自己的节目过程中就要避免这些问题。

从接到制作任务的那一刻开始,我就一直在考虑怎样做一个不一样的音乐电台,对于我来说整个过程中最难的是如何推陈出新,有一个很矛盾的现象是因为不知道怎么做节目,所以去听了很多相关的节目,可是听得多了,又很难从固有的思维模式里跳出来。于是我花了很长时间去策划,从节目名到片花、飞标,再到节目背景音乐和环节版块的设计,甚至歌曲与话题编排和串联都经过精心准备,力求让节目具有亮点,挖掘新题材、新视角,以便能更好地满足听众需求。

另外通过这次实践创作,也发现了自身专业上的一些不足。例如坐在录音间话筒前的心理状态,真正录制节目时的心理压力和紧张感与平时在学校演播厅练习时的感觉完全不同。练习时还可以通过调节来逐渐平复和适应,可在直播时这种压力和紧张会贯穿始终,甚至在你意识到的情况下本来调节好的状态会随着节目进行和时间的推移而变化,紧张感会重新回来。而这种感觉在节目中最明显的表现,就是主持人语速不自觉地加快,使得听众觉得听你的节目很累、很赶,完全失去了音乐电台节目该有的轻松与惬意,这种状态在我第一次录制节目的时候尤为明显。但我个人觉得我自身最需要弥补的是文化底蕴上的积累,不论是策划还是主持,都要体现节目的文化内涵和内容深度,这需要以良好的文化素养为基础,主持人既要具有必要的音乐知识又要懂得编串技巧。在一档音乐节目当中,任何一个环节和细节,都要融合自身的文化底蕴进行深刻的理解和表达。语言风格和创作灵感一样都不是一日之功,它们来源于生活的积累,来源于跨专业、跨文化的广博的知识面,而这些正是我所欠缺的,所以在以后的学习和工作生活当中,我要多听、多看、多学习,对各个行业的知识都要有所了解,多去搜集和倾听生活里的画面和声音,感受生活,增强自己对人、事、物的理解和想象能力,这样才能创作出好的节目并成为被听众认可和喜欢的主持人。

四、结　论

总而言之,现在的节目主持人已经不能再是单纯的播字机器和念稿机,一档节目是否成功并被听众喜爱,除了优秀的节目策划外,主持人的风格及个人魅力也决定了节目的可听性。所以需要主持人不断提升自身专业素养和文化内涵,积极实践,在实践中总结经验并推陈出新,形成自己独特的节目主持风格,能够驾驭节目,抓住听众的耳朵,这样才能让节目和自身被听众喜欢与认可。

浅谈县级融媒体出镜记者的发展方向

曹艺蕾

摘要：全媒体时代下，新闻人的工作方式也迎来了极大的改变，因而，出镜记者报道方式也有不同。在这里，我们将研究全媒体下对县级融媒体出镜记者的新要求，并拓展在新变化中出镜记者的应对之策与朝之努力的方向。

关键词：基层力量；智慧应变；新鲜样态；全能要求

出镜记者，定义为在镜头前以记者身份进行新闻采访报道、事件评析的新闻工作者。多年来，我们都会在新闻中看到各种记者的出镜报道，他们或现场连线、或参与体验、或解说画面……然而全媒体下，出镜记者对新闻或事件的呈现方式也发生了变化。本文通过研究全媒体下县级融媒体出镜记者的工作性质，梳理出时代要求的变化，研究在新变化中出镜记者朝之努力的方向。对于县级融媒体的出镜记者，即是如何在基层发挥作用，及时准确地讲好基层故事，传播好基层声音。

一、脚踏实地的基层力量

作为地方媒体，县级融媒体中心具备良好的群众基础，"接地气"便是最大的优势。在新闻拍摄中，能够更直接地将目光对准基层，了解民生民情，做好上情下达、下情上传工作。作为出镜记者，"夜宿农家话桑麻，走街串巷问民生"。只有深入基层，进田地、聊农事，才能更好地做出有生活气息、百姓喜闻乐见的新闻。在全媒体时代下，信息传播快，传播载体多，给出镜记者带来了极大的挑战，然而在任何快节奏下，都要让脚下——带有泥土的芬芳，深入基层，倾听、报道真实的生活、朴素的语言，分享"稻花香里说丰年"的喜悦，解决农民生产生活中遇到的困难。

笔者为《尤溪新闻》的播音员、出镜记者，也曾参与《农业新时空》栏目的出镜记者与编导工作。工作中，笔者深入尤溪各乡镇采访报道，获得了尤溪新农村建设的诸多新闻素材。而最大的成就感来自村民的认可，这份温暖来自于他们可以准确说出每位出镜记者的名字。正是来自基层的力量,激励着基层媒体人脚踏实地,在全媒体时代下不断前行。

二、智慧应变的现场把控

出镜记者在新闻报道中起着代入作用,代替观众体验现场,看观众之想看,问观众之想知。如笔者在工作中常做的出镜报道:夏季采莲、体验消防官兵的中秋节、探班疫情下的医院急诊科等等,都用自己的切身体会现场呈现,与观众架起沟通桥梁:采莲新闻中的酷热、蚊虫叮咬;中秋消防员的坚守、思乡;急诊科里的忙碌、感人瞬间……都让观众在笔者的表情语言反应中收到了很多信息,让观众感受到了同样的温度。值得提及的是,在拍摄消防人中秋的新闻中,笔者最初的目的是体验他们度过中秋的方式:设想中的画面是共尝中秋餐、倾听思乡情。然而在拍摄当天凌晨,突发的火灾打乱了原先拍摄的计划,我们没有选择取消拍摄,而是继续将镜头对准他们,在出镜报道的串联与采访和画面的呈现中,记录了消防员忙碌而不平凡的中秋节。

故而,在新闻中,出镜记者要具备智慧应变、现场把控的素质,抓住主题,真实体验,真情流露,引导采访,捕捉有效画面。

中央电视台记者高垚曾经参与多次全国性的重大新闻时间与现场报道,令人印象深刻的是,在"尼伯特"登陆福建闽清而造成当地泥石流的一段情况介绍的现场出镜报道中,高垚逻辑清晰,视角独特,在泥石流侵袭过的房屋前沉着不慌乱地进行报道。在天黑没有光线的情况下,高垚机智应变,拿出手电筒,用光的方向引导受众要重点关注的方向,做了完整有序的现场报道。

出镜记者临危不乱、智慧应变,及时挖掘出新闻信息的价值,清晰地引导现场的发展和走向,带领受众去看、去发现、去回味,是在全媒体情势下对出镜记者的最基本要求。在县级媒体中,出镜记者更要学习智慧应变的谈话技巧,在采访中,深入基层,与农民朋友亲和畅聊,做出更多富有生活气息的新闻报道。

三、与时俱进的新鲜样态

与传统媒体相比,全媒体不再是单落点、单形态、单平台的,而是丰富多元的传播。故出镜记者报道的呈现方式也要调整改变。

近几年,主流媒体为赢得更多年轻人对时事的关注,纷纷尝试以 VLOG 等新鲜形式报道新闻。2019 年,央视新闻主播康辉跟进报道习主席国外出访活动,在官微中,更新了系列 VLOG 出镜报道新闻,生动形象地为大家带来全新体验,更是在发布当天就迅速登上微博热搜。网友直呼:这样方式的播报新闻,接地气又硬核,大大提高了年轻人看新闻的欲望!而与众不同的出镜方式,也让天天看新闻变成年轻人的"追剧模式"。

今年初,新冠肺炎疫情来袭,全民齐心抗疫。在新闻中,我们也看到了很多记者出镜用 VLOG 形式记录着城市的变化和疫情的走向。思考学习中,笔者也在做好自身防护的同时,在疫情期间深入当地总医院用 VLOG 形式记录了当地疫情的情况,继而也后续报道了当地护士请战支援湖北、完成任务平安归来的感人瞬间。视角独特,客观纪实,大大增加了新闻的可看性。

除了 VLOG 等形式,新时代下,丰富的表达方式也给出镜报道注入新的活力。2015 年,央视《新闻联播》《朝闻天下》等栏目重磅推出一档全新大型数据新闻节目——《数说命运共同体》,出镜记者欧阳夏丹在虚拟演播室无实物出镜播报,走位与道具精准配合,用长镜头或转场的方式,分析发现"一带一路"沿线国家的密切联系,让沉默的数据说话,新闻更有灵性,精彩呈现出"一带一路"国家的魅力。

2019 年,笔者赴台参与"朱子礼乐"走进台湾的演出与新闻报道,这期间,以金门燕南书院与尤溪南溪书院为姊妹书院的背景,先后在两地做了《穿越书院 寻找朱子印记》的新闻报道。在新闻中,笔者作为出镜记者,用音乐进入情境,以诗句进行穿越,呈现一代名儒朱熹在两岸两书院留下的印记,与时俱进,丰富创新,使受众获得听觉、视觉双满足的媒体体验。

四、多项全能的深度历练

随着传统媒体纷纷向新媒体转型,也逐渐要求记者们成为"多面手"。对于出镜记者而言,不仅要有清晰的逻辑与现场把控能力,也需要掌握更多的技能。对于之前提到的 VLOG 出镜,就需要我们自己学习拍摄技巧。自拍出镜,并不是降低新闻拍摄的门槛,而是另一种全新的诠释,更需要稳和准的画面。除此以外,我们还要不断学习策划、采编、制作等,力争胜任快速、多终端的传播。

2020 年初,笔者随同事去往当地医院采访,在摄像同事拍摄空镜头间隙,笔者下楼经过急诊科,看到了新冠肺炎疫情之下急诊科护士们的工作状态——全副武装、在外地的护士放弃回家过年,坚守岗位,护士长刚接到通知,要马上支援武汉。面对这样的画面,在没有其他摄像同事在场的情况下,笔者立即打开手机拍摄视频采访,做出现场报道,并随即跟拍他们的工作状态,而后手机剪辑传回制作。虽是单机位——手机拍摄，却现场感十足。这也正是我们向全能转变的不断尝试与探索。

然而，所谓全能，不光是新闻拍摄流程中的参与，更离不开个人的专业素质。作为出镜记者，在镜头前的全能，也在于对于新闻内容的把握；在县级媒体，出镜记者或播音主持由于人数限制，往往需要胜任不同形态的播报与出镜，这就要求出镜记者既可以客观理性深入现场，也可以亲和细致进行访谈，更可以网感轻松体验游玩……

未来，出镜记者更要不断学习，与时俱进，掌握新设备与技术，在练好记者基本功的同时，勇于尝试、大胆创新，迎合新时代的发展。

五、初心不改的职业素养

全媒体时代下，融媒体记者除了要具备"融"的思想，更需不忘初心，坚守素养。以客观、公正、时效、准确为基石，以正能量、积极、监督、激励为宗旨。

作为出镜记者，在镜头前报道介绍，要力求语音规范标准，形象大方干净，逻辑清晰严明；身在基层，县级媒体的新闻工作者更要扎根基层，倾听民声，做好上情下达、下情上传的工作；同时不断学习广博的知识，在每一次采访报道中做足功课，了解学习新设备，在拍摄中运用自如。

媒体发展，传播迅速，在时代的洪流中，新闻人的专业素养受到考验。在出镜报道中不可追求盲目快速，而是要坚持把握舆论导向，实事求是，不以偏概全、一叶障目，用理性的视角进行报道，力求报道的深度；出镜报道的过程中，会付出无数不为人知的努力和汗水，而支撑每一次向前的动力，都是新闻人对新闻事业一颗炙热的心——热爱，这也是一种职业素养。作为党和人民政府的喉舌，在每一次出镜报道中，都要具备政治头脑，在决胜全面建成小康社会的关键时期，用心采写深入报道，真实讲述每一个身边故事，记录每一个中国梦的实现。

新时代的出镜记者，只有不断学习，坚守素养，培养独到的"新闻眼"，才能做出更加有温度、有价值的新闻报道，提升自身在融媒体环境下的竞争力。

广播电视编导制作与主持能力的融合研究

尚　野

摘要：随着经济、社会发展进程的不断加快，我国的广播电视事业也向前发展，涌现了一大批各种各样、具有自身特色的优秀主持人。在广播电视中，主持人往往身兼许多要职，主持人不仅要主持节目，还要完成采集节目信息、对节目进行编制等工作。尤其是最近几年来，广播电视事业正值发展高峰，挑选主持人的要求也增加了许多，细化选择成为挑选主持人的一大特点，从而导致了编导型主持人产生。本文则是对广播电视编导制作与主持能力进行了研究。

关键词：广播电视；编导制作；主持能力

伴随我国娱乐事业的发展，主持人这一行业也开始逐渐地发展起来，综合型的节目上都会有主持人主持节目。但随着科学技术的发展、社会的进步，陈旧落后的东西就会被淘汰。主持人的发展也一样，也需要经过不同的筛选和考核，特别是最近几年编导型主持人的出现，在社会上引发了一股热流。编导型主持人是一种考验人的全面素质的主持人模式，这种模式有利于培养主持人的全面能力，给人们带来了更好的视觉和听觉体验，极大地增强了娱乐性，很符合现今媒体的发展需要。

一、广播电视编导型主持人的目标期待

如今，广播电视媒体事业的发展承载着人们与人们之间和人们与社会之间的信息传递，是非常重要的，是人类生活中不可缺少的一部分。而主持人这一个职业，也成为了广播电视中一个使然的存在。这个工作的筛选和考核也在不断改进，这一发展也被社会抱以深深的期待，这就是所谓的目标培养期待。在以往，主持人的选拔主要看的是个人的专业技能和知识以及长相和身材。然而现在，则是又加上了个性的独特和魅力。使用这一新标准，不仅能够挑选出全方位的主持人才，还能够充分地满足现场或者电视机前观众的需求。对于主持人来说，也促进了他们自身的发展，在各方面都受益。

218

二、广播电视编导型主持人的目标培养确定

以往主持人的培养是和发展的节目有一定的相关联性的,这是每一个进入广播电视事业的主持人所必须要明白、要做到的事情。所以,主持人要给自己定下一个明确的目标,更好地培养自己这一方面的能力,从而获得良好的观众效应。然而,现如今的编导型主持人却并不只是那么简单,而是要学会将节目编导的技能和自身的工作灵活地组合在一起。编导型主持人不同于传统的主持人,不是像以前一样只要做好自身的主持工作即可,而是要将自己被安排的工作变成自己去安排工作,学会利用周围的环境,创造自己的主持话语权。同时,编导主持人的编导意识和能力也要更加主动,并不断深入表现自己所主持的主题,使节目更加有意义。

三、广播电视编导型主持人的目标培养意义

(一)编导型主持人对社会的影响

因为科学技术的进步和快速发展,社会多元化也越来越凸显,编导型主持人的出现也对这个社会产生了重要的影响。编导型主持人是具备相关的专业知识和全面的身心素质,能够完成以往主持人所不能完成的事情。比如说,在主持现场时,突然遇到意外情况,编导型主持人能够及时发挥自己的能力,挽救现场慌乱的现象,使节目回到正轨,而不影响观众观看。不仅如此,这种在现场及时应变的能力也美化了主持人的形象。同时,编导型主持人也给人们带来了语言交流的活力,为人们和社会提供了更多的可能性。

(二)编导型主持人的艺术效用

编导型主持人集人格、个性、艺术等各方面的素养和特征于一身,他们的工作具有着不可估量的艺术效用。现在,在日常生活中,在物质生活上得到了相应满足的人们,也开始逐渐不断地加大了需求,生活中物质方面也开始多元化,而编导型主持人则在这一方面有着不小的影响。编导型主持人能够通过自身所主持的节目来促进人们对艺术等其他方面的了解和学习。尤其是当今由编导型主持人所主持的一些充满艺术性的综艺性节目,比如,《中国诗词大会》《汉语桥》等,极大地满足了人们在艺术和生活方面的需求。

(三)编导型主持人对商业经济的作用

编导型主持人的发展对相关的企业具有极大的好处。编导型主持人近年

来特别流行,比如说李咏、董卿等有名的编导型主持人主持的节目都具有极高的收视率,在观众中大受欢迎。现如今,广播电视传媒事业的发展在我国的未来前景不可估量,在编导型主持人的带动和影响下,商业经济发展也得到了显著的推动。

四、广播电视编导型主持人的培养要求

(一)扎实的基本功底

扎实的专业功底是所有主持人开展良好工作的基础和前提。首先,广播电视具有实时性的特点,因此主持人员必须时刻关注播报内容的发展进度,以确保事件转述过程中的客观性和准确性;其次,对于发音、字词读音、用字用词这些基本功,主持人同样需要予以高度的重视,保证工作的专业性。

(二)优秀的语言运用能力

广播电视主持是一门语言的艺术,要求主持人利用语言、神态、形体等各种形式的语言表达形式,与观众开展良好的互动交流。因此,是否拥有优秀的语言表达和运用技能,以及语言运用能力的高低,直接决定了主持人的专业水平。作为一名优秀的编导型主持人,其主持职能也会更为多元化,他们不仅要负责节目的主持环节,更要亲身参与到节目的创作和再创作过程中。想要实现这种职能上的主动转变,主持人更要提升自己的语言运用能力,用更加精炼、流畅的语言,将节目的不同环节承接得更为流畅。

(三)具有较高的编导意识和能力

具有较强的编导意识和编导能力是编导型主持人区别于传统主持人的最关键特征,灵活的编导意识是主持人掌握节目话语权的前提,也是实现主持人职能多元化的基本要求,因此要着重关注对编导意识的塑造和培养。首先,主持人要对整个节目和项目作出更为全面的了解,不仅要关注主持人本身负责的环节,还要对前期策划、脚本创作、写作编辑、后期制作等作出全面深入的认识,主动参与到节目的制作过程当中。其次,主持人要拥有丰厚的文化底蕴以及丰富的知识积累,以提升主持内容的深度和广度,并在实践中提升自己的思维水平。最后,一名成熟的编导型主持人员要兼具政治、历史、民生、军事、科技等多方面的知识基础,只有不断丰富自身的知识储备,提升自己的文学修养,才能更好地胜任这一工作。

五、广播电视编导型主持人的主持实例分析

（一）案例介绍

（1）节目名称：《玩转尤溪》

（2）节目内容及主题：节目围绕"我家在景区，度假来尤溪"为主题，以"带观众去尤溪 A 级景区游玩的理由"为出发点。一改原有的"推介式旅游"模式，每期选择一个 A 级景区，通过主持人在景区游览，镜头大量展示景区的秀美风景、深度挖掘旅游文化，最终以游记的方式展现景区特色，吸引观众来尤溪旅游。让每一期节目都形成一部唯美的旅游宣传片，力争做到最及时的旅游信息、最人文的旅游关怀、最实用的旅游知识和最到位的旅游指导。让观众感受一部相机、一个背包、一颗说走就走的心、一群志趣相投的好友，就可以轻松纵情驰骋山水间，肆意挥洒心动时。

（3）节目特点：节目以游记、真人秀的方式进行，体验感、互动性非常强。最后设置《乐此一游》版块，介绍怎么去、吃什么、适合什么季节来等游客关心的问题，让游客既能得到视觉上的满足，又能在旅游中的消费上获得引导性友情提示。

（二）案例分析

从上文的介绍中，我们得知了案例节目的性质、主题和主要节目内容。这是一档旅游类的节目，要求主持人结合影像信息组织自己的介绍语言，为观众提供有用的旅行、观光信息。在这样一档旅游类型的节目中，主持人除了要将节目中出现的信息传达给观众之外，还要通过自己的语言，将节目的风格和制作宗旨呈现给观众，这也是本节目的特色所在。

这样的节目无疑是对主持人综合素质和创作能力的一次巨大挑战。一方面，外景节目对于外部环境的要求更高，主持人往往没有足够的彩排机会，这为主持人的实践能力和环境适应提出了一定的要求；另一方面，旅游类节目不仅要体现当地的自然风光，更要彰显本地的人文风俗。为捕捉最为真实的人文表现，往往需要主持人在主持过程中积极探索、发现值得记录的片段，并在短时间内快速构思该版块的表现结构和形式。

例如，在节目中录制的过程中，可能会出现比当前录制内容更有趣、更具当地特色的"突发事件"。此时，节目的主创人员要第一时间用镜头记录下这些难得的素材，而主持人也必须在短时间内分析、理解事件的状况，并用交流采访、语言描述等形式，设计出有关该事件的串词，为节目增添亮点。这就对

主持人的编导功底提出了一定的要求,是编导型主持人的优势所在。再如,节目录制的过程中,难免会有好奇的游客前来围观和交谈,主持人要把握好这个宝贵的交流机会,用恰当、得体的语言,从几个方面入手,巧妙地获取外地游客对于取景地的真实感受,以提升节目的真实性和可看性。除此之外,节目主持人要善于捕捉当地的人文趣事,不仅要做好录制前的准备功课,更要在平时的学习、工作中广泛涉猎各种知识,只有这样才能对当地的文化特色提出更为深刻的见解,进而起到升华节目主题的作用。

由此可见,编导型主持人的优势在本案中体现得淋漓尽致,他们除了拥有专业的理论基础和过硬的基本功技能之外,更在节目中表现出了超群的随机应变能力,这得益于他们自身优秀的编导意识和编导技能,有助于展现新时期主持人的核心竞争力。

六、结　语

简而言之,编导型主持人是我们当今社会所不可缺少的一员。编导型主持人的存在,是不同于我国目前传统主持人的一种大胆的创新和实践,是社会从单一走向多元的一部分因素。将编导与主持人相结合,给我国的广播电视传媒企业的发展培养了一批新型的优秀主持人,是我国广播电视事业发展的重要推动力。

电视导播在电视节目制作中的作用探讨

吴海燕

摘要：在网络不断发展的今天，电视行业以前所未有的速度发展着，电视节目的种类更加丰富。面对类型更加繁杂的电视节目，观众朋友们大多出现了审美疲劳。在电视节目的制作中，电视导播有着不可忽视的重要作用。充分认识并发挥电视导播的作用，让自己策划的电视节目在众多电视节目中拔得头筹，成为电视导播需要考虑的问题。

关键词：电视导播；节目制作；综合能力

电视导播是电视节目制作中的重要人员，决定着一档节目的收视率。在电视节目制作中，电视导播需要具备全面掌握电视作品的能力，实时调节及切换现场拍摄机位，保证多个讯道、多个机位电视节目现场拍摄作业的稳定进行，最终将完美的电视节目效果带给观众。可以说，从电视节目的策划到成功播出，都离不开电视导播的指导和调节。

一、电视导播的种类

电视台的导播，一般分为三种。一种是新闻导播，一种是综艺节目导播，一种是赛事或演出导播。

导播的指令通过通话系统传递到主持人、摄像、灯光、音响、技术、现场导演的耳机里。导播是导控室的灵魂，是一场直播或录像中最重要的角色。

（一）新闻导播

新闻导播可操作的摄像机位有限。新闻直播节目的流程和版块设计相对来说比较稳定，所以摄像机机位调度比较程式化，不可能经常变动。新闻导播最重要的责任是确保直播的安全。因为直播时，可能发生各种不可估计的紧急状况，比如主持人提词器故障、话筒故障、主持人背后的大屏幕故障，或者协作的放像员放错新闻、音响师推错推子。新闻导播要在最短的时间内，判别出故障的发生部位，并尽可能地启动紧急预案来减少故障带来的直播影响。

新闻导播还有一种职责是时刻监看画面和声音，特别是在卫星连线接入有群众参与的镜头时，要时刻注意画面中不能出现不适合呈现的人、标志、内容等，声音不能有不合适的语言(这是指舆论导向性的差错)。比如字幕员上错字幕，拍摄到的画面中有不合适的标语、旗帜，或者采访群众内容不合适，都要尽可能快地切走。舆论导向性的差错比技术差错更为严重。

(二)综艺节目导播

第二种是综艺节目导播。对综艺节目导播的专业素养要求很高。在录像前，要参加导演的各种录前会，了解录制的内容、人物特点、板块衔接等各个细节。在布景图出来后要根据整个景的情况和节目内容，设计摄像机的机位安排、镜头安排。当景搭好后，还要根据实际情况进行调整。所以，对摄像机和镜头等设备性能要很了解，以便合理地安排和调度。因为多一个机位节目组就要多出一笔钱(摄像机、摄像师)，少一个机位，可能镜头的表现就受到影响。要在预算和录制效果中求得平衡点。即便预算充足，太多的机位也未必是好的设计，因为导播未必有足够的精力照顾并控制到每一个机位。

在彩排时，导播必须参与。了解每一个节目的特点，以及导演的特别要求，并且要对音乐、舞蹈等有深入的了解。看了彩排，导播就在心中有一定的镜头设计了，在之后的带机彩排时，把自己的设计付诸实践，并做调整。节目在彩排前，导播都要告诉每个摄像对他们各自的要求，哪里会有特殊需要，要哪个机位去抓拍，并在彩排时进行提示。一般来说，事前准备工作做得越充分，彩排的次数越多，实际录制时就越轻松。

综艺节目的导播也要对直播安全负责，所以他们也会有各种预案并清楚遇到意外状况的处理方法。在直播前，一般都会简单演练一遍，让各个岗位有个大致的了解。因为整个节目流程都在直播前彩排过，大家都清楚流程和内容，所以一般不会出现大的问题。一旦有问题，肯定是切主持人最保险，所以主持人是随时待命的。

有很多录播的大型综艺节目，在录像时会把每一个机位都录下来，通过后期剪辑师的剪辑来呈现录像现场。这种节目录像时，导播相对轻松一点。但他还是要设计每一个机位，并在录像时调度摄像，并会切一个参考版本。实际上导播切的参考版本，后期剪辑师是不会看的，剪辑师会根据他的艺术审美来组织镜头的衔接。因为每个机位都录下来，剪辑师会挑最合适的镜头，所以导播不必担心错过合适的镜头。但导播必须和后期剪辑师有充分的沟通，导播要了解剪辑师的剪辑风格和对节目的看法，否则剪辑师会抱怨他想要的镜头都没拍到。

不管怎样,对综艺节目的导播素质要求是最高的,导播要深入了解镜头的衔接,要对各个艺术表演的形式有相当的了解,要深入导演组了解他们的需求,并且要有相当的领导能力。最重要的一点,是必须在录像前做足功课。摄像们会对导播有中肯的评价。录像时对摄像不提要求,或调控时指令不清、要求不明的,摄像们的评价是导播思路不清。能对摄像提出明确要求、发出清晰的指令,这样的导播才会受到摄像的认可,并且能更顺畅地调度摄像。所以,在导控台上大喊大叫的,未必是一个威风凛凛的导播,很有可能是一个前期准备不足、缺乏领导力的导播。

(三)专业赛事或表演导播

第三种是专业赛事或表演导播。这些导播拍摄的内容非常专业,比如足球赛、网球赛、跳水,或者戏曲表演、交响乐演出等。这些导播对摄像的调控,没有综艺节目那么复杂,机位的设计也相当程式化,但他们清楚拍摄内容的特点。比如足球赛、跳水等,什么时候切什么机位,哪个机位要拍到什么画面,摄像和导播都相当清楚。而戏曲、交响乐的导播,也清楚哪个时刻要拍演员的什么,或者看着总谱指导什么时候要拍什么乐器。

切这样的节目,镜头衔接相对程式化一点,导播除了掌握流畅的切换节奏外,对专业知识的掌握必须非常娴熟。

导播的岗位是非常特殊的,特别是直播节目的导播涉及播出安全,一般不会给电视台以外的人员来操作。导播的能力提升,必须通过一场场的录像——回看检讨问题这样的循环来实现。

二、电视导播在电视节目制作中的作用

(一)策划作用

出色的电视节目策划能够保证电视节目的收视率。因此,在电视节目制作的过程中,电视导播需要积极调动自己的思维能力、艺术造诣以及相关知识,提出优秀的电视节目创意,并依靠摄影机实现自身思想的具象化,将其呈现在观众的面前,实现艺术传播。在制订节目策划方案时,电视导播必须将机位的方位以及数目加入节目策划中,运用自身的创意,调控摄像机的方位,实现画面的切换,保证电视所显示的镜头能够充分展示电视节目的主题,使节目效果深入人心。电视导播在编写节目策划时,应该从电视节目的整体出发,保证节目分镜头与节目整体的联系,使镜头组合能够围绕节目主题,确保节目的整体水平。电视导播的策划内容必须面面俱到,考虑到整个电视节目制作团

队,因此,在节目策划中,电视导播必须具备统筹能力,掌握电视节目的制作节奏,使摄像机能够按照策划进行运转,保证画面的无缝衔接,提高电视节目的质量,减少电视节目的制作经费。

（二）协调作用

电视节目的制作是团队完成项目,只有策划团队、拍摄团队、技术团队等各团队充分合作,才能保证节目的顺利完成。电视导播是节目制作的核心人物,具备协调团队工作的重要作用。因此,在电视节目制作过程中,电视导播应该处于全局之上的位置,冷静面对节目制作过程中出现的问题,充分发挥自身的协调作用。在许多电视节目中,导演都占据着整个拍摄的核心位置,电视导播往往处于半路参与的状态,无法充分发挥自身的协调作用,无力解决电视节目制作中的突发状况。为了保证能够统筹全局,协调各方工作,电视导播必须具备全局意识,积极与导演沟通,充分掌握节目制作的情况,了解导演的创作意图,协调自身与导演的关系。在发挥协调作用时,电视导播应该注意团队之间的合作,调整电视节目制作成员的情绪,努力创造积极向上的工作氛围,确保成员之间能够默契合作,协力完成电视节目的制作,提高团队工作的效率。

（三）编辑作用

电视导播在电视节目制作中需要制定电视节目的台本。虽然电视节目制作中没有硬性规定要制作台本,但台本对电视节目的制作具有重要作用。电视导播如根据电视节目的类型、规模以及播出方式等条件制作台本,可以保证各制作团队明确自身的任务内容以及实施过程,保证各团队之间默契工作,确保团队工作的顺利进行。电视节目的类型有很多,为了让观众感受到更加真实的节目效果,提高电视节目的吸引力,许多节目都通过镜头的不断切换以及组接来实现。在此过程中,电视导播的编辑能力发挥着至关重要的作用,熟练地切换镜头、掌握镜头语言、熟悉舞台效果、营造更加优美的造型效果成为电视导播必备的技能。为了充分保证电视节目的收视率,提升电视节目的感染效果,展现电视节目的主旨,电视导播必须学习节目编辑的相关知识,提高自身的艺术造诣,使自身的编辑能力更加优秀,确保电视节目的画面组接更加流畅,电视节目的效果更加优秀。

（四）监督作用

电视导播在电视节目的制作中,应该充分发挥自身的监督作用。许多节目制作团队在电视节目的制作过程中难免会产生倦怠情绪,影响节目的效果,延长节目的制作时长,因此,电视导播在电视节目制作过程中,应该亲临制作现场,监督各团队的工作,在无法顾及时,应该指派信任的下属监督工作,保证节目的顺利完成。在有些电视节目是实时直播的,而在直播过程中,经常会出现突发状况,比如演员出错、观众混乱、现场失控等,在此时,电视导播的监督能力将发挥作用。电视导播对电视节目实时跟踪,会及时发现直播中的此类情况,掩盖演员的出错,维持现场的秩序,确保电视直播的时效性,为观众带来优质的节目效果。电视导播对电视节目制作过程的监督,可以将播出时的许多不良突发状况扼杀在摇篮之中,使电视节目更加具有艺术性,吸引更多的观众,为电视台创造更多的经济利益。

三、结　语

在电视行业竞争压力显著的新形势下,电视导播将会面临更大的挑战。为了保证电视节目的收视率,电视导播需要提升自身的策划能力,丰富自己的知识,提升自身的艺术造诣,策划出优秀的电视节目。在电视节目的制作中,电视导播需要深入拍摄现场,协调各方工作人员,充分展现自身的重要作用,将最好的节目效果展示给广大观众。

浅析融媒体环境下广播记者的变与不变

吴秀玲

摘要：从传统媒体到如今的融媒体，新闻的传播形式、内容和手段等都发生了很大的改变，传媒环境的改变决定了记者的职业定位也要发生相应改变，以适应融媒体发展需求。那么融媒体时代的广播记者如何适应时代，实现转型，在转型的过程中又要坚守什么，这是一个需要认真思考的问题。本文以融媒体环境下广播记者的变与不变为主题进行了探讨。

关键词：融媒体；广播记者；转型发展

随着互联网技术的快速发展，人们已经进入了融媒体时代。在融媒体环境下，传统形式的广播新闻已经无法满足人们对于信息的需求，需要借助新媒体平台、技术、手段等积极创新广播新闻的内容和报道形式，使新闻事件呈现形式多样化，从而达到新闻传播的效果最大化。作为广播记者，也要转变思维观念，增强融合意识，加强学习，不断提升个人素质和能力，生产出受众喜欢的融媒体产品。而在转型中，对好的传统要保留，对不适应需求的理念、做法要改革创新，学会变与不变。

一、转变理念，树立媒体融合意识

时代的发展变化促使传统媒体与新媒体不断融合，融媒体是传统媒体的一场变革，不仅需要运用技术手段进行改造，更需要从理念层面进行改变。以往广播记者在新闻生产全流程中，只需要完成新闻作品采写、制作、口播即可，但如今，面对融媒体的发展趋势，我们要充分认识到从广播记者变为融媒体记者是必然趋势。我们要调整自己的工作思路和状态，要在发展中寻求变化。自己采写的稿件，不仅要以音频模式在电台播出，同时也要适应融媒体发展规律和传播要求，在新闻网站、微信平台、微博、手机 APP 等各平台同步推送。要明白一条新闻在核心内容不变的情况下可以转变角度、方式进行传播，可以通过文字、图像、音频、视频等多种传播形式，进行全方位、立体式的报道。这就要求记者从理念和行动上实现转变，树立融媒意识，以多种形式采写、制作、传播新闻,满足受众的新要求。

二、加强学习,掌握技能,提升融媒体产品采写制作能力

作为一名广播记者,以前外出采访,只需带好采访机、录音笔,对采访对象的声音进行采集,回来以后按照广播传播规律进行组稿发布。如今,在融媒环境下,融媒体新闻呈现形式更加多样化,可以是音频、视频、图文等,这就要求广播记者除了把采访机、录音笔、Adobe Audition、EDIUS 等设备、软件熟练掌握运用外,还应在拍摄照片、拍摄小视频、微信编排、小视频剪辑制作、视频直播等方面也能做到"略知一二",虽不要求样样精通,但至少能够做到熟悉、了解、会运用,所有这些就要求我们多学、多看、多练、多运用,只有这样才能胜任融媒体时代下广播记者这个职业。2020 年,新冠肺炎疫情之下,全国各中小学都推迟开学,5 月 11 日福建省小学 3 至 6 年级学生开学,福建新闻广播联合多个市县广播电台进行了开学视频直播报道,笔者也报名参与了此次的直播报道。在直播前,笔者与尤溪县实验小学进行了充分的沟通了解,确定了直播亮点。直播当天,笔者提前到达直播现场,就学校开学准备、防疫措施、师生心情等情况进行了采访,采集了声音,以便制作广播录音稿件。同时,拍摄了现场的照片、小视频,第一时间上传到福建新闻广播开学直播微信群里,便于后台的编辑选择、制作、推送微信文章。应用 Mshow 软件对尤溪实验小学开学情况进行手机视频直播后,笔者还与福建新闻广播早高峰节目就开学情况做了电话连线报道。现场报道完成之后,笔者第一时间编写制作了尤溪县实验小学开学情况录音稿,同时第一时间在微博端发布了开学相关情况的图文信息。这是一次广播记者的手机视频直播、电话连线报道、微信文章推送、微博图文信息发布、传统录音报道的融合,做到了多平台、多形式的信息发布,产生了更大的传播影响力。

三、立足本职,强化团队协作

融媒体时代新闻通过多种形式报道,往往是"一次采集、多次生成、多元发布、多渠道融合、多平台互动"的方式,这种形式对于一个记者而言,无疑是不可能完成的任务,这就需要一个强大的团队进行协同作战。这种协作不仅体现在广播、电视、报纸、微信、微博、APP 等不同媒质之间的协作,也体现在记者、编辑、后台技术人员等之间在新闻作品生产过程中的沟通与交流。前方一线记者通过采访,了解新闻事实,提供文字、图片、音频、视频等第一手素材,然

后就需要后方进行深加工,后方团队分工明确,对记者传回的第一手素材进行二次创作,分门别类,推送给不同的受众,满足多元化的市场需求。在这个过程中,讲究的是沟通、配合、协作和默契,记者如何把最有价值的新闻点准确传递给后方,传递给后方的是文字、图片、声音还是视频,如何配合编辑补充采访、补充拍摄,突发事件中是采取声音连线直播还是视频直播,还是跟踪报道,这都需要前后方的通力合作,团队协作在整个采、编、播过程都显得尤为重要。2020年春节,新冠肺炎疫情暴发,疫情牵动着每一个人的心,尤溪县各级干部群众、社会各界也积极行动起来,万众一心,众志成城,以多种形式投入到疫情防控阻击战中。为了让大家对疫情防控有更加深入的了解和认识,促进防控工作的落实,尤溪县融媒体中心于1月29日下午推出了"'全力以赴 防控疫情'尤溪在行动"融媒体大型直播特别节目。节目在尤溪电视台新闻综合频道、"福建微尤溪""智慧尤溪"APP、尤溪106.6广播进行全媒体现场直播。在直播现场,尤溪县融媒体中心邀请专家走进演播厅就大家关注的尤溪疫情情况、防控举措等热点问题进行现场解答和互动,并派出多路记者直击防疫一线,实时与直播间进行互动连线。这样的一场直播活动,离不开现场导演、编导、主持人、摄像、各平台技术人员、前方一线记者、编辑等各岗位人员的通力合作。大家各尽其职、分工协作,全方位、多角度报道了尤溪县疫情防控最新动态。据了解,当天有超30万人在线观看了直播。

四、积极参与融媒体产品创作,在实践中不断培养提升自己

在融媒体时代背景下,广播记者要及时转变工作思维,不能被动地只接受上级领导安排完成采访任务,而应当主动挖掘新闻,以积极的态度和方式主动参与到融媒产品创作中,寻求新的传播方式,扩大传播影响力。对于山区县级广播电台来说,由于长期的不够重视,以及财政经费有限等原因,广播电台往往人员不足,节目单一,转型较慢,相应的广播记者的锻炼提升机会较少。县级广播电台记者虽然身在小县城但同样和省市媒体的记者一样被笼罩在互联网下,记者经验也必须在不断的实践中重新构建。所以县级广播记者在工作实践中,应向优秀的省市广播媒体同行学习,了解他们先进的广播传播手段、方式等,主动参与他们组织的省市县联合融媒体产品创作,才能在实践中不断提升自己的能力,为实现角色转型奠定基础。2019年,新中国成立70周年之际,福建新闻广播联合全省多家市县融媒体中心,推出系列创意小视频《70秒70年》,小角度、大情怀,讲述新中国成立70年来百姓故事,展现家乡变迁,感受前进脚步。笔者积极报名参与了这个融媒产品的创作。对于广播记者来

说,笔者之前只进行过音频的剪辑制作,没有尝试过小视频的剪辑制作,在参与这个小视频采制的过程中,笔者做了录音采访、照片视频的拍摄、小视频剪辑制作技术学习,在整个过程中磨练提升了自己。

五、转型变革中坚持新闻本质

融媒体时代,变的是新闻的传播手段、传播形式,不变的是新闻本质,在转型变革之中,记者要不忘初心,坚持新闻的本质。

1. 坚持党性原则,舆论导向不变

随着新媒体的快速发展,思想舆论空前活跃,作为党媒的人民广播电台,必须从服务党和国家工作的大局出发,坚持将党性原则作为立身之本。广播新闻节目要牢牢坚持马克思主义新闻观,坚持正确舆论导向,在大是大非和政治原则问题上要有坚定立场、鲜明观点和坚决态度,正确引导社会舆论,维护社会稳定。

2. 不忘初心,坚持内容为王

融媒体环境下,不是上了新媒体,运用了新媒体的传播手段、传播方法,取个吸睛的名字让人点开了就算是成功了。有些自媒体热衷于做标题党,吸引人点开文章,但如果内容一般,吸引不了人们的兴趣,引发不了人们转发的欲望,也达不到传播的效果,甚至还招人厌恶。只有打开好的标题又看到好的内容,才能让人乐意转发分享。新闻传播,有价值的内容永远是受众所追求的,无论媒体技术如何演变,内容和品质始终是媒体赖以生存的根本。所以在融媒体环境下,广播记者需要始终保持着缜密的思维,严格把控新闻内容,以内容为王,以提供价值大、质量高的新闻内容为首要追求、立足之本,生产出受众乐听、乐看的新闻。

3. 坚持真实性原则,社会责任不变

融媒体环境下,新闻报道从内容到形式都有了很大改观,但与此同时,新闻的真实性原则也受到了严峻挑战,一些捕风捉影、夸大歪曲事实的报道也开始频繁出现。失实报道极大地影响了新闻的权威性和公信力。真实是新闻的生命,作为主流媒体的人民广播电台,必须坚守真实性原则,增强责任意识。广播新闻节目必须确保所报道的新闻与事实相符,确保局部真实和整体真实相统一。实践表明,媒体只有坚守真实性原则、肩负社会责任,才能得到受众的认可,才能在媒介竞争中具有竞争力。

4. 坚持发挥自身优势

对于广播媒体来说,声音有着它自身独特的魅力,有着不可替代的优势。新媒体的出现,意味着音频有了多种传播平台,做好音频产品是广播记者的核心竞争力,这种基本功不能丢。此外,广播"声音传播"的独有媒体特点,在一些特殊行业有其不可替代的优势,比如在出租车行业上,广播媒体有其压倒性的优势。所以广播记者要强化和发扬这些优势,做好内容的建设和创新,让广播声音得到更好、更广泛的发展。

六、结 语

在当代社会,各式各样的新媒体不断涌现和被应用,冲击着传统广播媒体,传统广播媒体也正在积极融入当下新媒体时代。广播记者要不断汲取新的营养,不断提升自身综合素养,不断适应新媒体时代的新要求,加快角色转变,善于运用多种新媒体手段,做出更加符合受众需求的融媒体产品,推动和促进广播媒体的良性发展。

图书在版编目（CIP）数据

中国区域主流媒体助推基层治理的尤溪探索／王文科，张敏主编. —杭州：浙江大学出版社，2020.12
ISBN 978-7-308-20884-0

Ⅰ. ①中… Ⅱ. ①王… ②张… Ⅲ. ①媒体（新闻）—影响—地方政府—行政管理—研究—尤溪县 Ⅳ. ①D625.574

中国版本图书馆 CIP 数据核字（2020）第 243758 号

中国区域主流媒体助推基层治理的尤溪探索

王文科　张　敏　主编

责任编辑	李海燕
责任校对	董雯兰
封面设计	雷建军
出版发行	浙江大学出版社
	（杭州市天目山路 148 号　邮政编码 310007）
	（网址：http://www.zjupress.com）
排　　版	杭州好友排版工作室
印　　刷	浙江海虹彩色印务有限公司
开　　本	710mm×1000mm　1/16
印　　张	15
字　　数	260 千
版 印 次	2020 年 12 月第 1 版　2020 年 12 月第 1 次印刷
书　　号	ISBN 978-7-308-20884-0
定　　价	60.00 元